야근, 팀장이 답하다

저녁이 있는 삶을 위한
팀장 리더십

야근, 팀장이 답하다

이진수 지음

이담 Books

〈맥킨지 보고서〉에서 시작되다.

　퇴근이 가까워 오자 사무실에는 이상한 기운이 감돈다. 팀원들 모두 컴퓨터 모니터를 들여다보며 일에 집중하고 있는 듯 보이지만, 머릿속에는 다른 생각들로 가득하다. 타이핑 소리도 평소 같지 않다. 이것저것 고민하며 보고서를 작성하는 소리가 아니다. 팀원들 간의 대화는 오히려 평소보다 줄었다. 탁- 타다다닥- 타다닥- 탁. 사무실 전체가 조용한 가운데 타이핑 소리만 여기저기서 울린다. 메신저로 대화를 나누는 소리다.

"오늘도 팀장님은 퇴근이 늦어지시려나?"
"그렇지 뭐, 평가 시즌이잖아."
"하던 일도 거의 끝났는데 왜 퇴근하지 않으시는 거지?"
"본부장님이 퇴근을 안 하시니 팀장님도 못 가고, 우리도 뭐…."
"언제까지 이래야 하는 거야?"

"아마도 평가가 끝날 때까지…."

　우리나라에서 가장 체계적으로 일한다는 회사들에서도 연말이면 이런 상황이 벌어진다. 누구에게나 평가를 잘 받는다는 것은 정말 중요한 일이다. 평가를 통해 1년 동안 노력해서 이루어 낸 성과에 대한 보상을 받는 것이므로 더욱 조심스럽다. 마지막 순간에 상사의 눈 밖에 나서 그 동안의 노력이 물거품이 되는 일은 피하고 싶다. 조금이라도 잘하는 모습, 열심히 하는 모습을 보여 주어 좋은 평가를 받고 싶은 마음은 모든 직장인의 인지상정이다.

　우리나라 직장인에게 야근은 떼려야 뗄 수 없는 현상이다. 연말이 아니더라도 지시받은 일을 주어진 시간 내에 해내기 위해 야근을 한다. 자신의 책임감과 자존심을 위해 야근을 하고, 그저 시간을 때우고 야근 수당을 받기 위해 야근하는 이들도 있다. 우리의 윗세대들도 그랬다. 회사가 힘들고 위기를 겪을 때마다 야근을 했고, 동료와의 경쟁에서 이기기 위해 야근을 했다. 마치 우리에게 야근은 일상이고, 조직문화이며, 경쟁력의 원천인 듯하다.

　하지만 잦은 야근은 우리를 힘들고 지치게 한다. 업무량은 점차 늘어나지만 새로운 아이디어는 떠오르지 않고, 꼼꼼하게 점검해야 하는 일들을 제대로 챙기지 못하게 된다. 당연히 업무 효율은 떨어지고 일을 해내는 데 필요한 시간은 길어져, 팀장과 팀원들은 모두 지쳐만 간다.

일이 늘어 야근이 늘기도 했지만, 어려운 상황에서 살아남기 위한 눈치 보기 야근도 늘어났다. 노력과 의지가 아니라 창의성으로 승부하는 새로운 시대가 왔지만, 과거의 성공 방식에 물들어 있는 선배들이 야근을 계속 만들어 내고 있다. 이젠 일 때문에 야근을 하는 것이 아니라, 야근을 당연시하는 조직문화 때문에 야근에서 벗어나지 못하고 있다. 과거와 달리 필요 없는 야근으로 인해 일의 능률은 더 떨어진다.

2016년 3월, 글로벌 컨설팅 회사 맥킨지McKinsey는 대한상공회의소와 함께 〈한국 기업의 조직건강도와 기업문화 진단 보고서〉를 발표했다. 보고서 내용 가운데 '야근'에 대한 부분은 내가 오랜 시간 조직 내에서 보아왔고, 또 고민했던 것과 많이 유사했다. 특히, 맥킨지는 한국 기업에서 조직건강 문제가 발생하는 가장 큰 원인을 '일방적 · 권위적 리더십'으로 보았다. 조직에서 리더의 역할은 매우 중요하며 나 또한 이 점에 공감한다. 리더 중에서도, 특히 실무 팀장의 역할이 가장 중요하다.

우리의 일이 가치 있는 어떤 목표를 이루어 내는 것이라면, 회사 내에서 그 목표를 가장 잘 이해하고 또 이해해야만 하는 사람이 실무 팀장이다. 팀장은 목표를 달성하기 위해 해야 할 일을 명확히 정의하고 팀원 각자에게 적합한 일을 부여한다. 팀원들이 받은 일을 제대로 이해하고 실행하는지 살피고, 필요할 때는 일의 목적과 내용을 다시 알려 주거나 구체적인 실행 방법을 가르쳐 주어야 한다.

더욱이 아무리 팀원들이 일을 열심히 잘해도, 팀장이 팀원들의 성과를 잘 엮어서 제대로 된 결과물로 만들어 내지 않으면 일이 마무리되지 않는다. 즉, 팀장은 팀원들이 수행한 일을 모아서 결과물을 만들어 내야 한다. 부분으로 나누어진 일과 일을 연결해서 하나로 만들어야 한다. 우리 속담에 '구슬이 서 말이라도 꿰어야 보배'라는 말이 있다. 팀원이라는 구슬, 팀원들 각자의 일이라는 구슬을 꿰어 보배로 만드는 것이 팀장의 역할이고 리더십이다.

리더십을 생각할 때마다, 나는 초등학교 시절 기억을 떠올린다. 어릴 때의 나는 매우 소심한 아이였다. 앞에 나서기보다는 혼자 공상에 잠겨 있길 좋아했다. 자신을 표현하는 것에 서툴렀고 누구도 날 이해해 주지 않는다는 생각에 외로워하기도 했다. 초등학교 3학년이 되었을 때, 선생님은 공부를 곧잘 한다는 이유로 나에게 반장을 맡기셨다. 당시의 나는 반장의 역할을 '선생님에게 받은 숙제를 전하는 의무와 반 친구들의 잘못을 일러바치는 권한을 실행하는 것'이라고 생각했다. 당연히 친구들은 날 외면하기 시작했다.

어느 날, 수업이 끝난 뒤였다. 청소 담당이었던 친구 몇몇이 청소를 하지 말고 그냥 집에 가자며 다른 친구들을 부추기는 게 아닌가. 나는 말려야 한다고 생각하면서도 친구들과 부딪히기 싫어 엉겁결에 같이 교실을 나와 버렸다. 그런데 학교 정문을 나서는 순간, 태어나서 처음으로 느껴보는 불안감에 다시 교실로 돌아왔다. 그리고 혼자 울면서 청소를 했다. 그때 느꼈던 무거운 책임감을 지금도 잊을 수가 없다. 당시의 나는, 리더십의 실체는 전혀 모른 채 팀원(친구)들에게 내가 가진 권한을 휘두르거나, 아니면 모든 것을 혼자 책임지려고 하는 잘못된 리더십의 양극단만을 생각했다.

많은 팀장이 리더십을 어렵게만 생각한다. 주어진 권한을 활용하여 어떻게 성과를 내야 하는지, 짊어진 책임을 어떻게 팀원들과 함께 나누어야 하는지 알지 못한다. 일의 방향에 대한 이해가 부족한 채 일을 밀어붙이고, 자신의 리더십 스타일을 찾지 못해 그저 선배들을 따라 하려고만 한다. 결국, 일과 조직의 효율이 떨어지고 팀장과 팀원들은 야근에서 헤어나지 못한다.

실제 현장에서 운영되는 프로젝트 조직이나 임시로 구성된 TF^{Task Force} 팀에서 일을 해 보면 팀장의 역할이 중요하다는 사실을 더 잘 알 수 있다. 팀장이 제 역할을 얼마나 잘해내느냐에 따라 일의 양과 소요시간이 좌우된다. 팀장이 주어진 일에만 집중하면 팀원들에게 소홀하기 쉽고, 팀원들을 잘 관리한다고 해서 일이 저절로 이루어지지도 않는다.

글을 쓰면서 시중에 나와 있는 '팀장 리더십' 관련 책들을 많이 찾아보았다. 상당수의 책이 우리나라 현실에는 맞지 않는 번역서였고, 대부분 일보다는 조직을 다루는 인사전문가가 쓴 글이었다. 정작 일 자체를 어떻게 다루어야 하는지, 일과 사람을 어떻게 연결하여 관리해야 하는지 속 시원하게 말해 주는 책은 보이지 않았다. 이 책을 통해 그동안 전략기획과 경영진단 업무를 수행하면서 겪은 다양한 사례를 바탕으로 팀장들이 현장에서 바로 활용할 수 있는 노하우를 전하고자 한다.

야근은 우리 시대에서 해결할 수 없을 것만 같은 어려운 문제다. 하지만 대한민국의 모든 팀장이 일과 사람 모두를 동시에 잘 관리하여 야근을 줄이기 위해 노력한다면 변화는 시작될 것이다. 가족 같은 팀원들이 힘들어 하는 것이 싫어서도 좋고, 팀원들과 함께 일찍 퇴근하고 싶어서도 좋다. 그래서 이 지긋지긋한 야근 문화를 이 땅에서 없애 버릴 수 있길 간절히 소원한다.

오늘도 전쟁터 같은 현장에서 열심히 일하는 동료 팀장들에게 실질적인 도움을 주고 싶다. 후배들에게도 이 책이, 팀장의 역할과 입장을 잘 이해하고 향후 역량 있는 리더로 성장할 수 있는 디딤돌이 될 수 있다면 더 바랄 것이 없겠다.

끝으로 철없고 눈치 없던 나를 이끌며 가르쳐 주신 모든 선배님께 감사드린다. 그분들이 없었다면 지금의 나로 성장하지 못했을 것이다. 이 책에서 소개하는 대부분의 노하우가 그분들께 빚진 것이며, 이제 후배들이 잘 성장하도록 도움으로써 그 빚을 갚으려 한다.

2017년 2월

이진수

 어떻게 야근을 줄이고
성과를 높이는가?

CHAPTER **3** _ 경영진이 결단하고 팀장은 실천한다

CHAPTER **4** _ 일을 정확히 파악하고 추진 계획을 세운다

 결국, 무엇을 위한
리더십인가?

night overtime

우리는 왜
야근을 하는가?

1

대한민국 리더들은
야근을 줄일 생각이 없다

　　김 대리는 오늘도 알람 소리와 함께 아침 7시에 일어난다. 출근시간은 9시이지만 선배들보다 늦지 않으려면 8시 40분까지는 사무실에 도착해야 한다. 출근하자마자 제일 먼저 컴퓨터를 켜고 메일을 확인한다. 하나하나 읽어 보고 필요한 답장을 하다 보면 1시간이 그냥 지나간다. 10시가 되어서야 오늘 완성해야 할 보고서 작성에 필요한 자료를 찾기 시작하고, 다른 부서에 협조도 구한다.

　하지만 자기 일에만 집중하기는 어렵다. 팀장과 선배들이 온갖 자료를 찾아 달라고 요청하고, 계속해서 울려대는 전화기를 외면하기도 어렵다. 보고서 목차도 제대로 정하지 못했는데 오전이 훌쩍 지나가 버린다.

　점심시간 이후에는 팀 회의가 있다. 팀장과 팀원 10명이 모두 모여 업무 진행경과를 점검한다. 1시간 예정으로 시작하지만, 누군가의 일에 문제가 있어 보이면 팀장의 질문이 많아지고 회의는 점점 길어진다. 한두 가지 이슈에 얘기가 집중되면 다른 팀원들은 듣지 않아도 되는 말들이 지루하게 이어진다.

회의가 끝난 후에야 본격적으로 보고서를 작성하기 시작한다. 팀장과 담당 임원의 의견이 적절히 반영되어야 하고, 글씨체와 줄 간격 등 보고서의 모양새에도 신경 써야 한다. 다행히 업무시간 내에 마무리해서 팀장에게 보고하지만 그냥 통과될 리 없다. 팀장은 처음 지시할 때와는 다른 얘기들을 늘어놓으면서 이런저런 보완할 점을 마구 쏟아낸다.

오늘도 칼퇴는 무리다. 야근하는 동료들과 저녁을 먹고 커피 한 잔을 마신 후 다시 보고서를 수정한다. 팀장에게 받은 피드백이 처음 지시 사항과 달라져 보고서 전체가 뒤죽박죽되는 느낌이다. 저녁 8시쯤 일을 마무리하고 퇴근을 하지만 수정한 보고서가 팀장 마음에 들지 걱정이다.

위 사례는 글로벌 컨설팅 회사 '맥킨지 McKinsey'가 국내 9개 기업, 45명의 대리급 직원을 대상으로 조사한 시간 활용실태 결과를 스토리 형식으로 재구성한 것이다. 맥킨지는 〈한국 기업의 조직건강도와 기업문화 진단 보고서〉에서 설문조사 데이터에 근거하여, 우리나라 현실을 다음과 같이 설명한다.

응답자들은 하루 평균 약 11시간을 회사에서 보내는 것으로 나타났다. 이 중 생산적으로 활용하는 시간은 절반을 약간 넘는 5시간 32

분에 그쳤다. 특히, 회의시간의 39%가 비생산적이며, 보고 및 보고준비 시간의 31%가 형식적이고 과도하여 비효율적인 것으로 드러났다. 이로 인해 전체 응답자 중 43%는 매주 3일 이상 야근을 하고 일주일 평균 야근일수는 2.3일로, 근무일수의 절반가량에 이르는 것으로 조사되었다.[1]

이러한 통계 데이터보다 더 놀라운 사실은 야근의 원인에 대한 맥킨지의 설명이다.

눈치 보기 야근이 여전히 기업 내에 만연해 있다. 그 이유로 '야근을 성실함으로 간주하여 높이 평가하는 상사'를 언급했는데, 이는 상사의 정성적 평가가 대부분을 차지하는 평가 방식의 문제로 귀결된다. 눈치 보기 야근이 반복되면, 서로가 서로의 눈치만 살피며 영문도 모른 채 야근을 하는 풍경이 벌어지게 된다. 이러한 분위기가 고착화되면서 업무시간의 비효율을 증대하고 있다.

실제 심층조사에서 '어차피 야근을 할 것이기 때문에 근무시간을 느슨하게 보내는 분위기가 사내에 퍼져 있다'고 대답한 직장인이 다수였다. 할 일이 남아서 야근을 하는 경우에도, 실제로 불가피한 야근보다는 업무 효율 저하로 일과시간 내에 업무를 마무리하지 못해서일 때가 많았다. 여기에는 주로 상사 또는 경영진의 영향이 컸다. '야근에 대한 문제인식이 전혀 없어 퇴근 직전에 회의를 소집하거나 업무를 지시하는 경우', '불명확한 업무지시와 중간점검 미흡 등으로 업무 효율이 떨어지는 경우' 등이 대표적이다.[2]

상사와 리더들은 이러한 설문조사 결과에 대해 어떻게 생각할까? 전혀 모르고 있을까, 아니면 알고도 모른 체하는 것일까? 함께 공감하고 개선할 여지는 전혀 없는 것일까?

나쁜 상사가 만드는 야근 문화

회사 또는 조직을 움직이려면 리더십이 필요하며, 리더십은 말 그대로 사람들을 원하는 방향으로 이끌어 가는 것이다. 사람을 이끌기란 쉽지 않다. 움직이고 싶지 않은 사람은 더욱 어렵다. 하지만 조직이 힘을 발휘하려면 나아갈 방향을 정하고, 함께 움직여야 한다.

누군가는 먼저 나서야 한다. 먼저 생각하고, 논리적으로 판단하고, 다른 사람들의 의견을 들어 보아야 한다. 그리고 어디로 갈지, 어떻게 갈지 협의하여 결정해야 한다. 자신이 이끌어 보겠다고 나서는 사람이 반드시 리더는 아니다. 리더는 이끌겠다는 의지나 욕심으로 되지 않는다. 오히려 나서지 않고도 사람들의 생각을 하나로 모아 표현할 수 있는 사람, 사람들의 생각을 실현시킬 역량을 갖춘 사람이 리더가 될 가능성이 크다.

사람들은 모두 저마다의 성격과 장단점을 가지며, 살아온 환경과 살아갈 미래에 대한 꿈이 서로 다르다. 상황에 따라서는 이러한 다양성을 포용할 수 있는 사람이 리더가 되어야 한다. 그래서 리더의 모습은 상황에 따라 달라질 수 있으며, 어쩌면 모든 조직과 상황에서 완벽하게 사람들을 이끌 수 있는 리더는 현실적으로 존재하지 않을지도 모른다.

하지만 누가 좋은 리더이고, 누가 나쁜 리더인지 부하직원들은 잘 알고 있다.

2015년 10월, '잡코리아'와 '중앙SUNDAY'가 공동으로 약 1,500명의 직장인을 대상으로 〈스트레스를 주는 나쁜 상사에 대한 속마음 조사〉를 실시했다.[3] 결과에 따르면, 응답자의 80% 이상이 사내에 나쁜 상사가 있으며, 절반 이상은 자신의 상사가 나쁜 상사라고 답했다. 나쁜 상사 때문에 회사를 그만두어야겠다고 생각한 적이 있는 응답자는 90%를 넘었다.

'어떤 상사가 나쁜 상사인가?'라는 질문에는 책임질 일에 발뺌하는 상사(52%), 업무와 관련하여 말을 자주 바꾸는 상사(43.8%), 강요하고 폭언하는 상사(31.6%), 부하직원을 감시하는 상사(26.6%), 무능한 상사(25%), 부하직원의 공을 가로채는 상사(23.7%)라고 답했다. 나쁜 상사와 출세의 상관관계에 대한 질문에는 응답자의 약

▼ 〈스트레스를 주는 나쁜 상사에 대한 속마음 조사〉 결과[4]　　　　(단위: %)

지금 다니는 회사에 나쁜 상사가 있나?

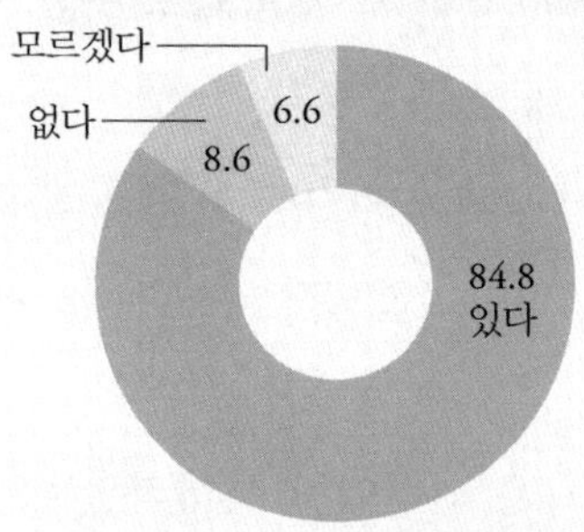

당신의 상사는 나쁜 상사인가?

어떤 상사가 나쁜 상사인가(복수응답)?

책임질 일에 발뺌하는 상사	52
업무 관련 말을 자주 바꾸는 상사	43.8
강요·폭언하는 상사	31.6
감시하는 상사	26.6
무능한 상사	25
공 가로채는 상사	23.7

나쁜 상사에 어떻게 대처하는가?

가능한 한 신경 안 쓰려 노력한다	55.9
일단 앞에선 따르고 이후 의견 제시	24.9
뒷담화로 스트레스 해소	10.4
대놓고 무시하거나 따진다	8.2
기타	0.6

나쁜 상사 때문에 회사를 그만둬야겠다고 생각한 적이 있는가?

91.1 있다　　8.9 없다

나쁜 상사 때문에 회사를 그만둔 적이 있는가?

61.3 있다　　38.7 없다

나쁜 상사가 회사에서 잘나간다(승진 등)고 생각하는가?

38.7 그렇다　　61.3 아니다

나쁜 상사는 근무 의욕을 저하시켜 실적을 떨어뜨리나?

93.8 그렇다　　6.2 아니다

40%가 부하직원을 거칠게 대하는 나쁜 상사가 회사에서 잘나간다고 생각하고 있었다.

나쁜 상사가 직장 내에서 어떻게 행동하는지, 조직에 어떤 영향을 주는지 유형별로 나누어 자세히 살펴보자.

A. 문제나 책임질 일이 생기면 발뺌하는 상사

가장 심각한 유형이다. 문제가 발생하면 빨리 해결해야 다음 단계로 넘어갈 수 있는데, 어떻게 문제를 해결할지 결정하지 않고 뒤로 물러선다. 심지어 문제를 묻어 버려 일이 진행되지 않기도 한다. 이 유형은 대부분 문제 자체를 공유하지 않는다. 특히, 인사평가 시즌이 오면 문제를 꽁꽁 싸매 두었다가 평가 시즌이 지나고 나면 놓아 버린다. 해결 타이밍을 놓친 문제는 눈덩이처럼 불어나 버리고 관련 부서에 미치는 영향도 크다. 결국, 회사 전체에 피해를 준다.

하지만 1년이 지나 다시 평가 시즌이 올 때쯤에는 모두 잊히고 자신은 피해를 보지 않는다. 이 유형의 상사는 판단력이 부족하며, 무엇보다 자신이 의사결정을 내리면 그 결과에 책임을 져야 한다는 사실을 잘 안다. 그래서 자신이 아닌 다른 누군가가 판단을 하도록 내버려 둔다.

B. 지시가 명확하지 않고 계속 말을 바꾸는 상사

이 유형의 상사는 자신이 업무지시를 하면 부하직원들이 알아서 결과물을 가져와야 한다고 생각한다. 자신의 지시가 부하직원들에게 정확히 전달되었는지는 확인하지 않는다. 부하직원들도 되묻지 않는다. 다시 물어도 대답이 명쾌하지 않기 때문이다.

한 대기업의 40대 차장은 "상사는 전후 상황을 설명하지 않고 일을 지시하고선, 결과물을 가져가면 '이게 아니다. 이 정도 일도 제대로 못하느냐'고 비꼰다. 그렇게 비슷한 일을 서너 차례 반복하여 지시한다. 본인도 잘 모르니 이것저것 시킨다. 마지막엔 자료의 형식까지 문제 삼는다"고 하소연한다. 이렇게 업무지시가 명확하지 않으면 팀원들은 야근을 계속할 수밖에 없다. 일 자체가 되지 않으니 일하는 모습이라도 보이려는 것이다.

부하직원들이 자주 야근을 할수록 상사들은 일하기가 더 편하다. 퇴근할 때 일을 지시하면 다음 날 아침에 와서 그 결과를 볼 수 있으니 말이다. 하지만 피드백은 바로 주지 않는다. 부하직원들은 피드백을 받아야 다음 작업을 이어 갈 수 있는데, 그렇지 않으니 커피나 마시면서 일과시간을 헛되이 보내고 일은 밤늦게까지 이어진다.

C. 폭언을 일삼고 부하직원을 감시하는 상사

부하직원들을 논리적으로 설득하지 못하고 일방적으로 지시, 강요하는 유형이다. 부하직원들이 자율적으로 판단하여 일을 진행하도록 하기보다 자신의 지시를 그대로 따르고 있는지 감시한다. 부하직원들을 전혀 믿지 못하는 상사다.

서로 간에 신뢰가 쌓이지 않으니 소통은 어렵고 오해만 쌓여 간다. 부하직원들은 시킨 일만 하고, 더 이상 아이디어를 내놓지 않으며, 상사에게서 떠날 궁리만 하게 된다. 상사는 리더나 관리자가 아닌 감시자가 된다. 부하직원들을 같이 일하는 팀원이 아닌, 자신의 지시에만 따라야 하는 존재로 여기는 것이다.

D. 팀원의 성장에 관심 없고 오히려 공을 가로채는 상사

회사의 성과가 CEO의 성과이듯, 팀의 성과는 팀장의 성과가 맞다. 하지만 성과에 기여한 팀원들을 격려하거나 칭찬하지 않고 자신이 전부 다 이룬 것처럼 말한다면 팀원들의 공을 가로채는 것과 다름없다. 이 유형의 상사는 팀원을 직접 코칭하거나 교육을 통해 성장시키려는 의지가 없다.

역량이 부족한 상사일수록 이런 성향이 강하다. 자신의 부족함을 감추기 위해 팀원들을 희생시키고 자신의 성과 달성을 위해 팀원들을 이용할 뿐, 팀원들을 성장시킴으로써 회사의 경쟁력이 더 커질 수 있다는 생각을 하지 못한다. 그리고 팀원들에게 야근을 계속 강요한다. 쥐어짜면 무엇이든 나올 것이라 생각하며, 그런 식으로 자신의 성과를 채운다.

E. 정보를 독점하고 공유하지 않는 상사

업무지시가 명확하더라도, 회사의 경영 상황이나 일과 관련된 정보가 부족하면 일하기가 매우 어렵다. 상사는 매일 회의에 참석하니 다른 부서의 상황과 입장을 잘 안다. 하지만 부하직원들에게 정보를 전달하지 않는다. 지시에 따라서만 일을 하는 부하직원들에게 '그것도 모르고 일했냐'며 핀잔을 주기 일쑤다.

업무처리 과정에 꼭 필요한 인풋^{input} 요소가 제공되지 않는데, 어떻게 아웃풋^{output}이 제대로 나올 수 있겠는가? 때로는 일부러 정보를 감추는 상사들도 있다. 그리고 어느 순간 자신만이 정보를 알고 있다는 사실을 자랑스럽게 말한다. 이런 상황을 마주하는 부하직원들은 정말 어처구니가 없다.

F. 아무 생각 없는 무능한 상사

팀장이 가져야 하는 책임감이 너무 부담스럽고, 팀장의 권한도 귀찮기만 한 상사다. 그냥 좋은 게 좋은 거라는 생각으로 일한다. 스스로 일을 해내기보다는 관계로 해결하려고 한다. 자신의 상사에게도, 다른 부서에게도 서로 힘들게 일하지 말자고 말한다.

보통 이런 상사는 회사 내에서도 관심이 크지 않은 부서에 있는 경우가 많다. 자신이 신경 쓰지 않아도 문제가 생기지 않고, 노력해도 인정받기 힘들다고 생각하기 때문이다. 아무런 도전도 하지 않고 팀원들을 챙기지도 않는다. 뭐든 적당히 처리한다.

부하직원들은 이런 나쁜 상사들과 함께 일하는 것 자체가 고역이다. 아무리 태도가 좋고 열정이 넘치는 직원이라 해도, 나쁜 상사를 만나면 일할 의욕이 없어지고 효율도 떨어진다. 역량 있는 직원이 회사를 떠나는 이유는, 회사가 아니라 상사 때문이라는 것은 이제 상식이다.

나쁜 상사들이 처음부터 나빴던 것은 아닐 것이다. 그들도 신입사원 때는 나쁜 상사들을 보면서 자신은 그렇게 하지 않으리라 다짐했을 것이다. 하지만 사람은 보고 들은 것에 익숙해져 저도 모르게 자신이 나쁜 상사라고 생각했던 사람들의 행동을 따라 하게 되는 경우가 많다.

특히, 난관에 부딪힐 때마다 야근을 통해 어려움을 극복한 상사들은 부하직원들에게도 야근을 강요한다. 새로운 팀원을 확충하고 육성하는 데에는 시간이 오래 걸릴 뿐 아니라 성공 확률도 낮다. 따라서 내 입맛에 맞게 일하는 직원들에게 야근을 시키고 합당한 수당만 주면 된다는 사고방식이 만연하다.

더욱이 그렇게 야근에 시달리는 직원에게는 교육이나 다른 업무의 기회가 자주 주어지지 않는다. 당장의 일에 필요하다는 이유로 야근을 시키고 소중한 기회는 다른 직원에게 넘겨 버린다. 그런 대우를 받는 직원은 얼마 지나지 않아 조직을 떠나 버릴 것이다.

과거에 갇힌 사고방식

회사 일은 매일 균형 있게 주어지지 않는다. 부서에 따라, 시기에 따라 일이 몰릴 때도 있고 여유가 생길 때도 있다. 중요하고 시급한 프로젝트는 야근뿐 아니라 휴일 근무를 해서라도 필요한 시점에 맞추어 정확히 해내야 한다.

하지만 습관적으로 야근이 반복되고 있다면 정상이 아니다. 신입 사원의 시점에서 보면 정말 어처구니없는 상황이 아닐 수 없다. 일이 많아 야근을 하는 것은 어쩔 수 없지만, 일이 없어도 눈치가 보여서 밤늦게까지 자리를 지킨다. 게다가 눈치 보기 야근을 한두 명이 한다면 이해할 수 있지만, 모두가 집단 최면에 걸린 것처럼 야근을 한다. 결국, 좋은 평가를 받기 위해 눈치 보기를 한다는 것인데, 눈치 보기가 개인의 성과에 우선하는 것일까? 우리는 도대체 왜 야근을 계속하는 것일까?

어쩌면 우리의 모습은 다음 실험 결과와 유사하지 않을까?

원숭이 다섯 마리가 우리 안에 앉아 있고, 우리 안에 놓인 사다리 위에는 바나나 한 송이가 있다. 계단을 몇 개만 올라가면 바나나에 손이 닿는다. 당연히 원숭이들은 바나나를 먹기 위해 사다리를 오른다. 그런데 원숭이들이 바나나를 향해 사다리를 오르려 할 때마다 차가운 물벼락이 쏟아진다. 며칠이 지나자, 원숭이들은 사다리 오르는 것을 포기한다. 그러자 연구자들은 물을 내뿜던 호스를 치우고, 원숭이들 가운데 한 마리를 다른 원숭이로 교체한다. 교체된 원숭이는 바나나를 보고 사다리를 오른다. 그 순간 나머지 원숭이들이 그 원숭이를 사다리 밑으로 끌어내린다. 물벼락을 맞지 않게 하기 위해서다. 같은 상황이 몇 번 반복되자, 교체된 원숭이도 더 이상 사다리를 오르지 않는다. 이후 몇 주에 걸쳐 연구자들은 한 번에 원숭이 한 마리씩을 우리에서 꺼내 물벼락을 맞아본 적이 없는 원숭이들로 모두 바꾼다. 바나나를 가지러 가는 원숭이들을 막는 것은 이제 아무것도 없다. 하지만 교체된 원숭이가 바나나를 가지러 가려고 할 때마다 나머지 원숭이들이 사다리에서 끌어내리며 막는다. 실험이 끝났을 때 우리 안에 실제로 물벼락을 맞은 원숭이는 한 마리도 없었지만, 어느 원숭이도 사다리를 오르지 않았다.[5]

　우리는 과거부터 이어져 온 방식에 너무 익숙해져 있다. 어떻게 해야 한다고 한번 인식이 굳어지면 그것이 선배를 통해 후배들에게 이어지고, 결국 조직문화로 고착된다. 누군가 상황을 바꾸려고 해도 허용하지 않는다. 시대가 바뀌고, 상황이 바뀌어도 사람들의 의식 구조는 쉽게 바뀌기 어렵다. 원숭이들이 더 이상 바나나를 가지러 가지 않는 것처럼, 누구도 불필요한 야근을 그만두어야 한다고 말하지 않는다.

맥킨지는 국내 기업문화 진단 결과에서 야근에 대한 리더들의 인식을 이렇게 설명한다.

> 많은 구성원이 야근의 원인으로 꼽았던 '야근에 대한 리더의 암묵적 강요'에 대해 리더들과 직원들 간의 분명한 인식 차이를 확인할 수 있었다. 다수의 리더가 '나는 야근을 하라고 말한 적이 한 번도 없다. 직원들이 자발적으로 야근을 하는 것인데 무엇이 문제가 되는가?'라고 말하면서 구성원들의 야근을 자발적 행동으로 간주한다. 반면, 직원들은 '리더가 퇴근을 하지 않고 남아 있는' 자체가 야근을 강요하는 것이라고 답변했다.
>
> 또한 야근을 한다는 사실만으로 직원을 인정 또는 칭찬하거나, 야근을 언제까지 했는지 확인하는 등 리더의 사소한 행동들이 직원들에게는 야근을 강요하는 것처럼 인식되고 있었다. 야근이 발생하는 원인 중 많은 부분은 리더의 인식 전환과 행동 변화, 일하는 방식의 개선을 통해 해소할 수 있는 것으로, 기업들이 즉각적으로 개선 노력을 투입하여 가시적인 성과를 거둘 수 있는 영역으로 판단된다.[6]

과거 고성장 시대에 선배들이 필요에 의해 야근을 해 왔던 것이 오늘날 우리나라 기업의 조직문화로 고착되고 말았다. 시대가 변하고 사람도 바뀌었지만, 리더들은 변하지 않고 있다. 자신이 사무실에 남아 있는 행동 자체가 과거의 잘못된 관행을 좇는 것임을 모른다. 리더가 야근을 하는지 안 하는지 은연중에 확인한다는 것을 직원들은 잘 안다. 그러한 상황에서 누가 감히 야근을 하지 말자고 말할 수 있겠는가?

심리학자들의 연구에 따르면, 우리가 생각하는 방식은 머릿속에 있는, 성향이 매우 다른 두 개의 시스템에 의존한다고 한다. '시스템 1'은 직관적이고 매우 빠른 판단이 필요할 때, '시스템 2'는 느리지만 복잡한 계산이나 의식적으로 추론해야 하는 상황에서 작동한다. 시스템 1은 원시시대부터 인간이 위험한 상황에서 깊이 생각하지 않고도 빠르게 판단하여 생존할 수 있게 한 생각의 도구로써, 오랜 시간 진화 끝에 만들어졌다.[7]

▼ 시스템 1과 시스템 2의 비교

시스템 1	시스템 2
• 직관적이고 매우 빠르게 작동한다. • 오류의 가능성이 크다.	• 느리지만 복잡한 계산이 가능하다. • 오류의 가능성이 낮다.

　문제는 회사 내 많은 의사결정 상황에서, 리더들이 시스템 2에 따라 분석하여 판단하지 못하고 바쁘다는 이유로 오류가 많은 시스템 1에 크게 의존한다는 사실이다. 심지어 시스템 2가 개입하지 못하면 우리는 거의 모든 것을 믿게 된다고 한다. 시스템 1은 속기 쉽고 무엇이든 믿으려는 경향을 보이는 반면, 시스템 2는 의심과 의혹을 주도하는 역할을 맡고 있기 때문이다. 시스템 2는 가끔 바쁘고 때로는 게으름을 피운다. 그래서 사람이 피곤하고 에너지가 고갈되면 TV 광고와 같은 공허한 메시지에도 영향을 받을 가능성이 커진다.

　이러한 관점에서 보면, '과거의 성공 경험'은 시스템 1의 직관적 판단을 더욱 강화하는 게 분명하다. 자신의 방식으로 몇 번의 성공을 거두었다면, 또는 상사의 그러한 모습을 많이 보았다면 이후에는 비슷한 상황에서 세심하게 판단할 이유가 없어진다. 상황이 달라지더라도, 야근으로 피곤해지고 에너지가 고갈되면 시스템 2의 활동이 약해져 직관에 따라 쉽게 판단해 버린다.

　더욱이 자신의 태도에 관해서는, 시스템 1의 판단을 검증해야 할 시스템 2가 오히려 시스템 1을 옹호하기도 한다. 리더들에게 의사결정의 기준 혹은 이유를 물으면 대부분 자신의 판단에서 비롯되는 문제점을 생각하기보다는 자신의 판단을 지지하고 옹호할 수 있는 근거를 먼저 찾는다.

　그래서 과거의 경험이 지금의 상황에는 맞지 않다는 사실을 알아채지 못한다. 실무자들이 아무리 다른 근거를 찾아서 지금은 예전과 다른 상황이고, 뒷받침되는 다른 정보가 있다고 주장해도 받아들이지 않는다. 결국, 과거의 성공 방식을 실천하기 위해 야근을 계속하게 되고, 그 야근으로 인지적 판단력이 흐려져 문제는 더 커지고, 또다시 야근을 해야 하는 악순환에 빠져든다.

나는 경영진단 업무를 수행하면서 리더가 시스템 2에 따라 신중하게 생각하지 못하고, 시스템 1에 따라 성급하게 판단한 사례들을 무수히 보았다.

특히, 국내 회사가 처음 해외에 진출할 때, 국내의 성공사례를 그대로 적용하려다 실패한 경우가 많았다. 국내에서는 갑과 을의 관계가 매우 명확하다. 갑은 무조건 요구하고 을은 어떤 상황이든 대응해 주어야 한다. 그렇지 않으면 갑과의 거래 자체가 끊어져 을의 입장이 곤란해지는 경우가 많기 때문이다. 해외에서는 국내와 같은 불평등한 관계가 지속되지 않는다. 갑과 을은 엄연히 파트너의 관계다. 계약으로 서로의 권한과 책임을 분명히 하고 이를 따라야 한다. 그렇지 않으면 갈등이 발생하고 때론 소송으로 이어지기도 한다. 그래서 처음부터 철저히 계약서를 검토하고 계약을 체결한다.

하지만 국내에서 갑으로서 을을 편하게 대하던 회사들은 이런 상황에 철저하게 대비하지 못하는 경우가 많다. 계약서가 정해진 틀 안에 있으면 큰 문제가 없다고 여기고, 계약 조항들이 실제 상황에서 어떤 의미를 갖는지 고려하지 못한다. 여러 가지 측면에서 계약 내용을 검토하고 시뮬레이션해야 하지만 그런 노력을 기울이지 않는다. 시간이 부족하다는 핑계를 대며 국내에서 하듯 하니 놓치는 부분이 많이 생기게 된다.

국내와 해외에서의 비즈니스 방식이 다르듯, 국내에서도 과거와 현재의 비즈니스 방식은 달라져야 한다. 그 차이를 명확히 인식하고 대비하는 것이 리더의 역할이다. 안타깝게도 아직도 많은 리더가 '내가 다 해봤다'는 식으로, 자신의 성공 경험을 강조하며 부하직원들을 잘못된 길로 이끈다.

심리학자들의 분석에서 알 수 있듯이, 힘들고 지친 상황일수록 자신의 직관에 따르게 되어 잘못된 판단을 할 가능성은 커진다. 야근으로 어려운 상황을 헤쳐 나가려다 잘못된 판단으로 더 큰 어려움에 직면할 수도 있음을 알아야 한다.

생존이 급한 선배, 믿을 리더가 없는 후배

현재 국내 기업의 CEO와 고위 임원들의 상당수는 1950~1960년대 초에 태어난 분들이다. 절대 빈곤의 시대에 태어난 그들에게는 먹고사는 문제가 가장 중요했다. 보릿고개를 겪으며 자랐고, 가족의 생계를 책임지고 집안을 일으키기 위해 자신의 꿈과 욕망을 희생하며 일했다. 어떤 기회라도 잡으려고 노력했고, 한번 잡은 기회는 놓지 않으려고 애썼다.

그 결과 정말 아무것도 없는 이 땅에서 노력과 희생으로 산업화에 성공했다. 그들에게 야근은 할 일이 있다는 것이고, 돈을 벌 수 있다는 것이며, 그래서 가족을 먹이고 자식을 공부하게 할 수 있다는 것이었다. 그들의 노력 덕분에 대한민국은 너무도 빠르게 성장했다.

2016년 인기를 끌었던 드라마 〈응답하라, 1988〉은 서울올림픽이 열렸던 1988년 전후, 당시 고등학생이었던 세대의 이야기를 재미있게 풀어 간다. 생계를 위해 일했던 아버지 세대와 달리 그들에겐 저마다 의사, 검사, 파일럿과 같은 꿈이 있고 앞세대가 이룬 산업화를 기반으로 자신들의 꿈을 실현할 수 있었다. 앞세대가 이루지 못한 민주화라는 사회 발전도 이루어 냈다.

그러나 일하는 방법은 이전 세대와 크게 달라 보이지 않는다. 산업화에 성공한 선배들이 쌓아 놓은 성과를 그저 보고 배웠을 뿐이다. 그들에게도 야근은 당연한 현상이고, 야근 없이 회사가 돌아갈 수 있다고 생각하지 않는다. 끝이 보이지 않는 근무시간이 불만이긴 하지만, 야근수당과 주말 근무수당은 가계에 보탬이 되기도 한다. 직장인들은 한 푼이라도 더 벌어야 아파트 융자금을 갚을 수 있고, 자식들의 성공을 위해서라면 빚을 내서라도 교육에 투자해야 한다.

반면, 이 시대 청년들은 이전 세대와 달리 해야만 하는 것도, 할 수 있는 것도 별로 없어 보인다. 이들에겐 먹고사는 것이 큰 이슈가 아니다. 멋진 꿈을 꾼다고 해도 기회를 얻기는 참 힘겹다. 더 이상 예전처럼 성장하지 않는 경제 구조 속에서 이 시대 청년들이 원하는 일자리는 많지 않다. 대기업 입사에서 수십 대 일의 경쟁률은 보통이며, 수백 군데에 입사원서를 넣지만 면접을 보는 것조차 쉽지 않다. 어떤 선배들은 그들을 도우려 하기보다 이용하려 든다. 일을 배우려는 열정을 볼모로 노동력을 착취하고, 경영환경이 어려워진 회사의 구조조정 상황에서 가장 먼저 피해자로 만들기도 한다.

한편으로는 이전 세대보다 훨씬 더 풍요로운 시대에 살고 있기도 하다. 회사생활과 일이 삶의 목적이 되기보다 수단인 청년들이 많다. 전국 구석구석 맛집을 찾아다니고 자신에게 맞는 취미 활동에 열의를 보이기도 한다. TV에서는 맛집을 찾아다니는 먹방, 스타 셰프를 앞세운 쿡방을 거쳐, 이제는 스스로 집을 꾸미는 집방까지 등장하고 있다.

이렇게 회사 내에서 임직원 간의 세대 차이는 너무나 크다. 세대라고 하지만 일반적으로 말하는 아버지와 아들 간의 나이 차이는 아니다. 회사 규모에 따라 다를 수 있겠지만, 경영진과 실무 리더, 실무 리더와 사원 간의 나이 차이는 대략 10~15년 정도다. 그 나이 차이만큼 경험의 차이가 생각의 차이를 낳고, 이로 인해 세대별 이기주의도 발생한다.

어려운 경영환경으로 생존주기가 짧아진 임원들은 조직의 발전보다 자신의 생존에만 신경을 쓴다. 후배들을 배려할 겨를이 없다. 경영진과 직원들의 중간에 끼인 실무관리자들은 상사들이 해 오던 방식에서 쉽게 벗어나지 못한다. 임원들보다는 직원들의 입장을 더 잘 이해하고 후배들과 소통하는 모습을 보이기도 하지만, 평가와 승진 같은 결정적인 순간에는 고개를 숙인다. 이런 상황에서 믿고 따를 만한 리더를 찾지 못한 직원들은 혼란스럽기만 하다.

세대 간에 차이점만 존재하진 않는다. 공통점도 있다. 과거엔 모두가 신입사원이었다. 모두가 학교에서 배운 것을 기반으로, 회사 일을 익히고 멋진 일을 해내는 직장인이 되고 싶었다. 자신에게 주어진 일을 해내기 위해 하는 야근 자체는 문제가 되지 않는다. 하지만 야근이 계속되면 누구나 힘들고 지친다. 남아 있는 일이 없는 데도 퇴근하지 못하는 선배들의 모습과 그런 사실을 알고도 그냥 지나치는 리더들의 모습에서 신입사원이던 우리는 무엇을 보았을까? 대부분의 직장인이 내가 리더가 되면 그렇게 하지 않으리라 다짐했을 것이다.

미래에 대한 걱정도 동일하다. 모두가 불안하다. 회사가 어려울수록 입지가 좁아지는 경영진과 임원들의 입장이 그렇고, 그런 상사들을 보면서 자신의 미래가 밝게 그려지지 않는 부하직원들의 입장도 마찬가지다. 바다 위에서 폭풍을 만나 언제 침몰할지 모르는 배 위에서 모두가 어찌할 바를 모르고 흔들리고 있다. 새로운 시대에서 지금처럼 일해서는 경쟁력을 유지하기 어렵다는 사실을 모두가 알고 있다. 변화가 필요함을 누구나 인식하고 있다.

▼ 세대 간 차이점과 공통점

차이점	공통점
• 보릿고개 경험 vs. 풍요의 시대 • 고속성장 시대 vs. 저성장 시대	• 모두가 신입사원 시절을 경험했다. • 미래에 대한 걱정과 두려움이 있다.

사실, 야근과 더불어 우리나라 회사생활에서 가장 큰 문제는 회식문화였다. 그런데 술잔 돌리기와 2차, 3차 가기 등 술을 즐기지 않는 직원들에겐 정말 고역이던 회식문화가 최근에는 많이 개선되었다. 구시대적 조직문화를 바꾸는 일이 가능하다는 것을 엿볼 수 있다.

맥킨지의 진단 보고서에서도 이렇게 설명하고 있다.

흥미롭게도 우리나라 조직문화의 단골 이슈로 제기되던 회식문화는 더 이상 문제로 인식되지 않고 있었다. 기업문화에 대한 직장인들의 긍정적인 답변 비율에서 회식문화는 77점(야근 31점)으로 높은 점수를 기록했는데, 여기에는 최근 지속된 회식문화 개선 노력과 더불어 경기침체로 인한 회식 빈도 축소 등도 영향을 미쳤을 것으로 추정된다.[8]

우리 모두가 처음엔 신입사원이었고, 변화가 필요하다는 동일한 인식을 갖고 있기에 희망은 있다. 각자의 입장만 생각하지 말고 서로를 이해하기 위해 노력해야 한다. 이럴 때일수록 중심을 잡고 자신이 해야 할 일을 묵묵히 실행해 나갈 실무 리더들이 필요하다. 높은 자리에서 말로만 이해한다고 외치는 리더는 소용없다. 신입사원부터 CEO까지, 조직의 모든 구성원이 하나로 뭉쳐 위기를 이겨내고 혁신을 통해 새로운 조직문화를 만들기 위해서는 팀장급 리더들의 역할이 매우 중요하다. 팀장들이 스스로의 역할을 다시 인식하고 실행해 나가야 할 때다.

2

야근은 우리 삶과
사회 전체의 문제다

비즈니스 환경이 달라지고 있다

오늘날 대한민국 기업의 경영환경은 정말 어렵다. 중국은 철강, 조선, 자동차 등 우리나라 기업이 경쟁력을 갖고 있던 산업의 턱밑까지 따라왔다. 특히, 조선업, 건설업은 최근 큰 손실을 내며 구조조정의 소용돌이 한가운데에 있다. 독보적이라 생각했던 반도체는 중국 기업의 대규모 투자와 해외 우수인력 확보로 인해 금방이라도 따라잡힐 기세다.

2017년 1월, 한국은행은 2016년 국내총생산[GDP] 성장률을 2.7%로 잠정 발표했다. 연초 전망 3.0%에서 0.3%가 감소한 수치다. 우리 산업의 근간인 제조업의 성장률은 1.7%에 불과했다. 그나마 주택 부문 중심의 건설 투자가 전년 대비 11% 증가해 추가 하락을 막았다. 2017년은 수출 부진이 지속되는 가운데 내수도 점차 둔화되면서 2016년보다 더 감소한 2.5% 성장에 그칠 것으로 전망했다.[9] 세계경제성장률에 한참 모자라는 수치다. 국제통화기금[IMF]은 2017년 자원

수출국 중심으로 신흥국의 부진이 완화되고 미국 경제가 회복되면서 세계경제성장률이 2016년 3.1%보다 높은 3.4%를 기록할 것으로 예상한다.

　이러한 상황에서 경영자들은 어떻게 경쟁력을 유지할 것인지 고민해야 한다. 실적이 악화된 사업부가 있으면 무엇이 문제인지 진단하고, 현안을 해결할 새로운 전략도 수립해야 한다. 현재 사업이 경쟁력이 없다고 판단되면 새로운 사업을 찾아 나서야 한다. 추진 중인 사업의 경쟁력과 새롭게 추진할 사업에 대한 심도 있는 타당성 분석이 필요하다.

　이런 일은 중요하면서도 시급하다. 하지만 기존에 해 오던 일들과는 성격이 달라 접근 방법을 찾는 것부터 쉽지 않다. 답을 모른다고 해서 검토가 미흡한 채로 속단할 수는 없다. 세밀하고도 종합적인 검토가 필요하다. 세세한 분석을 거쳐 새로운 전략이 만들어진다고 해도, 실행을 위해 사람들을 설득하는 과정도 만만찮다. 실무자 간 협의는 물론, 고위 임원들을 이해시키고 동의를 얻는 것도 쉽지 않다. 더욱이 이러한 과정을 모두 거쳤더라도 CEO의 마음에 들지 못하면 모든 과정을 처음부터 다시 시작해야 한다.

　시간은 부족하고 해야 할 일은 많으니 야근은 일상이다. 일이 많으면 리소스resource를 많이 투입하면 되고, 자체 역량으로 안 되면 외부 컨설팅의 도움을 받으라고 얘기할 수 있다. 하지만 이런 성격의 일은 사람이 많다고 해서 되는 게 아니며, 외부 컨설팅 역시 만만찮은 비용과 시간이 뒤따른다.

직원들도 어려운 경제 상황과 점점 힘들어지는 회사 현실을 걱정하고 있다. 그래서 새로운 방향을 찾고 문제를 해결하기 위한 야근에는 크게 불만을 갖지 않는다. 저성장이라는 현시대를 탓할 뿐이다. 경쟁력 분석이나 진단, 신사업 발굴과 같은 일에 참여하는 것이 오히려 자신의 경력에 도움이 되는 기회라고 생각한다.

문제는 이렇게 합리적인 이유로 발생하는 야근이 아니라, 비합리적·비효율적인 야근이 많다는 데 있다. 회사 일은 단계적인 절차에 따라 이루어지는 것이 보통인데, 그 과정에서 많은 비효율이 발생할 수 있다. 고위 임원이 일을 지시하면 팀장들은 이를 받아서 팀원들에게 전달한다. 팀원들은 각자 맡은 일을 추진하고, 팀장은 그 결과물을 모아서 정리한 후 다시 임원에게 보고한다. 이 과정이 매끄럽게 진행되면 더할 나위 없다. 하지만 업무지시가 불명확하고 전달이 제대로 되지 않으면 보고하는 과정에서 입장 차이가 발생한다. 상사들의 성향에 따라 보고의 내용보다는 형식에 더 많은 시간을 들이는 경우도 적지 않다.

맥킨지도 이 점을 지적한다.

특히, 리더의 불명확한 업무지시는 구성원들로 하여금 보고서 수정을 반복하게 하거나 업무의 범위를 불필요하게 확대해, 결국 야근으로 이어지는 모습으로 나타나고 있다. 또한 대면 보고나 문서를 중시하는 분위기, 보고서의 내용이 아닌 형식적 디테일(글자 폰트, 디자인 등)에 치중하는 형식주의도 하나의 원인으로 지적된다.

점점 야근이 많아지고 야근을 당연시 생각하는 조직문화가 굳어지면, 대부분의 직원이 어차피 야근할 것이라면 일과시간에 열심히 일할 필요가 없다고 생각한다. 성과를 위해서가 아니라 시간을 때우기 위해 일하게 된다. 일과시간에 집중해서 일하려 하기보다 야근할 때 할 일을 남겨 두려는 것이다. 그러다 보니 일에 대한 집중력이 크게 떨어지고, 오히려 생산성이 저하되는 '야근의 역설'이 나타나는 것이다.[10]

이제 이런 방식으로는 경쟁에서 살아남을 수 없다. 1990년대에서 2000년대 초에 이르는 고속 성장기에는 노력한 만큼 성과를 얻을 수 있었다. 기회는 많았고, 그 기회를 제대로 잡아 노력하면 무엇이든 이룰 수 있는 시대였다. 하지만 지금은 일을 열심히 한다고 해서 경쟁력을 가질 수 있는 시대가 아니다. '저성장'이 새로운 기준new normal이 되는 누구도 경험하지 못한 시대이고, 노력보단 창의적인 아이디어가 더 가치 있는 시대가 되었다. 다른 회사가 제공할 수 없는 차별화된 제품과 서비스가 있어야 경쟁력을 가질 수 있다. 회사가 어렵다고 해서 무작정 일을 시키는 행태는, 망망대해에서 방향도 찾지 못한 채 열심히 노를 저으라는 것만큼 무모해 보인다.

이럴 때일수록 리더들이 중심을 잡아야 한다. 경영진의 리더십이 중요하지만, 무엇보다 그들과 직원들 사이에 있는 팀장들이 새로운 시대에 맞는 자신의 역할을 명확히 이해하고 소통의 가교 역할을 충실히 수행할 수 있어야 한다. 그 역할을 제대로 수행하지 못하면 조직의 힘이 약해지고 모두가 힘들어진다.

우리 몸과 마음은 야근으로 지쳐 있다

경제협력개발기구[OECD]는 매년 'OECD 회원국 근로자 1인당 연간 실제 노동시간'을 발표한다. 한국 전체 취업자(시간제 근로자 포함)의 2015년 평균 노동시간은 2,113시간으로, OECD 평균 1,766시간보다 347시간(20%) 더 많았다. 이를 하루 법정 노동시간인 8시간으로 나누면 한국 취업자는 OECD 평균보다 43일 더 일한 셈이며, 한 달 평균 22일 일한다고 가정하면 두 달 더 일한 꼴이다.[11]

또한 한국 취업자의 2015년 평균 실질임금은 구매력평가[PPP] 기준 3만 3,110달러로 OECD 평균 4만 1,253달러의 80% 수준이었다. 노동시간은 20% 더 많은데 소득은 20% 더 적은 것이다. 이로 인해 연간 평균 실질임금을 노동시간으로 나눈 시간당 실질임금은 15.67달러로 OECD 평균 23.36달러의 3분의 2 수준에 불과했다.

OECD 국가 중 연간 평균 노동시간이 가장 적은 독일과의 격차

▼ **2015년 기준 OECD 회원국 연간 평균 노동시간(괄호 안은 순위)**[12]

국가	노동시간
멕시코(1위)	2,246시간
한국(2)	2,113
그리스(3)	2,042
칠레(4)	1,988
폴란드(6)	1,963
미국(12)	1,790
일본(18)	1,719
영국(22)	1,674
프랑스(30)	1,482
덴마크(31)	1,457
노르웨이(32)	1,424
네덜란드(33)	1,419
독일(34)	1,371

※ OECD 회원국 연간 평균 노동시간 = 1,766시간
(총 35개 회원국 중 터키를 제외한 34개국 조사)

는 더욱 벌어졌다. 독일 취업자의 연간 평균 노동시간은 1,371시간, 연간 평균 실질임금은 4만 4,925달러, 시간당 실질임금은 32.77달러였다. 한국 취업자는 독일 취업자보다 4.2달 더 일하고, 연간 평균 실질임금은 독일의 74%, 시간당 실질임금은 절반 수준에 그쳤다.

세계 최고 수준의 노동시간으로 우리나라 직장인들은 과로와 수면 부족에 시달리고 있다. 한국인들의 수면시간은 유독 짧다. 2013년 OECD에서 발표한 '국가별 하루 평균 수면시간 조사'에서 한국은 7시간 49분으로 18개국 중 꼴찌를 기록했다. 수면시간이 가장 긴 프랑스의 8시간 50분과 비교하면 1시간이나 차이가 났다. 미국은 8시간 38분, 뉴질랜드는 8시간 32분으로 조사되었으며, 수면시간이 7시간대인 국가는 우리나라와 일본(7시간 50분)이 유일했다.[13]

특히, 2013년 한국갤럽의 조사 결과에 따르면, 만 19세 이상 성인들의 하루 평균 수면시간은 6시간 53분에 불과했다. 더구나 6시간 미만으로 자는 사람이 43%나 되었다. 연령대별로는 사회생활이 가장 활발한 40대 남성이 6시간 39분, 가사 부담까지 더해진 40대 여성이 6시간 35분으로 가장 적게 잠을 자는 것으로 나타났다.[14] 우리나라 40대 남성의 수면시간이 6시간 39분이라 하지만, 예상컨대 주말 늦잠을 제외하고 평일 출근하는 날을 기준으로 한다면 이보다 훨씬 더 적을 것이다.

더욱이 팀장의 위치에 있는 직장인은 과중한 업무량으로 잠자는 시간이 줄고, 스트레스로 잠 못 이루는 밤이 보다 많을 것이다. 그렇게 해서라도 주어진 일을 해야 하는 책임을 짊어진 사람들이 바로 팀장이다.

의학계에서는 성인은 적어도 하루 7시간에서 9시간, 청소년은 8시간에서 10시간을 자도록 권장하는데, 1시간만 적게 자도 일의 효율은 평소보다 30% 이상 떨어진다고 보고 있다. 잠이 부족하면 잠시 피곤한 것으로 끝나는 게 아니라 일상에 막대한 영향을 끼칠 수 있는 것이다.

잠을 깨기 위해 커피나 차를 마시면 일시적으로 효과가 보이기도 한다. 그러나 수면 부족이 반복되면 수면리듬이 깨져 만성피로, 장기기능 저하, 우울증 등을 유발한다. 잠을 충분히 잤을 때와 그러지 못했을 때 뇌파와 근육 활동량이 크게 달라진다. 실험 결과 8시간을 자고 일어나면 금세 뇌와 근육 활동이 활발해지지만, 4시간을 잤을 땐 한낮인 12시가 되어도 뇌에선 잠을 잘 때 나오는 뇌파가 계속 발생하고 근육의 움직임도 둔해졌다. 이러한 상태에서 일을 한다는 건 잠을 자면서 일을 하는 것과 마찬가지다.[15]

수면 부족은 문제를 해결하는 역량도 크게 떨어뜨린다. 2004년 독일 뤼베크대학교의 얀 본 Jan Born 박사 연구팀은 세계적인 과학전문지 《네이처 Nature》에 '충분한 수면이 뇌에 영감을 가져다준다'는 연구 결과를 발표했다. 연구팀은 우선 실험대상자 모두에게 '수학적 영감'이 필요한 퍼즐을 풀게 했다. 그리고 퍼즐을 풀지 못한 사람들을 모아 A, B, C 세 그룹으로 나누었다. 이 중 A그룹에게는 8시간 동안 숙면을 취하게 하고, B그룹에게는 야간 8시간 동안 깨어 있도록 했으며, C그룹은 야간 8시간에, 추가로 주간에도 8시간 더 깨어 있도록 했다. 주어진 시간이 지나고 다시 퍼즐을 풀게 한 결과, 8시간 숙면을 취한 A그룹의 실험대상자들은 B, C그룹에 비해 3배에 가까운 비율로 퍼즐을 풀어냈다.

왜 충분한 수면을 취한 실험대상자들이 퍼즐을 더 잘 풀 수 있었을까? 바로 잠을 자기 전에 풀었던 퍼즐 문제가 수면 중에 새로운 기억으로 정리되어 뇌에 새겨졌기 때문이다. 다시 말해 새로운 문제가 정리되는 과정에서 뇌가 과거에 기억했던 많은 지식과 만나는 일련의 상호작용 결과, 잠에서 깰 때 생각하지 못한 답을 끌어내는 것이다.[16]

이처럼 잠은 우리 몸을 쉬게 할 뿐 아니라 뇌가 기억을 정리하는 과정에서 창의적인 아이디어를 떠올릴 수 있도록 도와준다. 그런데 잦은 야근은 이를 방해한다. 일을 해야 한다는 이유로 오히려 몸을 일하기 어려운 상태로 만들고 있다.

야근은 몸뿐만 아니라 마음에도 문제를 일으킨다. 성과를 내야 한다는 부담감에 스스로 자신의 일을 통제할 수 없다는 좌절감이 더해진다. 이로 인해 대부분의 직장인이 과도한 스트레스에 노출되어 있다. 더구나 지금은 과거와는 또 다른 새로운 스트레스 요인이 나타나고 있다.

과거의 스트레스는 대부분 구체적인 과제를 해결해야 할 때 나타났다. 즉, 주어진 상황, 주어진 문제에 집중하도록 몸과 정신이 변화한다. 맹수에게 쫓기거나 사냥을 해야 할 때 인간의 신체는 재빨리 움직일 수 있는 상태로 전환된다. 호흡과 심장박동이 빨라지고, 혈압이 올라가고, 에너지 공급원인 포도당의 분비가 급격히 증가해 상황이나 일에 집중하도록 도와준다.

일의 양이 늘어서 발생한 스트레스는 이와 유사하다. 기존에 하던 일을 좀 더 집중해서 처리하면 된다. 가끔 주말에 회사에 나가 밀린 일을 해 보면 왠지 모르게 평소보다는 마음이 가볍고 집중이 잘된다는 느낌이 들 때가 있다. 눈치 볼 상사 없이 내가 판단해서 남은 일을 처리하면 되기 때문이다.

하지만 오늘날의 스트레스는 이와는 성격이 다르다. 과거의 스트레스가 구체적인 과제를 수행할 때 나타나는 반면, 새로운 스트레스는 혼란스러운 상황을 살펴야 하거나 무슨 일이 일어날 것 같은 분위기에서 작동한다. 즉, 상황의 실체가 불확실할 때 나타난다.[17]

특히, 야근으로 인해 눈치를 살펴야 하는 상황이 그렇다. 단순히 일이 많아 야근을 해야 하는 상황에서는 일에만 집중하면 된다. 하지만 일이 많지 않은 데도 야근을 해야 한다면 동료와 상사의 눈치를 살펴야 하고 그것이 우리를 더 힘들고 지치게 한다.

더욱이 이런 스트레스는 쉽게 사라지지 않는다. 일 자체는 끝나면 그만이지만 야근이 계속되고 상사의 눈치를 보게 되는 상황은 회사에 있는 동안 지속된다. 동료보다 먼저 퇴근하는 경우에는 나의 행동이 어떻게 보이는지 더 신경 쓰인다. 결국, 우리 몸은 만성적 스트레스에 빠지게 되고, 야근으로 녹초가 되어 퇴근하면 자신을 위해 즐거운 무언가를 할 마음조차 생기지 않는다.

세계경제위기로 구조조정이 가속화되면서 대다수의 직장인은 한두 가지 일에만 집중할 수 없는 상황이 되었다. 이제는 많은 사람이 멀티태스킹을 반드시 해야 하는 것, 자주해야 하는 것으로 받아들이고 있다.

하지만 멀티태스킹은 허상일 뿐이며 스트레스만 가중시켜, 생산성 향상에는 도움이 되지 않는다. 미국 스탠퍼드대학교의 클리포드 나스 Clifford Nass 교수는 2009년 262명의 학생을 멀티태스킹을 잘하는 그룹과 그렇지 않은 그룹으로 나눈 후, 일을 수행하는 역량과 관련된 실험을 했다. 당초 나스 교수는 멀티태스킹을 잘하는 그룹의 성과가 더 나을 것으로 생각했지만 결과는 정반대였다. "멀티태스킹을 잘하는 사람들은 해야 할 일과 관련 없는 일에 빠져 시간을 보내는 것이 관찰되었고 모든 일에 엉망이었다"고 한다.[18]

정신적 스트레스와 건강상의 문제는 결코 전문직이나 특수 직종에만 한정된 문제가 아니다. 독일 프라이부르크 대학병원의 요아힘 바우어 Joachim Bauer 교수는 고학력 계층 직장인들과 그렇지 않은 직장인들의 스트레스에는 거의 차이가 없다고 주장한다. 특히, 번-아웃 증후군 burn-out syndrome 에 시달리는 대부분의 사람은 자신의 일을 어떻게든 해내고 싶은 마음과 자신의 일에 대한 혐오의 감정이 공존하면서 내적 충돌을 일으킨다고 한다. 똑같은 일을 쉬지 않고 계속해야 한다는, 다람쥐 쳇바퀴 도는 듯한 '심리적인 반복' 때문이다. 번-아웃이라는 용어를 처음 사용한 심리학자 허버트 프로이덴버거Herbert Freudenberger는 자신의 일에 확신을 갖고 자발적, 열정적으로 일하는 사람들이 번-아웃의 위험에 자주 노출되며, 강한 도덕적 압박을 받는다고 주장했다. [19]

야근은 연말평가가 가까워질수록 심해진다. 사실, 연말이 되면 하던 일이 마무리되면서 일이 조금씩 줄어드는 것이 보통이다. 하지만 팀장의 야근은 오히려 많아진다. 새롭게 생기는 일은 줄어들지만 팀원 평가와 관련된 행정 업무가 크게 불어나기 때문이다. 성과에 대한 평가표를 작성해야 하는 임원이 늦게까지 자리에 앉아 있는 날에는 꼼짝없이 자리에 붙어 있어야 한다. 혹시라도 임원의 목표에 미달하는 항목이 없도록 어떻게든 채워야 한다. 스트레스는 더욱 가중된다.

신입사원들도 1년 정도 지나면 이러한 상황을 이해한다. 어처구니없게 보이던 눈치 보기가 이제 자신들의 현실로 다가온다. 모두가 야근을 하는 상황에서 자신만 정시에 퇴근할 수는 없는 노릇이다.

저녁이 없는 각박한 일상

이제까지는 야근을 회사나 개인 차원의 문제로 생각했다. 하지만 나는 야근이 우리 삶 전체에 영향을 주고 있다는 점을 얘기하고 싶다. 어찌 보면 대한민국 사회문제의 대부분이 야근 때문에 저녁이 있는 일상을 잃어버리고 지속적인 스트레스에서 벗어나지 못하는 현실에서 출발하는 것인지도 모른다. 다음의 사례처럼 말이다.

김 팀장에게는 아이가 둘 있다. 이제는 아이들을 두고 외출할 수 있을 만큼 컸지만, 키우는 과정은 정말 힘들었다. 특히, 과중한 업무와 잦은 야근으로 아내를 돕기 어렵다는 점이 그를 더욱 힘들게 했다.

회사에서 만난 아내는 결혼한 지 얼마 지나지 않아 임신을 했다. 아내는 모성보호제도와 출산휴가가 있으니 아이를 키우면서 회사 생활을 계속 할 수 있을 거라 말했다. 김 팀장도 아내의 의견에 동의 했다.

하지만 막상 아이를 낳고 나니 상황이 달라졌다. 산후조리원에 있을 때만 해도 크게 느끼지 못했는데, 집으로 돌아온 뒤로 김 팀장은 밤마다 잠을 이루기가 어려웠다. 아이는 몇 시간마다 울면서 보채고, 아내는 그때마다 아이에게 젖을 먹여야 했다. 아내는 아이 키우는 일이 처음이기에 두려움이 컸다. 장모님의 도움을 받고 인터넷으로 필요한 정보를 얻기도 했지만 모든 것이 힘들기만 했다.

김 팀장은 김 팀장대로 회사 일로 정신이 없었다. 연일 계속되는 야근과 상사의 호통에 풀이 죽고 몸은 지쳐 있는데, 밤마다 울고 보채는 아이 때문에 집에 와서도 쉴 수 없었다. 물론 가끔 눈을 맞추고 활짝 웃어 주는 아이는, 세상 무엇과도 바꿀 수 없을 만큼 예쁘고 모든 것을 잊어버릴 정도의 기쁨을 주었다. 하지만 그 순간뿐이었다. 야근과 수면 부족으로 김 팀장은 점점 지쳐 갔다. 아내도 마찬가지였다. 처음 겪는 육아에 모든 것이 불안한데, 남편의 도움은 충분하지 못했다.

아이가 커가면서 조금씩 적응이 되어 갔지만, 아내의 출산휴가가 얼마 남지 않자 또 다른 걱정이 이어졌다. 아내는 다시 출근해야 하는데, 아이를 맡길 곳이 없었다. 장모님은 관절염으로 고생 중이고, 고향에 계신 어머니는 아이를 돌봐 줄 생각이 전혀 없었다. 결국, 사람을 쓰기로 했다. 사람을 구하기도 어려웠지만, 비용이 비싸고 아이를 봐주는 시간도 칼같이 정해져 있었다. 회사 일이 조금이라도 늦어져 약속한 시간이 넘어가면 베이비시터의 낯빛이 달라지고, 다음 날엔 혹시라도 아이에게 못된 짓을 하는 것은 아닌지 정말 두려웠다.

상황이 어려워지면서 아내와의 다툼이 잦아졌다.

"당신은 맨날 야근이라고 늦게 들어와서 집안일은 전혀 도와주지 않잖아!"

"내가 돕고 싶어도 그럴 수 없는 상황이란 거 잘 알잖아?"

"그래도 그렇지, 어떻게 매일 늦을 수가 있어? 조금 일찍 끝나는 날은 회식한다고 늦게 들어오고, 주말에도 나가는 날이 많고… 나 혼자 어떡하란 말이야!"

"나도 힘들어…. 곧 있으면 평가 시즌이야, 상사한테 잘 보이고 성과도 내야 진급을 하지. 요즘 회사가 어려워서 진급하기도 힘들단 말이야."

서로 자신이 힘들다는 얘기만 쏟아냈다. 상대방도 힘들다는 걸 알지만 어떻게 해볼 도리가 없다. 아내는 남편이 집안일을 도와주기는 커녕, 회사 일을 핑계로 연일 야근을 하고 늦게 들어온다며 쏘아붙였다. 남편의 사정을 이해하지만, 말다툼이 오갈 때면 집안일이 하기 싫어 일부러 늦게 들어오는 게 아니냐며 소리를 높이기도 했다.

김 팀장의 입장도 난처했다. 진급평가 시점에는 상사에게 잘 보여야 한다. 자신보다 능력 있는 다른 진급대상자와 비교하면 야근이 아니라 야근 할애비라도 해야 할 판이다. 상사는 그런 심리를 알고 더 많은 일을 맡겼다. 곧 진급할 대상자의 평가는 다른 사람들보다 후하리라는 기대는 있지만, 혹시라도 상사의 눈 밖에 날까 두렵기만 했다. 그나마 야근수당을 받아 살림에 보탤 수 있어 위안이 되었다.

아이가 커갈수록 김 팀장의 회사 일은 점점 많아지고 책임도 커졌다. 둘째 아이가 태어나자 아이 둘을 다른 사람에게 맡기기가 어려워지고 비용 부담도 커져, 결국 아내는 퇴직을 결심했다. 회사를 그 만둔 아내는 아이 키우는 일에 묻혀 살았다. 언제 다시 일을 할 수 있을지 모르지만, 자신이 회사에서 노력해서 이루어 왔던 것들이 사 라지게 되었다.

회사를 그만두면 그 사람의 노하우가 한 개인에게서만 사라지는 게 아니다. 회사 내에 축적되어야 할 자산이 그냥 사라지는 경우도 많다. 누군가가 업무를 인수 인계받겠지만, 체계적으로 진행하고 확 인하는 경우는 드물다. 그저 보관하던 파일을 후임에게 전해 줄 뿐, 자신이 경험하면서 쌓아온 노하우는 한순간에 사라진다.

아니나 다를까 아내의 후배는 넘겨받은 업무 내용을 제대로 파악 하지 못하고 계속해서 전화를 해댔다. 특히나 아이가 보챌 때 그런 전화라도 오면 아내는 답답한 마음을 참지 못하고 터뜨렸다. '이제 그만 좀 전화하라'고 말이다.

후배도 괴롭기는 마찬가지다. 자신도 그녀가 회사를 그만두기 며 칠 전에야 일을 넘겨받아야 한다는 얘기를 들었다. 새로운 일이라 너무 막막했다. 몇 주라도 같이 일하면서 업무를 배웠더라면 좋았을 것이라는 생각이 들었지만 이미 지나가 버린 일이다.

최근 사회적으로 크게 이슈가 되고 있는 '갑질 문제'와 '난폭운전' 도 야근 문제와 무관하지 않은 것 같다.

사내에서 경영진이 임원들을 압박하면 임원들이 실무 간부와 아래 직원들을 압박하듯, 회사 밖에서도 비슷한 연쇄반응이 일어난다. 아빠는 아무것도 아닌 일로 엄마에게 화를 내고, 엄마는 또 아이에게 짜증을 낸다. 기업 간 파트너와의 관계에도 영향을 미친다. 상사에게 압박을 받은 직원이 을의 입장에 놓인 사람들을 압박한다. 갑은 온갖 폭력적인 말로 자신의 요구를 관철하려 하고, 을은 혹시라도 피해가 생길까 두려워 제대로 대응하지 못한다.

이렇게 회사 일로 스트레스를 받은 사람들이 주말이면 놀이공원이나 바다로 향한다. 스트레스를 풀기 위해 나서지만 길이 막혀 오히려 짜증만 난다. 일에 지친 사람들이 장시간 운전을 하면서 교통사고도 발생한다. 피로 누적으로 인한 졸음운전 피해도 만만찮지만, 최근 이보다 더 심각한 것은 난폭운전이다. 앞차가 너무 느리게 간다며 상향등을 켜대거나 갑자기 끼어든다. 당하는 운전자 역시 화를 내며 앞차의 진로를 막아 버리는 보복운전도 증가하고 있다.

이렇게 야근으로 인한 스트레스는 회사 내 업무 효율을 떨어뜨릴 뿐만 아니라 우리 사회의 다양한 문제들과 관련된다. 육아 문제와 연관되어 출산율이 떨어지는 한편, 야근을 하느라 쌓인 몸의 피로와 의식 속에 누적된 스트레스로 갑질 문제, 난폭운전까지 일으키고 있으니 말이다.

많은 직장인이 가족보다 회사 직원들과 훨씬 더 많은 시간을 보내고 있다. 그만큼 조직생활을 어떻게 유지하느냐가 건강과 행복에 매우 중요한데, 야근은 우리의 건강과 가정을 모두 위협하고 있다. 우리는 행복하게 살기 위해 열심히 일한다고 하지만 막연한 미래의 행복을 볼모로 현재의 삶을 갉아먹고 있다.

팀장에게는 팀원이 가족이다

〈어쩌다 어른〉이라는 TV 프로그램이 있다. 어른이 될 준비를 제대로 하지 못했는데 어쩌다 보니 마흔을 넘겨 버린 보통 사람들을 위한 프로그램이다. 하루는 한국사 강사 설민석이 나와서 '수신제가치국평천하修身齊家治國平天下'를 주제로 강의를 한 적이 있다.

그날은 '제가齊家'에 대해 강의를 했는데, 그의 얘기에 따르면 제가는 가정을 다스리는 것보다는 '조직'을 다스리는 일에 가깝다고 한다. 과거의 가족은 대가족 형태가 많아, 농사를 짓고 베를 짜고 가축을 키우는 생산 활동에 온 가족이 참여했다. 그중 가장은 가족의 전체 활동을 관리하는 리더의 역할을 했다. 오늘날 가족이 함께 가업을 잇는 경우가 아니라면 회사에서 일하면서 사람과 조직을 이끄는 역량이 바로 제가를 의미한다고 한다.

이 이야기를 들으면서 팀장들이야말로 제가를 실천하는 사람들이라는 생각이 들었다. 사실, 팀장들은 가족보다 팀원들과 더 많은 시간을 보낸다. 하루 24시간 중에서 많아야 8~10시간 정도를 집에서 보내고, 나머지 시간은 모두 회사 일을 하는 데 쓴다. 정작 자신의 가족은 챙기지 못하고 팀이라는 가족을 이끄는 가장이 되는 것이다.

한때 우리 가족은 내가 없는 일상에 익숙해져 있었다. 아내는 아파트 단지 내 친구들과의 모임으로 바쁘고, 초등학생 딸아이는 학교 친구들과의 놀이에 빠져 있었다. 그런데 내가 잠시 휴직을 하게 되자 아내와 딸은 내가 끼어든 생활이 제법 불편했던 모양이다. 아내는 남편의 끼니를 꼬박꼬박 챙겨 주어야 하니 점차 귀찮은 기색을 보이고, 딸아이가 다니는 학원 수와 엄청난 숙제에 놀라 한마디라도 하면 모르는 소리를 한다며 구박을 준다.

딸아이가 초등학교에 들어가기 전, 회사 일로 정말 정신이 없을 때 이런 해프닝도 있었다. 매일 야근으로 늦게 들어오고 자기가 깨기 전에 나가니 딸에겐 내가 함께 사는 가족으로 느껴지지 않았던 것 같다. 그날도 주말에 딸아이와 놀다가 회사에 가야 하는 일이 생겼는데, 딸아이가 이렇게 말하는 게 아닌가. "아빠, 우리 집에 자주 놀러 오세요."

야근이 많아질 때마다 아내는 아무리 늦게 퇴근하더라도 문자메시지를 남겨 달라고 내게 부탁했다. 메시지를 받아야 잠을 잘 수 있다는 것이다. 일이 늦게 끝나는 날이면 택시를 타자마자 문자를 보냈다. 길게 쓸 것도 없어 그냥 '간다'는 한마디를 보내고 이내 곯아 떨어지곤 했다.

어느 날 휴대폰 문자메시지 발신함을 보니 팀원이나 상사에게 보낸 것 외에는 전부 아내에게 보낸 메시지였다. 그런데 내용이 죄다 '간다'뿐이었다. 보낸 시간도 대부분 밤 12시에서 새벽 2시 사이였다. 2주 이상을 아내와 나눈 대화가 고작 그거라니. 아니, 대화가 아니라 집으로 간다는 통보 문자였을 뿐이다.

한번은 장모님이 이렇게 말씀하셨다고 해서 실소를 한 적도 있다.

"이 서방 바람피우는 거 아니니? 원, 바빠도 그렇게 바쁜 사람이 어디 있다니? 정말 어디 가는지, 일하는 거 맞는지 따라가 봐야 하는 거 아니냐?"

이런 얘기를 하면 내가 일 중독에 걸린 것이 아닌가 의심하는 사람들이 있다. 하지만 난 가족들과 즐겁게 여가를 보내고 싶고, 때로는 운동을 하거나 책을 읽으며 쉬는 등 혼자만의 시간도 갖고 싶은 보통 사람일 뿐이다.

팀장에겐 살을 비비며 같이 사는 가족보다 팀원들이 더 가족 같기만 하다. 팀원들의 사생활을 잘 안다는 의미가 아니다. 요즘 세대들은 팀장이 사생활에 관심 갖는 것을 극도로 싫어한다. 여직원에게 언제 시집가냐고 하거나, 남자친구는 무얼 하냐며 묻는 건 그야말로 최악이다. 가족행사나 여행에 대해서도 잘 묻지 않는다. 너무 관심이 없다고 하지 않을 정도로만 물어본다.

대신 일에 대해서는 철저하게 묻고 파악한다. 보고서 한 줄 한 줄이 어떤 의미인지, 왜 그렇게 쓴 것인지, 다른 관점에서는 생각해 보지 않았는지 하나하나 확인한다. 그래야 팀원들이 어떤 생각으로 어떻게 일하고 있는지 알 수 있다. 컨디션도 마찬가지다. 감기에 걸린 건 아닌지, 크게 스트레스를 받아 상심하고 있지는 않은지 직접 또는 주변 팀원들에게 물어본다. 그리고 그 팀원에게 맡기는 일의 양과 속도를 조절한다.

이렇게 노력하고 세심하게 챙겨야 하루에 겨우 30분, 혹은 1시간 정도 퇴근시간을 당길 수 있다. 야근을 조금이라도 줄이고 팀원들이 일찍 퇴근할 때면 기분이 참 좋다. 보람찬 기분이 들고 해야 할 일을 했다는 뿌듯함이 밀려온다. 물론 상사에게 올린 보고가 한 번에 통과할 것이라는 확신을 전제로 말이다.

나는 어떤 일을 시작할 때마다 어떻게 하면 짧은 시간 내에 해낼 수 있을지, 어떻게 하면 야근이나 주말 근무를 하지 않고 끝낼 수 있을지 수도 없이 고민한다. 일을 어떻게 나누고, 누구에게 주고, 어느 단계에서 통합하면 언제까지 끝낼 수 있겠다는 시뮬레이션이 머릿속에서 끊임없이 돌아간다. 그렇게 과정을 반복하면서 나름의 패턴을 만들어 간다.

팀원 중 누구 하나 버릴 수 없고, 누구 하나 막 대하기 어렵다. 진짜 가족인 딸아이는 부모가 먹이고 입히고 재우지만, 회사의 가족인 팀원은 업무 역량을 키우고 성장시켜야 할 의무가 팀장에게 있기 때문이다. 실력이 좀 부족한 팀원이 있어도, 왠지 마음에 들지 않는 팀원이 있어도 함께 가야 한다. 그들의 생각 없는 실수에 크게 호통을 쳤다가도 이내 마음이 아려 왜 그랬을까 후회하기도 한다.

동시에 일 잘하는 팀원의 눈치도 살펴야 한다. 다른 팀원에게 신경 쓰느라 소외당했다는 생각이 들게 해서는 안 된다. 적절히 도전적인 일을 주어야 하고, 당장 자리에 없으면 내가 힘들지만 교육의 기회도 주면서 지치지 않도록 해야 한다. 팀장들은 그렇게 오늘도 팀원들과 소통하며 하루를 보낸다.

팀원들을 코칭하고 성장시키는 방법은 회사에서 배웠지만, 가족과 소통하며 서로를 성장시키는 방법은 아직 잘 모른다. 퇴근해서 집에 가면 회사 일은 얘기하지 못하고 가족들의 얘기를 듣기만 한다. 아내의 이런저런 넋두리에 도움이 되는 말이라도 해 주고 싶지만, 내 얘기가 도움이 되는 경우는 드물다. 그저 가족이 건강하고 행복하길 바랄 뿐이다. 야근을 하고 밤늦게 들어올 때면 행여 가족이 깰까 염려되어 뒤꿈치를 들고 조용히 들어오고, 주말 근무를 나가야 할 때는 죄인처럼 아내의 허락을 구한다. 팀장들은 그렇게 살아가고 있다.

night overtime

어떻게 야근을 줄이고
성과를 높이는가?

3

경영진이 결단하고
팀장은 실천한다

본질에 집중해야 한다

스티브 잡스 Steve Jobs 는 애플 Apple 을 창업한 이후 경영권 분쟁으로 회사를 떠났다가, 1997년 다시 돌아온다. 돌아온 직후 그가 가장 먼저 한 일은 컴퓨터와 주변기기 등 20여 개로 불어난 제품을 4개로 줄인 것이다. 잡스는 임직원들을 이렇게 설득했다. "여러분과 같이 똑똑한 인재들이 시시하고 형편없는 제품에 시간을 낭비하다니, 이건 미친 짓이다! 무엇을 하지 않을지 결정하는 것이 무엇을 할지 결정하는 것만큼 중요하다."

그는 선택과 집중으로 고객이 열광할 수 있는 멋진 제품을 만들어 내야 한다고 주장했고, 실제로 그러한 혁신에 성공했다. 애플 직원들은 "우리

◀ 애플의 창업자, 스티브 잡스

가 머리를 쥐어짜던 문제를 잡스가 새롭게 정의하면 사소한 문제들이 일시에 사라져 버렸다"고 회고한다. 잡스는 더 이상 단순할 수 없을 만큼 극도로 단순한 제안을 함으로써 불필요한 일을 없애 버렸다. 그렇게 성공한 제품이 아이팟 iPod과 아이폰 iPhone이다.

구글 Google의 래리 페이지 Larry Page가 잡스에게 조언을 구했을 때도, 자신이 가장 중요시하는 것은 집중이며 구글의 주력 상품 5개를 꼽아 보고 나머지는 없애라고 말해 주었다. "주력할 대상이 아닌 나머지는 제대로 일하는 데 오히려 방해가 되며, 그것 때문에 구글이 위대한 제품이 아니라 그럭저럭 괜찮은 제품만 내놓게 된다"는 것이다. 현재 애플의 CEO인 팀 쿡 Tim Cook은 "애플은 사내의 가장 훌륭한 아이디어에 대해 매일 같이 No를 연발하는 회사"라고 말한다. 많은 것을 포기하는 대신 집중하기로 선택한 것에 에너지를 쏟아부어 세계 최고의 제품을 만들자는 취지다.[1]

이러한 애플의 철학은 '혁신은 더하기보다는 빼기'라는 생각에서 나온다. 경영진이 하지 않아도 될 일을 없애 주면, 직원들은 해야 할 일에 더 집중할 수 있다. 자연히 쓸데없는 일과 야근이 줄어들 수밖에 없다.

경영진의 최우선 과제는 회사가 해야 할 일의 본질에 집중하고, 직원들이 해야 할 일의 우선순위를 정하는 것이다. 일을 줄여야 집중할 수 있고, 좋은 결과도 얻을 수 있다. 무조건 이것저것 모두 하라고만 하면 직원들은 지시받을 때부터 지치고 생산성은 떨어질 수밖에 없다.

경영진이 회사가 집중할 제품과 서비스를 결정했다면, 결정된 사안을 내부 직원들에게 끊임없이 알려 현장에서 실행되도록 해야 한다. 대부분의 직원은 CEO가 어떤 생각을 하고 있는지 항상 궁금해하는데, 회사의 미래와 자신의 생존이 걱정될수록 더욱 그렇다. CEO는 그 점을 충분히 활용할 수 있어야 한다. 회의나 회식자리 등 임직원들과 만나는 자리에서 회사가 나아갈 방향이 어느 쪽인지, 어떤 제품과 서비스에 집중할 것인지 계속해서 전파해야 한다. 핵심 임원들과는 회사가 집중해야 할 본질에 대해 계속해서 토론하고, 토론 결과를 실행할 방법을 찾기 위해 노력해야 한다.

야근 문제도 마찬가지다. CEO와 경영진이 나서서 임원 및 팀장들과 얘기를 나누면서 야근을 줄여야만 하는 당위성에 공감하고, 사내 모든 직원에게 지속해서 전파해야 한다. 일의 성격이나 마감기한에 따라 야근이 필요할 수 있지만, 야근을 조장하는 문화는 근절 대상일 뿐이다. 그렇다고 사내에서 야근 없애기 혁신운동을 한다든지, 야근을 줄인 사례 경진대회 따위를 추진하는 것은 금물이다. 이는 또 다른 야근을 양산하는 꼴이 된다. 경영진은 어떻게 하면 본질에 집중하면서 원하는 목표를 달성할 수 있을지 매일매일 고민해야 한다.

하지만 우리의 현실에서 일을 줄이기 위해 노력하는 경영진은 정말 드물다. 오히려 "직원들 놀게 하지 마라"며 무슨 일이라도 시켜서 일하게 해야 한다고 말하는 리더가 많다. 때론 의사결정에 필요한 정보가 충분하지 않다며 일을 확대하기도 한다. 정보 조사는 업무에 있어 필수이지만 어느 선에서 마무리할 수 있어야 한다. 필요한 정보가 충분히 있다면 누가 의사결정을 하지 못하겠는가? 경영진은 회사의 상황, 실무자들의 역량과 노력 등을 바탕으로 적절한 수준의 정보가 확보되었다면 의사결정을 해야 한다. 그리고 임원과 팀장들이 집중해야 할 과제를 명확히 해야 한다.

임직원들이 회사의 방향에 맞게 일하고 있는지 평가하는 것도 중요하다. 평가는 가능한 한 객관적이어야 한다. 성과평가를 할 때는 주관적인 부분을 줄이고 객관적인 평가 기준을 확대해야 자주 야근한다는 이유로 높게 평가하는 오류를 방지할 수 있다. 쉬운 일은 아니다. 부서나 일의 성격에 따라 객관적으로 평가하기 어려운 경우가 많기 때문이다.

새로운 평가제도를 도입하는 것도 하나의 방법이다. 사실, 임직원을 평가할 때는 윗사람의 시선보다는 옆이나 아랫사람의 시선으로 보는 편이 더 정확하다. 상사는 겉으로 드러나는 이미지와 말만 기억하기 때문에 부하직원들을 있는 그대로 보기가 어렵다. 정보는 충분하지 못하고 부하직원들이 크게 잘하거나 실수한 것만 기억하기 쉽다. 반면, 부하직원들은 상사의 일거수일투족을 모두 볼 수 있다. 출근하면서부터 퇴근할 때까지 상사가 어떤 말과 행동을 하는지, 어떤 기준으로 판단하는지 모두 지켜볼 수 있다.

내가 참여했던 경영진단 업무에는 종종 대상 사업부 임원들에 대한 평가도 포함되었다. 정량적인 성과뿐 아니라 정성적인 부분도 평가한다. 기본적인 인성에서부터 전문성, 리더십, 그리고 전반적인 장단점과 업무 실적까지 모두 파악한다.

이때 해당 임원을 잘 아는 직속 부하직원의 의견을 가장 많이 듣는다. 하지만 직속 부하직원은 자기를 잘 평가해 주던 상사가 잘못되기를 원치 않아 좋은 쪽으로만 말할 가능성이 높고, 평소 앙심을 품고 있던 부하직원이라면 나쁜 쪽으로만 얘기할 수도 있다. 따라서 부하직원뿐만 아니라 자주 소통하는 타부서 팀장이나 팀원, 때로는 외부 파트너의 의견을 들어 보기도 한다. 그렇게 다면평가를 해 보면 그 임원이 회사에 얼마나 기여하고 있는지, CEO와 경영진의 뜻에 맞게 일을 수행하고 있는지, 부하직원들을 어떻게 다루고 있는지 명확히 파악할 수 있다.

임원들의 자세는 회사 내 조직문화 형성에 매우 중요하다. 그들은 성과와 역량을 인정받아 임원이 되었지만, 언제 해고될지 모른다는 불안감을 안고 있다. 그래서 일부 임원에게는 일을 잘해 성과를 내는 것보다 어떤 방법을 써서라도 CEO에게 인정받고 살아남는 것이 더 중요하다. 그런 임원들을 비난하려는 게 아니다. 그럴 수밖에 없는 조직 운영과 평가 구조가 더 문제다. 따라서 그들을 변화시킬 수 있는 CEO의 리더십과 평가 체계가 필요하다. 현재 국내 기업의 조직문화와 평가 체계 아래에서는 임원들이 직원들의 야근을 막을 이유가 전혀 없다.

우리의 현실에서 야근을 없애는 것은 쉽지 않다. 하지만 경영진은 자신이 운영하는 회사의 본질에 대해 직접 고민하고 우선순위를 잘 정해야 한다. 그래야 임원들을 적재적소에 배치하고 회사의 리소스를 정말 필요한 곳에 집중시켜 성과를 높일 수 있고 필요 없는 야근을 줄일 수 있다.

새로운 가치, 새로운 조직문화

아프리카의 토착민 중 일부는 동물을 사냥할 때 '추적 사냥법'을 쓴다고 한다. 인간이 제대로 된 도구를 사용하기 훨씬 전부터 썼던 방법인데, 적당한 짐승 한 마리를 타깃으로 정한 후 지쳐 쓰러질 때까지 추적해서 잡는다. 수백 킬로미터를 달려가더라도 포기하지 않고 쫓고 또 쫓는다. 맨몸으로 사냥감의 흔적을 따라 열흘 이상 밤낮을 쫓아가 더 이상 도망가지 못하는 짐승을 잡는 것이다.

네발 달린 짐승들은 두 발만 가진 사람에 비해 빠르게 움직일 수 있는 만큼 에너지 소모량이 크다. 몸에 털가죽이 둘려 있는 데다 땀을 흘리지 못하기 때문에 체온조절 능력도 떨어진다. 그래서 먼 거리를 쉬지 않고 달리게 되면 사람보다 훨씬 빨리 지치게 되고, 결국

수백 킬로미터를 쫓기면서 체력이 완전히 소모되어 잡히고 만다.[2] 이를 통해 짐작해 보면, 우리 인간은 사냥을 위해 야근을 할 수밖에 없었고 때로는 맹수로부터 가족을 지키기 위해 야근을 했을 것이다.

1970, 80년대 우리나라 기업들도 마찬가지였다. 제품을 생산하여 수출하는 기업이 많았고, 사업 초기에는 제품에 대한 신뢰가 부족하여 주문량이 일정하게 들어오지 않았다. 주문량이 유지되면 생산시설과 인력 역시 적정 수준으로 유지할 수 있지만, 당시에는 주문량이 모자라거나 넘치는 경우가 많았다. 생산할 수 있는 규모를 넘어서거나 인력이 부족해도 주문이 들어오면 고객이 원하는 물량을 원하는 일정에 맞게 공급해 주어야 했다. 그래야만 살아남았다. 그러다 보니 야근은 우리나라 기업에 당연한 일이었다.

우리보다 산업화를 일찍 겪은 선진국은 어떨까?

2015년 말 한 소셜미디어에 한국인 A 씨가 프랑스 현지에서 일하며 겪었던 사연이 소개되었다. A 씨는 한국에서 하던 대로 프랑스에서도 야근을 했다고 한다. 그는 야근이 미덕이라고 생각했는데, 어느 날 야근 때문에 프랑스인 팀장에게 꾸중을 듣게 되었다. A 씨는 "내가 열심히 하고 싶어서 일하는 것이고, 내가 야근을 하면 상사인 당신과 회사의 성과도 좋아질 게 아니냐"고 따져 물었다. 그 말을 들은 프랑스인 팀장은 "야근을 하는 당신 때문에 당신을 의식한 누군가가 야근을 하게 될 것이고, 그로 인해 그는 맛있는 저녁과 따뜻한 사랑이 있는 주말을 포기해야 한다"고 대답했다. "오랜 세월 만들어 온 소중한 근로문화를 당신 같은 사람이 망치고 있다"는 말도 덧붙였다고 한다. 프랑스에서 근무한 경험이 있는 B 씨는 "우리나라는 야근을 해야 열심히 일하는 것처럼 보이지만, 유럽 국가들은 시간 외 근무를 하면 제때 일을 끝내지 못한다고 생각해 오히려 능력을 낮게 평가한다"고 댓글을 달았다.[3]

야근에 대한 선진국과 우리나라의 인식 차이를 분명히 보여 주는 사례다.

우리는 회사나 조직에서 인정받는 것을 무엇보다 중요하게 생각한다. 좋은 성과가 평가와 인정을 받기 위한 중요한 요소임은 분명하다. 그런데 그 기준이 모호하거나 남들처럼 성과를 내기 어려운 경우에는 어떻게 할 것인가? 그럴 때 야근은 도움이 된다. 적어도 성과를 내기 위해 노력하고 있다는 것을 보여줄 수 있고, 심리적으로도 편안함을 얻을 수 있기 때문이다. 대한민국과 같이 좁은 땅에서, 비슷한 역량을 가진 사람들끼리 경쟁하는 사회에서 어쩌면 야근은 당연하다고 볼 수 있다.

야근이 필요할 때는 해야 한다. 문제는 야근이 회사가 살아남기 위한 수단이 아니라, 개인이 살아남기 위한 수단이 되고 있다는 점이다. 실제와 다르게 과장해서 얘기하거나 거짓말을 하는 사람이 타인의 관심과 인기를 끄는 경우가 있듯이, 야근도 마찬가지다. 일을 과하게 부풀려서 너무 많은 일을 지시하거나 야근이 필요 없는 데도 일이 어렵고 많은 척 야근을 하면서 평가를 잘 받고자 하는 사람이 있다.

많은 회사에서 야근을 줄이기 위해 여러 가지 방법을 시도하고 있지만, 대부분 성공하지 못하고 있다. 왜 야근을 없애야 하는지, 우리가 지켜야 할 가치에 대해 공감하지 못한 채 어설픈 제도만으로 해결하려 하기 때문이다.

예를 들면, 잔업비의 상한을 정해서 그 이상 야근을 하지 못하게 한다. 하루 4시간 잔업비가 2만 원이고 한 달 잔업비 상한을 20만 원이라 가정했을 때, 열흘이면 20만 원이다. 규정대로라면 열흘 이상 잔업을 하지 않아야 한다. 하지만 현실은 다르다. 잔업은 잔업대로 하고 잔업비는 제대로 받지 못하는 경우가 때때로 발생한다. 회사 규칙을 어겨서 받는 불이익보다 잔업을 하지 않아서 상사에게 받는 불이익이 더 크기 때문이다.

애플, 구글과 같은 글로벌 IT 기업들처럼, 창의적이고 혁신적인 기업문화를 만들겠다며 다양한 노력을 하는 회사도 있다. 하루 8시간만 일하면 언제든 출근하고 퇴근할 수 있는 유연 근무제도 그중 하나다. 국내 기업의 경우 이를 적용한 조직은 일부에 불과하고 그마저도 제대로 시행되지 못하고 있다.

다른 방법으로 야근을 줄이기 위해 애쓰는 회사도 있다. 퇴근 한 시간 전에 팀장이 팀원들의 개인별 업무량을 반드시 확인토록 하는 것이다. 확인 후 업무량이 많은 팀원이 있을 경우엔 그 일을 다른 팀원들과 나누어서 처리하게 하거나 급하지 않은 일이라면 다음 날 할 수 있게 배려해 준다. 하지만 팀장은 회의에 참석하느라 팀원들과 얘기할 시간을 놓치는 경우가 허다하고, 일의 성격상 그 담당자가 아니면 할 수 없는 일도 많다.

더욱이 팀장이 경영진에게 직접 보고해야 할 중요한 사안이라면 믿음이 가는 역량 있는 팀원에게 맡길 수밖에 없고, 그 팀원은 업무 과중으로 매일 야근을 해야 한다. 담당 팀원은 상사의 평가를 잘 받을 순 있겠지만, 이건 회사의 인력자원을 효율적으로 쓰는 방법이 아니다. 다른 직원의 입장에서도 바람직하지 않다. 일을 통해 능력을 키우고 팀장과의 교감이 많아져야 역량이 향상될 수 있는데, 그런 기회가 소수에게만 돌아가고 만다.

우리의 야근 문화는 정말 뿌리 깊다. 그 뿌리를 뽑기 위해 다각적으로 노력을 기울이지만, 여전히 개선될 기미가 보이지 않는다. 야근을 해야 일을 하고 있다고 생각하는 조직문화가 너무나 오래 지속되었고, 그 과정에서 생각이 굳어져 더 이상 변화하려 하지 않기 때문이다. 이런 측면에서 볼 때, 야근은 지금 우리나라 기업에 가장 필요한 혁신 대상이다. 야근 자체가 문제가 아니다. 어쩔 수 없이 야근을 지속하는 구시대적인 조직문화와 야근 때문에 발생하는 조직의 비효율을 모두 바로잡아야 한다.

변화와 혁신의 출발점

인시아드 INSEAD MBA의 김위찬 교수는 그의 저서 『블루오션 전략 Blue Ocean Strategy』에서 기업들이 경쟁이 치열한 레드오션에서 벗어나 블루오션을 창조하기 위한 가치혁신 방법을 제시한다. 제품과 서비스를 구성하는 요소들을 없애고 Eliminate, 줄이고 Reduce, 더하고 Raise, 새로 만드는 Create 4가지 방법을 잘 활용하라는 것이다. 이른바 ERRC 전략으로 고객에게 전달되는 가치를 높이고 원가는 줄임으로써 매출과 이익을 향상할 수 있다고 주장한다.[4]

더하기와 새로 만들기는 많은 회사가 매일 노력하는 부분이다. 더 좋은 기능, 더 나은 서비스를 고민해서 경쟁사와 차별을 두고자 한다. 하지만 이런 노력은 경쟁만 부추길 뿐, 경쟁이 없는 새로운 블루오션으로 진입하기는 어렵다. 그래서 진정한 혁신은 없애기와 줄이기에서 나온다고 볼 수 있다.

1990년대 초 뉴욕은 도둑, 강도 사건이 연일 발생하는 등 치안이 매우 좋지 않았다. 하지만 1994년 빌 브래튼 Bill Bratton이 경찰청장으로 부임한 이후 2년간 중범죄와 살인 사건의 발생률이 약 40% 감소했다. 이에 따라 뉴욕 시민들이 경찰에게 느끼는 만족도는 37%에서 73%까지 급증했다.[5]

처음에는 브래튼도 변화를 일으키기가 쉽지 않았다. 새로운 활동에 필요한 리소스는 부족했고, 경찰관들은 스스로 해결책을 찾아 나설 만큼 동기부여가 되지 않았다. 특히, 현재 상태에서 도저히 벗어날 수 없다는 '인지적 허들 cognitive hurdle'이 가장 큰 문제였다.

브래튼은 고위 간부들이 문제를 직접 경험해 보는 것이 문제를 인식하는 가장 좋은 방법이라 생각했다. 그래서 그들에게 뉴욕 지하철을 직접 타보도록 제안했다. 지하철은 무정부 상태에 가까웠다. 불량 청소년들이 뛰어다니고, 여기저기 낙서투성이에, 술주정뱅이들이 의자에 제멋대로 누워 있었다. 통계적으로는 당시 뉴욕 범죄의 약 3%만이 지하철에서 발생하고 있었으나 실제 상황은 그게 아니었다.

그다음에는 경찰관들이 시민들을 직접 만나도록 했다. 불만이 가득한 그들의 목소리를 면전에서 듣고 느끼도록 한 것이다. 이러한 방법을 통해 내부 임직원들이 현실을 제대로 인식하도록 하고, 그들의 사고방식 mind set 을 바꾸기 위해 노력했다.

리소스가 부족하다는 점도 브래튼을 힘들게 했다. 하지만 예산을 더 받으려고 애쓰기보다 작은 노력으로 큰 성과를 얻을 수 있는 장소와 시간에 리소스를 집중했다. 지하철의 경우, 모든 라인과 역에 고르게 배치되어 있던 경찰관들을 사건이 많이 발생하는 몇 개의 라인과 역에 집중 배치하여 작은 리소스로 큰 효과를 볼 수 있도록 했다. 또한 마약 관련 사건의 데이터를 분석해 본 결과, 사건이 주로 주말에 발생한다는 사실을 알아냈다. 이는 마약 거래가 주로 주말에 이루어지기 때문이었고, 이에 따라 마약 단속반의 근무시간을 주중이 아닌 주말로 변경했다. 브래튼은 이렇게 경찰관들의 활동이 집중되어야 할 장소나 시간을 찾아 리소스를 다시 배분함으로써 문제를 해결할 수 있었다.

브래튼의 노력이 계속 쌓이면서 어느 순간부터 부하직원들은 그를 신뢰하게 되었고, 상사들은 그의 문제해결력을 인정하게 되었다. 그뿐만 아니라 혁신을 위한 4가지 노력, 즉 없애기, 줄이기, 더하기, 만들기도 자연스럽게 이루어지면서 뉴욕 경찰은 지속해서 변화했고 뉴욕시의 치안 상태는 점점 좋아졌다.

혁신 활동은 일반적으로 문제가 가장 확산되어 있는 부분에서 시작한다. 회사 내에서 평균 수준의 인식을 가진 임직원들을 변화시키는 것을 목표로 한다. 하지만 그들은 주도적으로 변화하기보다 다른 사람들의 눈치만 보는 경우가 많다. 그들을 변화시키기 위해서는 엄청난 리소스와 시간이 소요되는 노력이 필요하다.

김위찬 교수는 새로운 변화를 위해 경영진이 설득해야 할 대상이 일반적인 혁신 과정과는 달라야 한다고 주장한다. 그가 주장하는 '티핑 포인트 리더십 Tipping Point Leadership'은, 문제의 중심이 아니라 양극단에 있는 사람이나 과제를 최우선 타깃으로 정한다. 가장 변화를 원하는 사람들 또는 가장 변화하기 싫어하는 소수의 사람들에게 집중하며, 쉽게 실천 가능한 쉬운 과제 또는 가장 어려운 과제를 선택한다. 이로써 기존의 방법보다 적은 비용과 리소스로 변화의 시작을 이끌어 내는 것이다.

▼ 일반적인 혁신 대상과 티핑 포인트 리더십의 혁신 대상(직원/과제)[6]

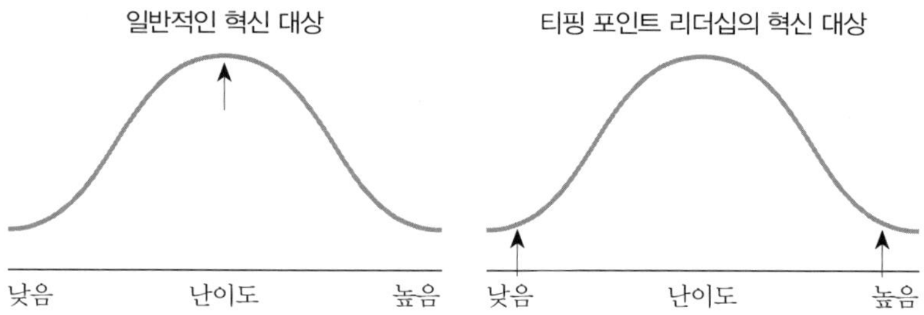

여기서 티핑 tipping은 균형 상태가 무너져 균형을 유지하던 두 세력 중 한 세력이 우위를 차지하는 것을 의미한다. 이 용어는 미국 북동부의 도시에 살던 백인들이 교외로 탈주하는 현상 white flight을 설명하기 위해 1970년대에 사용된 표현이다. 사회학자들은 특정한 도시에 이주해 오는 아프리카계 미국인(흑인)의 숫자가 특정한 지점, 즉 20% 수준에 이르게 되면 도심에 남아 있는 거의 모든 백인이 한순간에 떠나 버린다는 것을 발견했다. 이후로 '티핑 포인트'는 '전환점'이라는 의미로 많이 쓰인다.[7]

김 교수가 강조하는 혁신 방법으로 작은 부분에서 시작해 티핑 포인트를 넘기면 결국 전체 조직의 변화를 이끌어 낼 수 있다. 그렇다면 야근 문제도 이렇게 접근할 수는 없을까? 야근을 없애려면 인력수를 현재보다 20~30% 더 확충해야 한다는 식으로 출발해서는 문제를 해결할 수 없다. 야근하는 직원들의 마인드를 바꾸어야 한다는 식으로 막연히 다가가서도 해결하기 어렵다.

야근을 줄이는 것과 동시에 다른 부분에서 비효율적으로 사용되는 리소스를 찾아 활용해야 한다. 예를 들면, 회의시간을 줄이고 업무시간을 좀 더 밀도 있게 사용할 방법을 찾는다. 조금씩 변화를 축적해서 임직원들을 설득하고 공감을 끌어내어야 한다. 여기서 변화와 혁신의 대상은 회사 내 실무 리더들이 되어야 한다고 나는 생각한다. 그들을 먼저 변화시켜야 하고, 그들이 회사 전체가 변화하는 출발점이 되어야 한다.

결국, 팀장이 변해야 한다

훌륭한 리더들의 이야기는 참 많다. 이순신, 에이브러햄 링컨Abraham Lincoln 같은 영웅이 있고, 잭 웰치Jack Welch, 마츠시타 고노스케松下幸之助와 같이 대단히 존경받는 경영자도 있다. 그들의 리더십 아래에선 모두가 초라해 보인다. 하지만 그들이 시대를 초월해서도 위대할 수 있을까? 위대한 리더라고 알려진 이들이 지금 우리 회사에 온다면, 과거 그들이 펼친 활약만큼 조직을 혁신하고 성과를 낼 수 있을까?

어찌 보면 우리가 알고 있는 리더십은 결과론적 리더십이다. 성공한 리더의 역량과 스타일이 그 시대, 그 상황에 맞았을 뿐이라고 볼 수도 있다. 태어날 때부터 천재인 사람도 몇 있었겠지만, 많은 위대한 인물은 그들에게 주어진 환경에서 자신이 가진 재능과 노력을 바탕으로 자신만의 리더십을 키워 갔다. 리더십에 관한 연구와 책이 너무나 많은 것처럼 리더십 스타일은 개인별로 고유하다.

여러 가지 기회가 많았던 성장의 시대와 지금과 같은 저성장 시대에서 기업을 운영하는 환경은 크게 다르다. 성장의 시대와 동일하게 '불굴의 의지'와 '끊임없는 열정'만을 강조할 수는 없다. 아무도 경험하지 못한 환경이기에, 누구도 성공을 보장할 수 없는 시대이기에 이 시대의 리더가 되려면 직접 행동으로 보여 주어야 한다. 강한 자가 살아남는 것이 아니라 살아남은 자가 강한 자이듯, 리더도 직접 행동으로 실천하고 성과를 내는 리더가 진짜 리더다.

혁신의 성공과 실패 사례를 연구한 펜실베이니아대학교 와튼 스쿨의 데이비드 로버트슨David Robertson 교수는 기업과 조직문화의 혁신을 '실무 팀장'이 할 수 있는 수준에서부터 시작하라고 조언한다. 그리고 구글과 같은 다른 혁신적인 기업을 따라 하기보다 각자 본질에 맞는 사업 목표를 설정하고 관리 체계를 정비하는 편이 더 효율적이라고 주장한다.

혁신적인 기업들이 직원들에게 높은 자율성을 주는 것은 맞지만, 주

업무는 엄격한 체계에 따라 처리합니다. 20% 규칙으로 유명한 구글도 마찬가지입니다. 굳이 독특한 업무 체계를 시행하지 않더라도, 팀장이 자신의 권한 범위에서 작은 혁신을 이루어 나가면 회사 전체로는 큰 혁신이 일어나는 거죠. 단순히 직원들에게 더 많은 자율성과 예산을 준다고 해서 혁신이 더 활발하게 일어날까요? 적은 예산과 자율성을 부여하더라도, 직원들이 다양한 아이디어를 실험해 볼 수 있는 업무 체계를 만드는 게 보다 효율적입니다.[8]

경영난에 빠진 기업의 경영진이 가장 먼저 해야 할 일은, 회사가 추구할 목표와 방향을 분명하게 정해 이를 직원들과 공유하는 것이다. 다음으로 회사의 관리 체계와 업무 체계를 혁신하는 것이 중요하며, 그 과정에서 실무 팀장의 역할이 가장 필요하다. 팀장이 회사가 추구하는 목표와 방향을 명확히 이해하고 있다면 현재의 체계와 프로세스를 강화할 것인지, 아니면 줄이고 제거할 것인지 판단하여 효율을 높일 수 있다.

이때 혁신을 시도한 팀장이 작은 실수를 일으켜 회사로부터 불이익을 받는다면, 이를 지켜본 다른 팀장들은 어떠한 시도도 하지 않을 게 분명하다. 경영진은 그러한 상황에서 팀장의 의도를 충분히 이해하고 일부 실수는 받아들일 줄 알아야 한다. 그래야 혁신이 계속될 수 있다. 혁신을 시도해서 얻는 것보다 실수해서 잃는 것이 더 크다면 누구도 새로운 시도를 하지 않을 것이다.

영웅들의 거창한 리더십만으로는 우리가 당면한 문제를 해결할 수 없다. 현장에서 일을 맡아서 처리하는 실무 팀장이 역할을 제대로 수행해야 한다. 팀장은 항상 머릿속에서 미리 일을 시뮬레이션하여 계획을 세우고, 사람을 선정하고, 일을 나누고, 문제를 해결한 후 다시 통합하여 성과를 만들어 내야 한다. 주어진 일과 주변 환경이라는 큰 숲을 보면서 전체 방향을 정하고, 최종 결과물을 생각해야 한다. 팀원과 파트너, 자기 자신의 역량 수준과 움직임을 세심하게 고려하다 보면 좀 더 효율적으로 일하는 방법, 혁신의 실마리를 찾을 수 있을 것이다.

다음 장부터는 일이 이루어지는 전체 과정과 그 속에서 팀장과 팀원이 어떻게 주어진 일을 다루어야 하는지, 그래서 어떻게 야근을 줄이고 성과를 높일 수 있는지에 대해 자세히 설명하고자 한다. 다시 말하지만, 이러한 팀장의 노력도 경영진의 지지가 없다면 아무런 소용이 없다. 경영진은 회사나 조직의 본질과 집중해야 할 일에 대해 항상 고민하고, 임원 및 팀장들과 생각을 공유하며, 동일한 목표 의식을 가지도록 부단히 노력해야 한다. 조직 내 모두가 한 방향으로 힘을 합쳐야 한다. 야근 문제도 마찬가지다. 조직의 목표 달성을 위해 야근이 필요 없다고 생각하는 임원이 늘어나고 팀장들이 확신을 가진다면 어느 순간부터 야근은 자연스럽게 사라질 것이다.

4

일을 정확히 파악하고 추진 계획을 세운다

세상의 모든 일은 집 짓는 일과 유사한 것 같다. 집을 짓는 일은 크게 세 단계로 나누어진다. 먼저, 집을 어디에, 어떤 형태로 지을 것인지 '설계'하는 일이다. 설계가 진행되기 전에 대강의 모습을 그려볼 수는 있겠지만, 설계도가 있어야 구체적으로 이해할 수 있다. 설계 과정에서는 집주인이 원하는 구조와 인테리어, 주변과 조화를 이루는 외관, 한정된 예산과 일정 등 많은 요소를 고려해야 한다. 이때 원하는 것이 제대로 반영되었는지 이해하기 위해 3차원 모델을 만들어 보기도 한다. 하지만 설계는 그 결과보다는 진행 과정에서 집주인과 설계자가 소통하면서 완성도, 정확도가 높은 설계도를 만들어 내는 것이 중요하다.

두 번째 단계는 집을 짓는 데 필요한 자재 '구매'와 직접 수행하기 어려운 부분에 대한 '아웃소싱'이다. 집주인이 직접 집을 짓는다면, 스스로 설계도를 보면서 철근, 벽돌, 창틀 등 필요한 자재를 구입하고 인부들을 고용하고 일의 순서를 정해 기초를 다지고 벽을 세우고 지붕을 얹는 등의 모든 작업을 지휘해야 한다. 하지만 집을 지어 본 경험이 없는 사람이 이 모든 것을 하기는 어렵다. 보통은 건설업체에 맡기며, 건설업체도 직접 할 수 없는 부분은 하청업체를 활용한다. 핵심적인 일은 직접 하고, 그렇지 않은 부분을 아웃소싱한다. 자재 구매도 넓은 의미에서는 아웃소싱이라 할 수 있다.

세 번째 단계는 설계도를 기반으로 실제로 하나하나 만들고 쌓아가는 '시공' 과정이다. 설계대로 만들기 위해 작업 순서와 소요시간을 잘 고려해야 한다. 공사 계획을 세밀하게 수립해서 시작하더라도 작은 일 하나가 어긋나면 모든 순서가 틀어질 수도 있다. 제시간에 자재가 들어오지 않거나 하청업체가 맡은 일을 제대로 해내지 못하면 이후의 공정이 모두 지연된다. 게다가 공사를 하다 보면 현장 상황이 설계와 맞지 않아 문제가 발생하기도 한다. 건설업체는 이 모든 과정을 정해진 시간과 예산 내에서 잘 관리해야 한다.

▼ 집 짓기 3단계

	일의 내용	유의할 점
설계	집주인이 원하는 집의 형태와 구조를 그린다.	완성도, 정확도가 떨어지면 이후의 과정이 모두 틀어진다.
아웃소싱	자재를 구매하고 하청업체에 일을 맡긴다.	일정에 맞추어 자재 구매와 하청업체의 일이 완성되어야 한다.
시공	소요시간, 투입 비용을 관리하며 설계도대로 짓는다.	현장에서는 언제든 예상하지 못한 변수가 발생할 수 있다.

그런데 이와 같은 세 단계는 정해진 순서대로 진행되지 않기도 한다. 설계를 마쳤다 하더라도 필요한 자재를 구하기 어렵거나 예상보다 가격이 뛰면 설계를 수정할 수밖에 없다. 시공을 시작했는데 하청업체와의 마찰 등으로 문제가 발생하면 설계를 수정하거나 업체를 변경해야 하기도 한다. 결국, 세 단계는 별개가 아니라 집이라는 하나의 결과물을 완성하기 위해 조정하고 통합하는 과정을 거쳐야 한다.

따라서 집 짓기를 맡은 리더에게는 추진 단계별로 여러 가지 역량이 요구된다. 첫 번째 단계에서는 일의 방향을 정하고 계획을 세우는 기획력이 필요하고, 두 번째 단계에서는 외부와 협력할 수 있는 소통력과 조정력이 필요하며, 마지막 단계에서는 계획대로 밀어붙이는 추진력과 문제해결력이 필요하다. 단계별 역량과 더불어 집 짓기를 지속적으로 잘 수행하기 위해서는 일의 순서와 시간이 정리된 프로세스가 있어야 한다. 처음 일을 할 경우에는 진행 과정에서 생각지 못한 변수들이 많이 발생하지만, 프로세스를 구축해 두면 무엇을, 어떻게 할 것인지 미리 짜인 순서에 따라 집을 지을 수 있다.

일의 방향이 틀어지면 모든 것이 틀어진다

팀장은 팀원들을 리드하여 성과를 내야 할 책임이 있다. 여기서 중요한 점은 리딩 자체가 목적이 아니라 일을 해내는 것이다. 예를 들어, 집 짓기가 목적이라면 어떻게 인부들을 다루느냐가 중요한 게 아니라 생각한대로 집을 지어내는 것이 중요하다. 최소한으로 리딩해서 최대의 효과를 내면 더할 나위가 없다. 팀원들 모두가 리더가 원하는 방향으로 움직이지 않는다고 해서 실망할 필요는 없다. 원래 사람은 모두가 다르게 태어났다.

리더십에 관한 책을 보면, 공통적으로 사람을 잘 알아야 하고 팀워크를 구축하기 위해 노력해야 한다고 주장한다. 하지만 무엇이든 지나치면 독이 될 수 있다. 팀워크를 위해 팀원들과 자주 면담하고 회식을 가짐으로써 팀 전체의 힘을 한 방향으로 뭉칠 수 있다. 하지만 팀원들 개개인의 차이를 인정하지 않은 채 한 방향만 강조하면, 그 속에서 어울리지 못하는 개인은 소외될 수밖에 없고 팀에 기여하기도 어렵다. 또한 조직을 하나로 뭉치는 데에만 생각이 쏠리면 일이 잘못된 방향으로 흘러가도 문제를 제기하기가 어려워진다. 즉, 잘못된 집단사고에 빠질 수 있다.

사람은 누구나 타인과는 다른 자기만의 개성을 갖고 있으며, 이러한 다름은 업무에서도 나타난다. 즉, 같은 일이라 해도 처리하는 방식에 차이를 보인다. 그러므로 일의 방향을 정하는 것이 무엇보다 중요하다. 일을 실행하는 방식은 각자 다르더라도 동일한 목적 달성을 위해 일의 방향은 일치되어야 하기 때문이다.

우리에게 주어진 일이 전혀 모르는 어떤 장소에 찾아가는 것이라

가정해 보자. 누구는 뛰어가고, 누구는 자동차를 타고 가고, 혹은 자전거를 타고 가는 게 편한 사람이 있을 수 있다. 자동차를 타고 가는 게 빠를 수 있겠지만 모두 자동차를 타고 가라고 강요할 수는 없다. 길을 가다 보면 넓은 길만 있는 것이 아니기에, 때로는 자동차로 갈 수 없는 길을 만나게 되고 이럴 때는 자전거가 더 유용할 수 있다.

하지만 모두가 어디로 가야 하는지, 즉 최종 목적지에 대한 생각은 같아야 한다. 그렇지 않으면 팀원 중 누군가는 엉뚱한 곳으로 가게 된다. 조금 극단적으로 말한다면, 정확한 방법으로 엉뚱한 곳으로 가는 것보다 엉뚱한 방법으로 정확한 목적지를 향하는 게 더 바람직하지 않겠는가?

그래서 업무를 받은 팀장은 스스로 명확해질 때까지 일의 방향을 고민해야 한다. 업무가 생기면 바로 팀원들을 모아 어떻게 하면 좋을지 회의부터 하는 팀장들이 많다. 하지만 그 자리에서 팀원들이 무슨 말을 할 수 있겠는가? 과거 비슷한 일의 경험을 떠올려 이런저런 얘기는 할 수 있을 것이다. 그러나 여러 가지 말이 섞이면 일의 방향은 모호해질 뿐이다. 회의는 길어지고, 팀원들은 지루해진다.

회의는 아무런 결론 없이 끝이 나고, 팀장은 일의 방향을 정립하지 못한 채 팀원 중 누군가에게 일을 맡긴다. 일의 내용을 충분히 설명하고 논의했으니, 나머지는 일을 맡은 팀원이 알아서 하라는 식이다. 이렇게 되면 일의 출발점부터 문제가 생긴다. 팀장은 불안하고, 팀원들은 실망한다. 방향이 불분명하니 무엇을 해야 할지 모르고

"오늘도 야근이구나" 하는 탄식이 터져 나온다.

일의 방향을 정하는 것은 팀장의 역할이며, 그 역할을 앞의 경우처럼 회피해서는 안 된다. 필요하다면 경험 있는 팀원의 도움을 받을 수는 있겠지만, 방향을 정하는 것은 오롯이 팀장이 결정해야 할 몫이다.

물론 일의 방향을 정하는 것이 쉬운 일은 아니다. 동일한 일을 여러 팀장에게 주면 일을 추진하는 방향은 각자의 개성만큼 다양해진다. 일을 하는 상황과 맥락에 대한 인식이 서로 다르기 때문이다. 회사 전체의 상황, 일을 부여한 경영진의 입장, 회사 내에서 팀의 위상, 팀장의 평소 업무 태도 등등 수많은 요소가 일의 추진 방향을 결정하는 데 영향을 준다. 다양한 요소를 고려하면서 정확한 방향을 잡아야 한다. 그렇지 않으면 일이 추진되는 방향과 실제 가야 할 방향 사이에 미묘한 차이가 발생하게 되고, 나중에 그 결과에서 엄청난 차이가 생긴다.

그래서 팀장은 일을 받을 때, 경영진이 어떻게 지시하는지 잘 듣고 소화해야 한다. 기억하기 어려우니 수첩에 기록하는 경우가 많지만, 그것만으로는 이해하기 어렵다. 일을 지시받는 그 순간에 회사 전체 맥락에서 잘 이해하는 것이 정말 중요하다.

최근 중국 어선들이 우리 바다에 불법으로 들어와 싹쓸이하듯 물고기를 잡아간다고 한다. 큰 물고기에서부터 작은 물고기까지 모조리 잡아가 우리 어부들이 크게 우려하고 있다. 중국 불법 어선들은 끌그물을 사용하여 '저인망식'으로 다 자란 물고기는 물론 바다 깊숙한 곳의 치어들마저 남김없이 쓸어가 버린다.

일을 하다 보면 간혹 일의 범위를 크게 넓혀, 중국 어선들처럼 저인망식으로 일하는 팀장이 있다. 그래야 빠져나가는 것 없이 일을 완성할 수 있다고 생각한다. 하지만 우리에게 주어진 시간과 에너지는 한정되어 있다. 그것들을 너무 넓게 펼치려 애쓰다 보면 하나하나의 일에 들어가는 노력은 종잇장처럼 얇아진다. 팀원들은 일의 양에 비례하여 성과가 쌓이기를 바라는데, 저인망식으로 일을 하면 업무의 양은 많아지지만 성과는 오히려 줄어들 수 있다.

한 번에 많은 일을 처리하면 처음엔 그것이 효과적으로 보인다. 그러나 아무것도 줄이지 않은 채 일을 계속 더하기만 하면 결국엔 부정적인 결과를 낳는다. 마감 기한을 놓치게 되고, 스트레스가 높아지며, 업무시간이 길어진다. 그로 인해 수면시간은 짧아지고, 건강 상태는 나빠지며, 가족이나 친구들과 함께 보내는 시간도 줄어든다.[9]

따라서 일의 방향을 보고 가장 중요한 한두 가지에 집중해야 한다. 송곳으로 두꺼운 종이를 뚫을 수 있듯, 돋보기로 빛을 모아 불을 일으키듯 우리의 에너지를 한 곳에 집중시켜 강력한 힘을 내는 것이다. 팀장은 일의 방향을 명확히 이해하고 어느 곳에 팀의 역량을 집중할 것인지 판단해야 한다. 그 과정이 쉽지 않기에 많은 고민이 필요하다.

그런데 일의 방향을 정하려면 그 분야에 대한 전문성과 경험이 풍부해야 할까? 당연히 전문성과 경험이 있다면 도움이 되겠지만, 반드시 그럴 필요는 없다고 생각한다. 나는 몇 해 전 '도시개발 TF[Task Force]' 팀장을 맡은 적이 있다. 비록 그 분야의 전문가는 아니었지만, 경영진이 원하는 것이 무엇인지 정확히 이해하고 있었기에 나에게 그 일이 주어졌다고 생각한다.

당시 경영진은 건설 사업에서 새로운 기회를 찾고 있었다. 단순 시공에서 벗어나 설계 역량을 강화해야 한다고 생각하는 한편, 도시 차원에서 접근하면 더 많은 사업 기회를 잡을 수 있다고 믿었다. 도시 차원에서의 접근이란, 먼저 도시가 어떤 방향으로 발전하고자 하는지 정확히 이해해야 한다는 것을 말한다. 즉, 도시가 지향하는 목표가 관광도시인지, 산업도시인지 그 지향점을 알아야 그것에 맞는 기능을 찾아내고, 그 기능에 필요한 인프라가 무엇인지 알아낼 수 있다. 이러한 정보를 바탕으로 마케팅 전략을 짜고 도시의 위정자를 설득하면 인프라 구축 사업에 참여할 기회가 커진다. 산업도시라면 산업용 부지와 발전시설, 물류도시라면 항만과 고속도로, 관광도시라면 박물관과 테마파크 등의 건축 인프라가 필요할 것이다.

안타깝게도 당시 그 일을 맡은 팀은 새로운 마케팅 방식으로 사업 기회를 찾으라는 경영진의 요구에 잘 대응하지 못하고 있었다. 도시 건설에 전문가였던 팀원들은 세계 여러 도시를 분석하는 일에는 익숙했지만, 분석 결과를 마케팅에 활용할 수 있도록 연결하지는 못한 것이다.

나는 가장 먼저 경영진이 원하는 것과 그것을 만들어 내기 위해 필요한 과정, 그 과정에서 요구되는 것이 무엇인지 파악하고, 그중 이미 만들어놓은 것과 그렇지 않은 것을 구분해 보았다. 물론, 그 일을 혼자서 할 수는 없었다. 팀원들의 도움을 받아 하나하나 정리해 나갔다. 나는 팀원들이 어떤 전문적 역량을 갖고 있는지 알지 못했고, 팀원들 역시 내가 무엇을 도울 수 있고 리드할 수 있는지 알지 못했다.

나는 조금은 단순한 방법으로 접근했다. 그리고 팀원들이 보기에는 다소 무식한 질문들을 던졌다. "도시를 분석한다는 게 무엇을 하는 것이죠?", "도시의 콘셉트가 무엇인가요?", "예를 들어, 서울이나 뉴욕의 콘셉트는 무엇인가요?" 이러한 질문들을 통해서 처음 정한 방향은 '도시의 콘셉트를 5~6가지로 압축해야 한다'였다. 그 수가 너무 적으면 차이를 분석하기 어렵고, 반대로 너무 많으면 일의 양이 그만큼 늘어나 주어진 기간 동안 수행하기가 어려웠다. 그렇게 일의 방향을 정한 후, 팀원들과 함께 TF를 운영하고 일을 추진할 세부계획서를 만들기 시작했다.

계획서를 작성하면서 내가 가장 집중하고 팀원들과 거듭 논의한 부분도 일의 방향이었다. 어디서 시작해서 결국 어디로 가야 하는지가 명확하지 않은 채 일을 할 수는 없다. 팀원들의 의견은 서로 달랐다. 도시 콘셉트가 중요하다는 주장, 필요한 인프라를 먼저 도출해야 한다는 주장 등등 여러 가지 의견이 오갔지만, 내가 주장한 것은 단 한 가지였다. 새로운 사업 기회를 찾을 수 있는 '마케팅 도구^{market-ing tool}'를 만들어야 한다는 것이었다.

추진 계획 수립과 체크리스트 작성

일의 추진 방향을 정했으면, 그다음으로 세부 계획을 수립한다. 먼저, 일의 목적과 범위를 정확히 정리하는 것이 중요하다. 그리고 현재 상황과 일의 결과물이 무엇이어야 하는지 처음과 끝을 분명하게 알아야 한다.

보통 육하원칙에 따라 생각하면 크게 빠뜨리는 것 없이 계획을 수립할 수 있다. Who(팀 구성), When(기한, 세부 일정), Where(일하는 장소), What(일의 범위), Why(추진 배경과 목적), How(접근 방법)를 하나하나 정리해 나간다. 모두 중요하지만, 일의 방향인 Why와 What이 분명하다면 다음으로 Who와 When이 특히 중요하다. Who는 팀 구성을, When은 시작부터 완료 시점까지의 세부 시간 계획을 의미한다. 이 과정에서 일의 추진 방향이 명확한지 아닌지가 다시 드러나게 된다.

앞에서 언급한 도시개발 TF 사례를 다시 보자. 추진 방향을 제대로 잡았다면, 일의 순서를 크게 다음과 같이 이해할 수 있다.

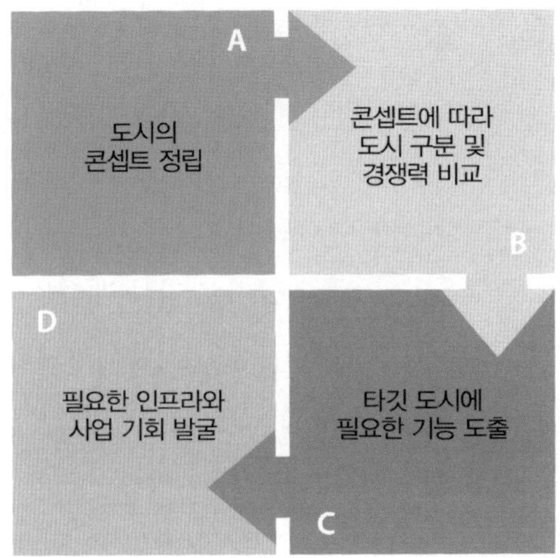

▼ 도시개발 TF 업무추진 순서도

도시의 콘셉트는 여러 가지가 있을 수 있다. 관광도시, 물류도시, 산업도시, 교육도시 등등. 어떤 도시를 '관광도시'라는 콘셉트로 성장·발전시키고자 한다면 관광도시가 되기 위한 필요 요소들을 도출할 수 있고, 세계적으로 성공한 다른 관광도시와 비교해서 보완할 요소, 즉 필요한 인프라를 찾을 수 있다.

이러한 일련의 일을 진행할 팀을 구성(Who)하기 위해서는 우선, 필요한 전문 역량을 생각해야 한다. 도시에 대한 이해도가 높은 사람, 가능하면 도시의 기능과 특징을 분석할 수 있는 사람이 있어야 한다. 다행히 대부분의 전문가는 회사 내에서 찾을 수 있었다.

그런데 최종 결과물에 대해 토의하는 과정에서 우리는 외부 전문가가 필요함을 깨달았다. 일의 최종 목적이 도시를 대상으로 필요한 인프라가 무엇인지 설득하여 건설 프로젝트를 만드는 마케팅을 하는 것이었기에, 도시를 운영하는 위정자들을 설득할 권위 있는 무엇이 있어야 했다. 사내 전문가들만으로 원하는 결과물을 얻기 어려워 해외 전문가를 찾기 시작했다. 다행히 해외 대학에서 교수로 재직 중인 적합한 분을 찾을 수 있었고 곧바로 자문 계약을 체결했다.

시간 계획(When)은 TF 전체 일정을 시뮬레이션하는 작업이다. 유사한 일을 끝까지 해 본 경험이 있는 전문가가 있다면 쉽게 계획을 세울 수 있겠지만, 당시 도시개발 TF의 일은 사내에서 처음 시도하는 일이었다. 우리는 처음 생각한 가설에 따라 일을 나누고 시간 계획을 세울 수밖에 없었다.

회사의 필요에 의해 일의 마감 기한이 정해져 있다면, 그 기한에 맞출 방법(How)도 찾아야 한다. 우리에게는 3개월의 시간이 주어졌다. 기한에 맞추기 위해 팀원들과 논의하는 과정에서 우리의 노력으로 시간을 단축할 수 있는 일과 그렇지 않은 일을 구분했다. 그 결과, 전 세계 수많은 도시를 분석하는 작업이 가장 많은 시간이 소요되는 동시에, 노력만으로는 시간 단축이 어려움을 알게 되었다. 게다가 그 작업은 전체 일에 있어서는 필수이지만, 부가가치는 낮았다. 따라서 외부 인력을 활용하는 것이 효율적이라 판단하고, 도시 분석을 전공하는 대학원생을 몇 명 쓰기로 했다.

과거 회사 내에서 유사한 프로젝트가 있었다면 전체 과정에 대한 시뮬레이션 작업이 크게 어렵지 않겠지만, 그게 아니라면 추진계획서 외에 '체크리스트'를 작성하여 계획에 수반되어야 하는 세부 일을 정리하는 것이 중요하다. 체크리스트는 해야 할 업무 목록이다. 이때 목록의 내용이 많아질 경우, 그냥 나열하듯 체크리스트를 정리하면 만든 사람도 알아보기 어려우니 주의해야 한다. 단순히 쭉 적어 나가기보다는 먼저 큰 단위로 나누어 놓고 작성해야 한다.

우리나라 기업에서는 어림짐작으로 대충 계획하여 일하는 경우가 허다하다. 맥킨지 보고서에서도 한국 기업의 문제점 중 하나로 '주먹구구식 업무 프로세스'를 언급한다.

> 직무의 내용과 책임이 불명확하고 조직 내의 리소스가 체계적으로 기획·관리되지 않는 상황에서, 업무가 특정인에게 반복적으로 집중되거나 사내에서 추진해 왔던 업무의 결과나 방법이 조직 내에서 지적 자산knowledge asset으로 내재화되지 않고 일을 할 때마다 새롭게 시작하기 때문에 야근이 발생하는 경우도 많았다.[10]

이런 측면에서 볼 때, 일의 유형에 따라 각각의 체크리스트를 만들고, 그것을 계속 보완해 나가는 것이 조직 내 자산을 쌓아가는 가장 기본적인 방법이다. 체크리스트를 통해 해야 할 일을 세분화하고, 핵심적으로 챙겨야 할 관리 포인트를 그 안에 모두 담아야 한다.

　도시개발 TF의 경우, 업무추진 순서도에 따라 각 단계마다 해야 할 일을 상세히 정리하고 어떤 점에 유의해야 하는지도 기록해야 했다. 체크리스트에는 실제로 해야 할 일과 그 활동 내용activity을 적어야 한다. 이때 모호하게 기록하면 구체적으로 무엇을 해야 하는지 알 수 없게 된다.

　예를 들어, '도시의 경쟁력 비교'라고만 적으면 곤란하다. 경쟁력 비교를 위해 무엇을 해야 하는지 구체적인 활동을 적어야 한다. 비교표를 만들 수도 있고, 비교표를 채우기 위한 데이터를 찾는 활동도 있을 수 있다. 데이터를 찾는다면 어떤 책, 어떤 인터넷 사이트를 찾아야 하는지도 적어야 한다. 그래야 가능한 모든 데이터를 찾았는지 확인할 수 있다.

　계획서 초안이 정리되면 반드시 팀원 모두가 공유하는 시간을 갖는다. 계획서를 만드는 것은 팀원들이 마감 시한까지 해야 할 일들을 모두 시뮬레이션하는 과정이므로 팀원 모두가 참여해야 한다. 조금이라도 의문이 생기는 항목이 있다면 이슈화하여 토론해야 하며, 아직 알 수 없는 부분은 가설로 남겨 두어 이후 상황이 구체화되는 과정에서 확인하고 수정해 나가야 한다.

일보다 사람이 먼저다

세계적인 경영전문가 짐 콜린스^{Jim Collins}는 그의 저서 『좋은 기업을 넘어… 위대한 기업으로』에서 이렇게 얘기한다.

좋은 기업을 위대한 기업으로 도약시키는 첫 단계는 기업의 새로운 방향, 새로운 비전과 전략을 세우고 난 후 사람들을 그 새로운 방향에 헌신, 복무케 하는 것이라고 예상했다. 그러나 우리는 그와 정반대되는 것을 발견했다. 좋은 기업에서 위대한 기업으로의 전환을 촉진한 경영자들은 버스를 어디로 몰고 갈지 생각한 다음 버스에 사람들을 태우지 않았으며, 버스에다 적합한 사람들을 먼저 태운 이후에 버스를 어디로 몰고 갈지 생각했다. 그들은 이렇게 말한다. "나는 우리가 이 버스를 어디로 몰고 가야 할지 정말 모릅니다. 하지만 이건 압니다. 우리가 적합한 사람들을 버스에 태운다면, 그래서 적합한 사람들을 적합한 자리에 앉히고 부적합한 사람들을 버스에서 내리게 한다면, 이 버스를 멋진 어딘가로 몰고 갈 방법을 알게 되리라는 겁니다." 이것이 이야기의 핵심이었다.¹¹⁾

나는 세 가지 궁금증이 생겼다. 어떤 사람이 적합한 사람인지? 적합한 사람이 충분하지 않으면 어떻게 되는지? 그리고 적합한 사람을 확보하기 이전에 방향을 미리 정한 회사들은 성공하기 어려운 것인지?

먼저, 적합한 사람이냐, 아니냐의 기준은 전문지식이나 배경, 기술보다는 품성과 자세다. 전문지식이나 기술이 중요하지 않은 게 아니라, 이런 것들은 시간을 두고 배울 수 있지만 성격이나 윤리적 태도, 책임감, 가치관은 터득하기 어렵다.

미국 해병대 출신의 한 리더는 이렇게 말한다.

해병대는 사람들의 가치관 형성에 좋은 영향을 미치는 것으로 이름이 높다. 그러나 실제로는 그렇지 않다. 해병대는 해병대의 가치관에 맞는 사람들을 모은 다음 그들에게 조직의 임무 수행에 필요한 훈련을 시킨다. 마찬가지로 우리 회사는 지원자들이 누구인지, 살면서 어떤 결정을 어떻게 했는지 질문을 통해 알아낸다. 그 과정에서 그들의 핵심가치를 파악할 수 있다.

적합한 사람들을 적합한 자리에 배치하는 것은 또 다른 문제다. 일을 잘 못하지만 정직한 사람들은 해고하지 않고 두 번, 세 번이라도 그들이 꽃피울지도 모르는 다른 자리로 이동시켜 활용해야 한다.[12]

두 번째 질문에 대한 대답은 '패커드의 법칙 Packard's Law'으로 설명된다. 어떤 회사도 성장을 실현하고, 나아가 위대한 회사를 만들어 갈 적임자들을 충분히 확보하지 못한 상태에서 성장할 수는 없다. 만일, 매출 증가율이 적임자를 확보하는 비율보다 높다면 절대로 위대한 회사를 만들 수 없다고 한다.

성장 속도가 적임자 확보 속도보다 높아진다면, 사람보다 방향이 먼저가 될 가능성이 크다. 이렇게 되면 적합한 사람들이 적합하지 않은 사람들을 끌고 가야만 하는 상황이 생긴다. 적합한 사람들은 스스로 동기를 부여하고 성과를 이루어 내지만, 부적합한 사람들이 생기면 그들로 인해 적합한 사람들이 동기를 잃어버릴 수 있다.[13]

마지막으로, 달릴 방향을 정하고 사람들을 버스에 태운 경우, 버스가 10마일을 달리다가 방향을 바꿀 필요가 생기면 어떤 일이 일어날까? 방향 전환에 대해 문제를 제기하는 사람들이 생기고 조직 내에 갈등이 발생할 수 있다. 하지만 버스에 적합한 사람들을 태웠다면 필요에 따라 방향을 바꾸기가 훨씬 쉽다. 적합한 사람들은 버스를 몰고 갈 방향과 방법을 잘 알기 때문이다.

성공한 회사 중에는 '천 명의 조력자를 가진 천재' CEO가 회사의 방향을 정한 다음, 자신에게 조언해 줄 능력을 가진 사람들을 모아 목표를 실현해 나간 경우가 많다. 상식적으로 천재 CEO는 훌륭한 경영진을 구성할 필요가 없다. 하지만 천재 CEO가 회사를 떠나면 어떻게 될까? 남은 사람들은 난감해지고 어찌할 바를 몰라 헤매게 된다. 더 나쁜 경우, 천재도 아닌 사람이 천재 흉내를 내려다가 회사를 망치고 만다. 천재가 '할 일'이 무엇인지 정확히 아는 사람이라면, 위대한 회사를 만드는 리더는 '적합한 사람'이 누구인지를 명확

히 아는 사람이다.[14]

회사 내 팀 단위 조직에서도 적합한 사람을 먼저 버스에 태우는 것이 좋다. 하지만 CEO가 경영진을 구성하는 것과 팀장이 팀원을 선택하는 것은 상황이 크게 다르다. CEO와 달리 팀장은 팀원을 선택할 수 없는 경우가 많고, 평가에 따라 적합한 팀원과 그렇지 않은 팀원을 구분한다고 해도 그렇지 않은 팀원을 버스에서 내리게 하기는 정말 어렵다. 그럼 어떻게 해야 할까?

리스크를 줄이는 방향으로 접근하는 것이 좋다. 적합한 팀원에게 리스크가 큰 일을 맡기고, 적합하지 않다고 생각되는 팀원에게 리스크가 가장 작은 일을 준다. 리스크가 작은 일이란, 새롭게 시작하는 일이 아니어서 진행 과정에서 방향이 변경될 가능성이 낮으며 일을 맡은 팀원이 어느 정도까지 해낼 수 있는지 예상이 가능한 일이다. 일을 수행하는 데 있어 가장 큰 제약 조건은 '시간'이 될 가능성이 크다. 따라서 소요시간이 길어질 가능성이 있는 리스크가 큰 일은 믿을 수 있는 팀원에게 맡겨야 한다.

TF 조직을 새롭게 구성하는 경우는 상황이 조금 다를 수 있다. 역할에 맞는 적합한 팀원을 데려오기 위해 최선을 다해 노력해야 한다. 어려운 과제를 맡을수록 경영진의 도움을 받아서라도 적합한 사람을 팀원으로 데려와야 한다.

사람은 기대가 클수록 실망이 커지고 실망을 준 사람에게는 좋지 않은 감정을 갖게 된다. 더욱이 팀장이 그런 마음을 갖게 되면 팀 전체 분위기가 달라진다. 따라서 어쩔 수 없이 적합하지 않은 팀원이 온다 해도 좋은 마음을 갖기 위해 노력해야 한다. 그래야 적합한 팀원들의 사기가 죽지 않는다. 적합한 팀원들은 명확한 일을 주면 대부분 기대에 걸맞은 성과를 내며, 행여 한 번이라도 실수하거나 시간 약속을 지키지 못했다 하더라도 다음 일에서 실수를 만회하기 위해 최선을 다한다. 그런 믿음을 주는 사람들이 적합한 팀원이다.

팀원들은 성격도, 생각도 서로 다르기에 팀원들의 다양성을 포용하고 하나의 팀으로 운영하기 위해서는 기본 규칙이 필요하다. 팀장이 바뀌거나 새로운 팀이 생기는 경우에도 마찬가지다. 새로운 팀장이 오면 새 팀장의 운영 방식에 맞추어야 하는데, 팀원들은 그러한 변화가 두렵고 쉽게 익숙해지지 않는다. 새로운 팀이 생기면 어떤 방식으로 일하고, 업무를 지시하고, 또 팀원들과 소통해야 할지 서로 공감하기가 어렵다. 이럴 때 필요한 것이 팀 운영 규칙이다. 사내에서는 '그라운드 룰ground rule'이라는 표현을 쓰기도 한다.

내가 팀장을 맡았던 C 프로젝트는 서로 다른 환경에서 일하던 직원들로 TF를 구성한 데다, 일의 규모에 비해 주어진 시간이 매우 짧았다. 간단한 몇 가지 규칙으로 기본적인 체계와 팀워크를 만들어 가야 했다. 당시 팀원들과의 협의를 거쳐 다음과 같이 운영 규칙을 정해 보았다.

▼ **C 프로젝트 진단 TF 운영 규칙**

1. 매일 아침 7시 50분에 업무회의 실시
2. 매일 2회(아침, 저녁) 팀원들이 돌아가며 음료 서비스 제공
3. 매일 정해진 할 일을 마치고 퇴근하기
4. 주말 근무가 필요한 경우는 8시간 이내에서 자율로 실시
   (단, 꼭 필요한 경우 팀 전체가 모이는 시간을 정해서 미리 공지)

1번은 출근시간인 8시가 되기 10분 전에 사무실에 도착해서 그날 할 일을 생각해 보자는 의미였다. 팀원들은 자기 할 일만 몇 가지 생각하면 되기에 많은 준비시간이 필요하지 않았지만, 팀을 맡은 내 입장은 달랐다. 전체 업무 진도와 개인별 업무 진행 과정을 동시에 챙겨야 했기에 아침 회의 30분 전에 나와서 미리 준비해야 했다.

2번은 TF 사무실 근처에 카페가 있어서 가능했다. 팀원들이 돌아가면서 다른 팀원들에게 서비스하는 마음으로 매일 두 번씩 커피나 음료를 배달했다. 팀장인 나도 예외는 아니었다. 자율성 있는 팀, 공정한 팀이라는 이미지와 조직문화를 각인시키기 위해 나도 팀원들을 위해 서비스했다.

3번은 일정 준수를 위해 불가피했다. 일의 중요성에 비해 주어진 시간이 턱없이 짧았기에 매주 각 팀원이 해야 할 일과 매일 당일 할 일의 양을 정했다. 퇴근은 정해진 일이 끝나야 할 수 있었다. 야근을 하는 경우도 있었지만, 대신 자신의 일이 끝나면 눈치 보지 않고 퇴근하는 분위기를 만들었다.

4번은 주말 근무로 가족 모임이나 종교 활동 등 사적인 일에 문제가 생기지 않도록 배려한 것이었다. 당시 전사적으로 중요한 TF에 참여하면 주말도 없이 일한다는 것이 회사 내의 공공연한 룰이었다. 하지만 아무리 시간이 부족하더라도 그렇게 하고 싶지 않았다. 필요시 주말 이틀 동안 8시간 이내로 일하고 스스로 시간을 조정하도록 자율권을 주었다.

사람은 모두 타고난 기질이 다르고, 살아가는 환경에 따라 그 기질이 다르게 나타난다. 어릴 때는 그 다름을 이해하기 어렵다. 유치원에서, 초등학교에서 조금씩 갈등을 겪으면서 내가 다른 사람과 다름을 알게 된다. 우리 사회에서는 다름을 '틀림'으로 표현할 때가 많다. '너와 그 애는 서로 다르다'고 말해야 할 것을 '서로 틀리다'라고 말한다.

MBA 과정을 이수하기 위해 미국으로 갔을 때, 나를 보는 현지인들의 어색한 시선을 자주 느꼈다. 마치 우리가 가난한 동남아인들을 바라보는 듯한 시선이었다. 다양한 인종들이 모여 사는 나라인만큼 서로 다름에 대해 열려 있을 거라 믿었지만 사람은 비슷한 사람끼리 동질성을 느끼는 게 분명했다.

학문적으로는 인종의 다름보다 성격 차이에 대한 연구가 활발히 진행되고 있다. 일련의 연구 및 검사를 통해 사람의 성격을 유형별로 분류하는데, 내가 다녔던 MBA 과정에서도 학생 모두에게 검사를 권할 정도로 많이 알려진 성격 유형 검사는 'MBTI Myers-Briggs Type Indicator'이다.

MBTI는 성격을 4가지 기질로 구분한다. 첫째, 에너지의 방향에 대한 것으로 외향성(E) Extraversion 과 내향성(I) Introversion 으로 구분한다. 외향성은 행동으로 체험하고 다른 사람들과의 소통에서 에너지를 얻는 반면, 내향성은 세상을 직접 경험하기 전에 먼저 생각하고 혼자 있을 때 에너지를 더 얻는다. 둘째, 정보 수집 방법에 대한 것으로 감각형(S) Sensing 은 순서에 따라 차근차근 업무를 수행하는 반면, 직관형(N) iNtuition 은 전체를 보기 위해 세밀한 것을 간과하는 경향이 있고 새롭고 복잡한 일에도 겁 없이 뛰어든다. 셋째, 판단과 결정 방식에 대한 것으로 사고형(T) Thinking 은 객관적이고 논리적이며 원리원칙을 중시하는 반면, 감정형(F) Feeling 은 사람과 관계에 관심을 가지며 동정심이 많다. 마지막 네 번째는, 행동 방식에 대한 것으로 판단형(J) Judging 은 계획에 따라 일을 준비하고 추진하나, 인식형(P) Perceiving 은 순간적인 적응력이 강하고 개방적이다. 이상의 4가지 기질이 어떻게 조합되느냐에 따라 16가지의 성격 유형으로 구분한다.[15]

개인적으로 나는 아내와 내가 4가지 기질이 모두 다르다는 것을 알고 많이 놀랐다. 구체적인 유형을 말할 수는 없지만 아내는 원만하고 재치 있고 영리하고 사교적인 반면, 나는 독창적이고 일의 완성 수준에 대한 욕구가 강하며 장기적인 결과를 중시한다고 한다.

MBTI 연구자들은 아내와 나처럼 다른 유형일수록 서로에게 끌린다고 주장한다.

▼ **MBTI 16가지 성격 유형**[16]

ISTJ (세상의소금형)	ISFJ (임금뒷편의권력형)	INFJ (예언자형)	INTJ (과학자형)
신중하고 조용하며 집중력이 강하고 매사에 철저하여 사리 분별력이 뛰어나다.	조용하고 차분하고 친근하며 책임감이 있고 헌신적이다.	인내심이 많고 통찰력과 직관력이 뛰어나며 양심적이고 조화롭다.	사고가 독창적이고 창의력·비판력·분석력이 뛰어나며 내적 신념이 강하다.
ISTP (백과사전형)	**ISFP (성인군자형)**	**INFP (잔다르크형)**	**INTP (아이디어뱅크형)**
조용하고 과묵하고 절제된 호기심으로 관찰하며 상황을 잘 파악하고 도구 다루는 능력이 뛰어나다.	말 없이 다정하고 온화하며 친절하고 연기력이 뛰어나며 겸손하다.	정열적이고 충실하며 목가적이고 낭만적이며 내적 신념이 깊다.	조용하고 과묵하며 논리와 분석으로 문제를 해결하기 좋아한다.
ESTP (수완좋은활동가형)	**ESFP (사교형)**	**ENFP (스파크형)**	**ENTP (발명가형)**
현실적인 문제 해결에 능하며 적응력이 강하고 관용적이다.	사교적이고 활동적이고 수용적이며 매사에 친절하고 낙천적이다.	따뜻하고 정열적이고 활기가 넘치며 재능이 많고 상상력이 풍부하다.	민첩하고 독창적이며 안목이 넓고 여러 방면에 관심과 재능이 많다.
ESTJ (사업가형)	**ESFJ (친선도모형)**	**ENFJ (언변능숙형)**	**ENTJ (지도자형)**
구체적이고 현실적이고 사실적이며 활동을 주도하는 지도력이 있다.	마음이 따뜻하고 이야기하기 좋아하며 양심이 바르고 인화를 잘 이룬다.	따뜻하고 적극적이며 책임감이 강하고 사교성이 좋으며 동정심이 많다.	열성이 많고 솔직·단호하며 지도력과 통솔력이 뛰어나다.

다른 방식으로 성격 유형을 구분하기도 한다. 심리학 이론 가운데 성격의 5요인(성실성, 원만성, 신경성, 개방성, 외향성) 이론이 있는데, 캘거리대학교의 이기범 교수는 여기에 '정직성' 요인을 추가하여 성격 요인 6개로 구성된 'HEXACO 모델'을 제안한다. 인간의 성격을 기술하는 형용사 중에서 서로 관련성이 높은 단어와 낮은 단어를 묶는 과정에서 독립적인 6개의 그룹으로 구분되는 것을 보고 창안한 것이다.[17]

예를 들어, 활달함이 평균을 넘는 수준을 보이는 사람들은 대개 명랑함에서도 평균을 넘을 가능성이 매우 크며, 수줍음에서는 평균 아래일 가능성이 크다. 하지만 치밀함과 같은 특성과는 관련성이 낮다. 이 같은 분류 방식으로 발견한 6개 요인이 정직-겸손성Honesty-Humility, 정서성Emotionality, 외향성eXtraversion, 원만성Agreeableness, 성실성Conscientiousness, 경험-개방성Openness to Experience이다. 6가지 성격 유형이 아니라 성격 특성들의 모임이며, 모든 사람의 성격을 6가지 요인으로 설명할 수 있다는 의미다.

정직-겸손성(H)은 진실하고 정직하고 겸손한 특성과 가식적이고 위선적인 특성으로 구분되며, 정서성(E)은 감정적이고 여리고 불안해하는 특성과 겁 없이 터프하고 용감한 특성으로 구분된다. 외향성(X)은 MBTI의 외향성-내향성과 특성이 동일하다. 원만성(A)은 온화하고 관대한 특성과 성질 있고 고집이 세고 다투기를 좋아하는 특성으로 구분되며, 성실성(C)은 부지런하고 철저한 특성과 게

으르고 책임감 없는 특성으로 구분된다. 마지막으로 경험-개방성 (O)은 창조적이고 혁신적인 특성과 단순하고 관습적인 특성으로 구분된다.

▼ HEXACO 성격 요인에 따른 행동 특성[18]

	높음	낮음
정직- 겸손성 (H)	• 타인을 조종하지 않고 가식적인 것을 싫어한다. • 공정하고 준법정신이 뛰어나다. • 부를 중요시하지 않고 청렴하다. • 우월의식이 없다.	• 목적을 위해 친교하고 아부한다. • 개인의 이익을 위해 법 규정을 무시한다. • 부와 사회적 지위를 추구한다. • 특권의식이 있다.
정서성 (E)	• 물리적 위험을 두려워한다. • 사소한 일에도 걱정이 많다. • 타인에게 많이 의지한다. • 친구, 가족 등에게 강한 애착과 걱정을 보인다.	• 고통이나 물리적 위험에 신경 쓰지 않는다. • 스트레스 상황에서도 걱정이 없다. • 정서적 도움은 필요 없다고 여긴다. • 타인에게 감정적 애착을 못 느낀다.
외향성 (X)	• 자신에 대해 긍정적으로 평가하고 자신감이 강하다. • 집단을 이끌어 나가는 데 자신감을 보인다. • 사회적 교류를 즐긴다. • 열성적이고 활동적이다.	• 자신이 인기가 없다고 생각한다. • 다른 사람의 주목을 받는 게 불편하다. • 혼자 있는 것을 좋아한다. • 열의가 적고 수동적이다.
원만성 (A)	• 쉽게 화를 내지 않고 원한을 품지 않는다. • 타인에게 관대하다. • 남의 의견을 존중하고 편의를 봐준다. • 짜증 나는 일에도 참을성을 보인다.	• 남을 용서하는 게 쉽지 않다. • 타인의 단점을 매정하게 비판한다. • 자기주장을 완고하게 유지한다. • 쉽게 화를 낸다.

성실성 (C)	· 정리정돈과 시간 관리를 잘한다. · 목표 달성을 위해 노력한다. · 정확성과 완벽성을 추구한다. · 신중하고 조심스럽게 행동한다.	· 정돈과 계획에 어려움을 느낀다. · 어려운 일이나 목표를 회피한다. · 일을 대충대충 끝내는 경향이 있다. · 결과를 생각하지 않고 충동적으로 행동한다.
경험-개방성 (O)	· 자연과 예술의 아름다움에 관심이 많다. · 지적 호기심이 강하다. · 상상력과 창의력이 풍부하다. · 남들과 다른 생각을 좋아한다.	· 심미적 또는 예술적 관심이 적다. · 사회 및 자연과학에 관심이 적다. · 창의성을 요하는 일을 회피한다. · 전통과 관습을 따르는 것을 선호한다.

이 교수의 설명에 따르면, 사람들의 성격 차이는 3분의 2가 유전적 요인으로 결정되며 환경의 영향은 미미하다고 한다. 나머지 3분의 1은 청소년기의 또래집단이나 형제자매의 출생 순서 등이 영향을 미친다고 알려져 있다. 또한 나이가 들면서 정직성, 원만성, 성실성은 서서히 높아지는 반면, 다른 요인들은 크게 달라지지 않는다고 한다.

나는 팀장이 모든 팀원의 성격 유형 차이를 알아야 한다고 말하고 싶은 게 아니다. 성격이란 게 사람마다 어떤 유형이라고 정확히 말하기 어렵고, 또 시간이 지나면서 변할 수도 있다. 유형을 파악하기보다 팀원별로 성향의 차이가 있다는 사실을 명확하게 인식하는 것이 더 중요하다.

성격의 차이가 있기에 업무지시를 받아들이는 자세와 업무 수행

방식에서도 차이가 생기기 마련이다. 이런 부분들을 인지해야 팀장과 팀원으로 일하는 과정에서 나타날 수 있는 갈등을 어느 정도 이해하고 해결책도 찾을 수 있게 된다.

할 일이 명확하면 팀원 스스로 움직인다

맥킨지가 기업문화를 조사하는 과정에서 인터뷰한 한 대기업의 A과장은 "주먹구구식으로 일을 지시하는 경우가 대부분이라 결재 체계를 밟을 때마다 보고서 방향이 뒤집히는 일이 허다하다. 마치 결재 단계마다 이미 조립된 차를 다시 분해하여 재조립하는 일을 반복하는 느낌이다"라고 말했다.[19]

또한 앞서 1장에서 언급한 〈스트레스를 주는 나쁜 상사에 대한 속마음 조사〉에서는 '상사에게 원하는 것이 무엇인가?'라는 질문도 함께 조사되었는데, '일의 속도와 양을 고려한 업무지시(66%, 중복응답)'를 원한다는 대답이 1위를 차지했다.

이렇듯 상황을 고려하여 명확히 업무를 지시하기란 쉽지 않다. 팀원들은 바보가 아니다. 그들도 자기 경력에 도움이 될 프로젝트에 참여하여 성과를 내고 싶다. 팀장이 세세한 것까지 지시하지 않아도 할 일이 분명하고, 일의 끝이 보이면 스스로 움직인다.

업무 추진 계획을 수립한 이후 팀장이 팀원 각자에게 업무를 지시했는데도 움직이지 않는 팀원이 있다면, 아직 해야 할 일이 명확하지 않다는 의미다. 무엇을 이해하지 못했는지 반드시 물어보고 확인해야 한다. 팀원에게 완전히 새로운 일을 맡겼다면, 일하는 방법까지 알려 주어야 한다. 잘 아는 동네에서 누군가를 만날 때는 어느 학교 앞 편의점에서 보자고 해도 잘 찾아올 수 있지만, 모르는 동네라면 어떻게 학교를 찾는지, 어떤 방법으로 가는 게 좋은지 가이드를 해 주어야 한다는 말이다.

간혹 팀장이 여러 가지 방법을 동원해 일에 대해 자세히 설명하는데도 잘 이해되지 않고 모호한 경우가 있다. 팀장도 일의 방향과 내용을 잘 이해하지 못하고 있기 때문이다. 처음 업무를 지시할 때는 명확한 듯 들리지만, 중간결과물을 들고 가면 얘기가 미묘하게 바뀌는 경우도 많다. 어떻게 피드백을 주어야 할지 잘 모르겠다는 뜻이다.

팀원이 1차 결과물을 가지고 오면 바로 피드백을 주기보다 반드시 잠시라도 생각해 보고 얘기하는 것이 좋다. 그것이 열심히 일한 후배들에 대한 예의이자 잘못된 피드백을 줄 수도 있는 즉흥적인 생각을 막는 방법이다. 처음에 아무리 명확히 일을 지시해도, 다음 지시가 분명하지 않으면 팀원들은 혼란에 빠진다. 처음 지시와 일관되게 말해야 하며, 일을 진행하면서 상황이 달라졌다면 그 내용과 이유를 명확히 팀원에게 알려 주어야 한다. 그렇지 않으면 팀원들은

"맨날 지시할 때마다 말이 달라진다"고 투덜거린다. 내가 팀원일 때 그랬고, 아마 이 책을 읽는 여러분도 그런 불만을 자주 토로했을 것이다.

모든 일은 그것이 존재하는 숭고한 이유를 지닌다. 그리고 그 이유가 일을 수행하는 사람의 마음에 전달되어 열정을 불러일으킬 수 있어야 한다.[20] 그렇게 되려면 무엇보다 업무지시가 명확해야 한다.

명확하게 업무를 이해하고 지시하는 데 어려움이 있다면 '512 프레임 frame'을 사용해 보길 권한다. 이 양식을 채워 가다 보면 어떻게 일을 지시하고, 챙기고, 평가할지가 명확해질 것이다. 단, 양식을 채우는 것이 새로운 일이 되어선 안 된다. 그 과정에서 팀장 스스로 업무를 정확히 이해하고 설명할 수 있게 정리하는 것이 중요하다. 이 책에서 설명하는 다른 무엇보다 이 프레임을 꼭 기억하고 업무지시에 활용하면 팀원들의 야근을 크게 줄일 수 있다고 믿는다.

512는 5W1H2R의 약자다. 5W1H는 앞서 언급한 육하원칙과 동일하며, 2R은 업무에 투입하는 Resource와 업무 결과인 Result를 뜻한다. 다음 양식에 맞추어 항목별로 생각하고 하나하나 채워 나가면 된다.

Who는 고객이 누구인지, 담당자가 누가 되어야 하는지 확인하는 것이다. 고객은 내부 고객, 즉 상사가 될 수도 있고 최종적으로는 CEO가 될 수도 있다. 외부 고객을 위한 것일 수도 있으니 명확히

▼ 512 프레임 양식

항목	세부 사항	주요 내용
Who	고객	내부 고객, 외부 고객
	담당자	팀원 중 적임자 선정
What	제목	해야 할 일을 한 줄로 요약
	결과물	문서의 경우 '워드 문서 10장'처럼 구체화
Why	배경	이 일을 하는 이유 설명
	목적	이 일을 통해 무엇을 성취하고자 하는지 명시
When	중간보고	목표 날짜
	최종보고	목표 날짜
Where	장소	TF의 경우 팀이 모여 일하는 장소
	출장 지역	필요한 경우 기입
How		기존 자료 정리, 인터넷 서치 등 조사 방법에서부터 타부서 협업, 외부 파트너 활용 등 필요한 활동 정리
Resource	예상	필요 인원수와 소요시간
	결과	실제 투입 인원수와 소요시간
Result	평가	A, B, C 등으로 구분
	BP, LL	Best Practice(잘한 점), Lessons Learned(배운 점)

정하고 일을 추진해야 한다. 적임자 선정은 일의 성격과 팀원 각자의 역량과 업무량을 고려해서 판단해야 한다.

What은 주어진 일을 한마디로 요약하는 것이다. 만약 일의 결과물이 문서가 되어야 한다면 개략적인 분량도 정해야 한다. 때로는 문서의 방향이 종縱인지, 횡橫인지도 생각해야 한다. 업무지시를 받은 담당자는 평소처럼 종 방향으로 작성했는데, 프리젠테이션이 필요한 경우라면 횡 방향으로 작성되어야 하는 경우도 있다.

Why는 일의 배경과 목적이다. 이 부분은 **What**을 보다 잘 이해하기 위한 것이다. 팀장이 경영진의 지시를 받아 수행하는 경우라면 경영진은 팀장에게 일의 중요성과 수행 방법에 대해 설명할 것이다. 그런데 팀장이 담당자인 팀원에게 그 내용을 전달하지 않거나 잘못 전달해 버린다면 어떻게 될까? 일의 결과물이 당초 원한 것과 큰 차이가 생길 수 있다. 설령 경영진으로부터 충분히 설명을 듣지 못했더라도 팀장은 자신이 아는 범위 내에서 일의 배경과 목적을 제대로 설명해 주어야 한다.

When은 일의 기한이다. 최종적으로 언제까지 일을 끝내야 하는지가 가장 중요하지만, 필요에 따라 중간보고 일정을 미리 정하는 것이 좋다. 특히, 이제까지 하던 일과는 다른 새로운 성격의 일이라면 빠른 시일 내에 업무 방향을 점검해야 한다. 초기에 일의 방향이 틀어질 가능성이 크고, 가능한 한 빨리 방향을 제대로 맞추는 것이 중요하기 때문이다. 새로운 일이 아니더라도 중간보고를 통해 일이 어떻게 진행되고 있는지 확인하면 상사와 부하직원 모두에게 도움이 될 수 있다.

Where은 말 그대로 장소이다. 기존 팀의 일이라면 별도의 장소가 필요 없겠지만, TF를 새로 구성하는 경우라면 특정 회의실 등 구체적인 장소가 정해져야 한다. 출장이 필요한 일이라면 출장 갈 장소와 만나야 할 사람을 정한다.

How는 어떻게 일을 추진할지 상세한 실행 방법을 정리하는 것이다. 기존 자료 정리, 인터넷 서치 등 조사 방법에서부터 타부서 협업, 외부 파트너 활용 등 일을 수행하는 과정에서 필요한 활동을 최대한 구체적으로 정리하여 담당자와 협의해야 한다. 가능한 한 상세히 정리할수록 담당자가 이해하기 쉽다. 방법에 따라 소요시간이 달라질 수도 있는데, 진행 과정에서 방법이 달라진다면 When의 기한을 조정하여 일을 진행하는 것이 합리적이다.

Resource와 Result는 일을 마친 이후에 정리하여 향후 업무 개선을 위한 자료, 팀원 평가를 위한 근거 자료로 활용하면 된다. Resource는 일을 시작하는 단계에서 예상한 필요 인원수와 소요시간, 실제 투입 인력과 시간 등을 적어 그 차이를 확인하는 것이다. 차이가 발생한 이유까지 기록해 두면 향후 유사한 업무를 준비할 때 크게 도움이 된다.

Result는 단위 업무 평가를 통해 연말 성과평가의 근거 자료로 활용하면 좋다. 팀장이나 고객의 만족도, 소요시간 등에 따라 담당자의 업무 수행 수준을 평가하면 된다. 잘한 점과 배운 점은 반드시 정리하도록 한다. 평가 이후 담당자와 면담을 할 경우 피드백해 줄 내용이 될 수도 있고, 팀장 스스로가 기억해야 할 내용이 될 수도 있다.

주어진 시간을 치밀하게 관리한다

일의 내용을 명확하게 인식하면 필요한 시간에 대한 인식도 비슷해야 한다. 그런데, 예를 들어 팀장이 일을 지시하면서 이틀의 시간을 주었는데, 팀원은 일주일이 필요하다고 느꼈다면 두 사람의 소통에 문제가 생긴 것이다.

여러 가지 사정이 있을 수 있다. 팀장은 사흘 후에 결과물을 보고해야 하니, 팀원이 이틀 내에 일을 끝내야 나머지 하루 동안 마무리할 수 있다고 생각한다. 그런데 팀원은 일의 절반은 직접 할 수 있지만 절반은 다른 부서의 도움을 받아야 한다. 직접 수행하는 부분은 이틀 내에 가능하지만, 도움을 요청할 부서의 담당자가 바쁜 시즌이라 사흘 정도가 걸릴 테고 다시 자료를 모아 팀장에게 보고하려면 이틀이 더 필요하다고 생각하고 있다.

팀장은 이런 속사정을 알아야 한다. 필요하다면 다른 부서의 팀장에게 직접 전화를 걸어 사흘 걸릴 일을 이틀 내에 끝내 주길 요청하고 독려해야 한다. 그렇게 해야 팀원은 자신의 일을 주어진 시간 내에 할 수 있다는 믿음을 갖게 된다.

그래서 일 잘하는 팀장은 회사 내 모두에게 언제나 을이다. 갑일 수가 없다. 팀원들이 무슨 생각을 하고 있는지 물어보아야 하고, 다른 부서에 팀원 대신 전화해서 어려운 부탁을 해야 한다. 물론 당당히 묻고 요청하겠지만, 마음의 자세는 낮은 곳에 두고 세심하게 살펴야 한다는 말이다.

　시간은 수요와 공급의 법칙을 따르지 않으며 항상 공급이 부족하다. 어쩌면 시간 관리가 모든 일을 리드하고 관리하는 데 있어 가장 기본이라 할 수 있다. 야근을 해야 하는 이유도, 눈치 보기 야근을 제외하면 기본적으로 시간이 부족하기 때문이다. 일과시간을 잘 활용해서 그 시간 안에 일을 하거나 문제를 해결할 수 있다면 야근할 이유가 없다. 그래서 야근을 줄이기 위해서는 무엇보다 시간 관리가 철저해야 한다.

　시간 관리의 요체는 소요시간 자체보다 시간이 부족할 수 있다는 리스크를 항상 생각하는 것이다. 정확히 일을 지시하고 명확히 기한을 정해 주면 팀원들은 최선을 다해 노력한다. 하지만 그들도 다른 사람, 다른 부서를 통해서 업무의 일부를 처리해야 할 때가 있기에, 그런 부분까지 고려하면 리스크는 더욱 커진다.

　그래서 처음 이틀이면 될 거라 생각한 일이 나흘, 닷새가 지나서도 마무리되지 못하는 사태가 생긴다. 따라서 리스크가 가장 큰 일을 먼저 챙겨야 하고, 최초 계획을 세울 때 여유를 두어야 한다. 예산 계획을 짤 때, 예비비를 별도로 책정해 두어 예상하지 못한 상황에 대응하는 것과 같은 이치다.

　C 팀장은 항상 목표 일정을 맞추지 못했다. 임원이 목표에 맞출 수 있도록 여유 있게 시간을 주는 데도 늘 시간이 부족하다며 투덜

거렸다. 그가 일하는 방식을 들어 보고 그의 팀원들과도 얘기해 보니, 그가 시간을 제대로 관리하지 못하는 데에는 두 가지 원인이 있었다.

첫째, 일의 결과물에 대한 이미지가 명확하지 않아 마감을 코앞에 두고서도 수정하거나 보완하는 일이 많았다. 일의 방향과 최종 결과물을 제대로 생각하지 못했기 때문이다. 결과물에 대한 이미지가 명확하지 않으니 불안감에 계속 수정과 보완을 반복하는 것이다.

둘째, 일의 마감 일정을 맞추기 위해 세운 세부 시간 계획이 부실했다. 일정에 맞추기 위해서는 마지막 단계부터 거꾸로 일정을 검토해야 한다. 주어진 기간이 30일이라면, 30일째에 나와야 하는 결과물이 무엇인지 분명해야 하고, 그 이전에는 무엇이, 또 그 이전에는 무엇이 이루어져야 하는지 하나하나 파악해야 한다. 만일 검토 결과, 시간이 부족하다면 어느 단계에서 시간을 줄일 수 있는지 세밀하게 분석하여 찾아내야 한다.

세계적인 경영사상가인 피터 드러커 Peter Drucker 는 철저한 시간 관리를 위해 자신이 사용하는 시간을 기록하고, 관리하고, 통합하라고 조언한다. 일을 하는 데 있어 시간은 가장 중요한 제약 조건이고, 일을 완료할 때까지 실제로 컨트롤할 수 있는 시간은 얼마 되지 않는다. 따라서 스스로 활용할 수 있는 시간이 얼마나 있는지 기록하고 파악하는 것이 최우선이다. 과거 시간 사용 기록이 있다면 이

후에 비슷한 일을 하게 될 때 활용하거나 개선하는 데 참고할 수도 있다.[21]

낭비되는 시간을 막을 수 있는 세 가지 질문이 있다. 꼭 하지 않아도 문제가 되지 않는 일은 무엇인가? 다른 사람에게 넘기는 것이 더 효율적인 일은 무엇인가? 오히려 다른 사람의 시간을 빼앗는 일은 없는가?

특히, 대규모 회의는 자주 이런 질문의 대상이 된다. 회의 주제와 관련된 모든 사람이 정보를 공유해야 한다는 이유로, 또는 회의에 참석하지 못한 사람이 소외감이나 무시당한 느낌을 받을까 우려하여 참석 대상 규모가 너무 커지는 회의가 많다. 이런 경우 회의록을 정확히 작성하여 회의 내용과 결과, 그리고 이후의 계획까지 공유하면 참석자를 대폭 줄일 수 있다. 회의는 간소화되고 참석자들도 자신의 시간을 아낄 수 있게 된다.

활용 가능한 시간을 연속적인 단위로 통합하여 확보하는 것도 중요하다. 시간을 짧게 여러 번 사용하기보다는 통합하여 사용하는 게 훨씬 효율적이다.

보고서 초안을 잡는 데 약 5시간이 필요하다고 가정해 보자. 그 일에 하루에 15분씩 두 번을 할애하여 총 10일간을 사용하는 것은 아무런 의미가 없다. 한 번에 2시간 이상을 쓸 수 있어야 집중할 수 있고 효율적인 작업이 가능하다. 하나의 작업에 집중하다가 다른 작업으로 전환할 때는 여러 단계가 필요한데, 이로 인한 시간 손실은 생각보다 크다. 하던 일을 멈추고 다른 일을 해야겠다고 결심해야 하고, 그다음에는 새로운 일을 어떻게 해야 하는지 프로세스와 규칙을 떠올려야 한다.

예를 들어, TV를 보다가 빨래를 개는 단순한 작업 전환은 비교적 빠르고 손쉽게 이루어진다. 그러나 엑셀 작업을 하는 중에 동료가 갑자기 찾아와 다른 문제를 논의하자고 하면, 곧장 이 일에서 저 일로 옮겨가기가 어렵다. 마음의 준비와 일을 맞이할 자세가 필요하다. 동료와의 얘기가 끝나고 다시 원래 하던 엑셀 작업으로 돌아오려고 해도 마찬가지다. 하던 일을 바로 이어서 하기가 어렵다.

데이비드 마이어스 David Myers 박사는 "작업 전환에서 비롯되는 추가시간이라는 대가는 해당 작업이 얼마나 복잡한가, 혹은 단순한가에 달려 있다. 단순한 작업은 전환에 따른 추가 소요시간이 25% 이하이지만, 매우 복잡한 작업은 소요시간이 2배 이상으로 늘어날 수도 있다"고 말한다.[22]

다음 그림에서처럼 본래 업무에 필요한 시간이 100이라고 가정해보자. 이때 집중력에 방해가 되는 20만큼의 다른 일이 생기면 작업 전환과 방향 재조정에 각각 10만큼의 시간이 더 소요되어 결국 총 140의 시간이 필요하다.

특히, 복잡한 프로젝트는 시간 관리에 있어 크리티컬 패스 critical path 에 대한 이해가 필요하다. 전체 소요시간을 좌우하는 일을 시간 축으로 연속되게 이어 놓은 것이 크리티컬 패스다. 중요한 과정에 많

▼ 작업 전환에 소요되는 시간[23]

방해 받지 않을 경우의 소요시간: 100

본래 업무 수행 (100)

방해 받을 경우의 소요시간: 140

본래 업무 (50)	작업 전환 (10)	집중력 방해 (20)	방향 재조정 (10)	본래 업무 (50)

은 시간이 소요되는 게 대부분이지만, 상황 변화로 전혀 예상치 못한 업무가 크리티컬 패스가 될 수도 있다. 더구나 일이 어긋나면 크리티컬 패스가 처음과 달라지기도 한다. 따라서 당초 계획을 계속 예의 주시하면서 크리티컬 패스가 달라지지 않는지, 달라졌다면 어떻게 대응해야 할지 지속적으로 시뮬레이션해야 한다.

'칠레 거점 설립' 업무는 시간 관리가 핵심인 일이었다. 남미에서의 마케팅과 영업을 위해 거점 설립이 필요했고, 설립 장소는 칠레 산티아고로 정해졌다. 법인을 운영할 외국인 임원도 채용했다. 문제는 경영진이 요청한 기한 내에 거점을 설립하기엔 주어진 시간이 턱없이 부족하다는 데 있었다.

논의 끝에 관련 부서의 실무자들로 구성된 TF를 만들었다. 거점 설립을 위해 인력을 채용하고, 사무실을 얻고, 인테리어와 사무용품을 구비하는 등의 일이 진행되어야 했다. 그중에서도 설계 및 시공 역량을 갖춘 인력을 10여 명 채용하는 일이 중요했는데, 가장 큰 문제는 급여 협상이었다.

당시 현지의 급여 수준이 매우 높아져 지원자들은 당초 회사에서 생각한 것보다 훨씬 높은 연봉을 요구했다. 게다가 인력 채용 과정에는 연봉 협상 이후의 계약서 작성 단계도 포함되는데, 현지에서는 스페인어를 사용하고 본사에서는 영어로 검토하니 번역이라는 과정이 추가되면서 시간 관리가 더 어려운 상황이었다. 현지법상 인력 운영에 대한 내부 규정도 갖추고 있어야 했다. 일종의 인력 운영 가이드라인과 비슷한 것으로, 현지 로펌의 도움이 필요했다.

사무실을 얻고 인테리어를 하는 것도 만만찮은 시간이 소요되었다. 현지 특성상 인테리어가 갖추어진 사무실이 없어 사무실 임차 계약 이후에 인테리어를 시작할 수밖에 없었다. 그런데 채용할 인원수는 확정되지 않고, 채용 이후에는 모든 직원이 개인별 독립된 사무 공간을 요구하면서 공간 디자인을 확정하는 데도 많은 시간이 걸렸다.

경영진의 요청에 따라, 6개월 이내에 거점을 설립하는 것을 목표로 잡았다. 목표에 맞추기 위해 세부 일정을 어떻게 가져가야 할지 고민했다. 먼저, 업무 중 일정을 어느 정도 예상할 수 있는 것과 예상하기 어려운 것으로 구분했다.

예를 들어, 연봉 협상은 하루 만에 끝날 수도, 한 달이 더 걸릴 수도 있는 일인 반면, 인력 운영 가이드라인은 현지 로펌과의 협의를 통해 소요기간을 예상할 수 있었다. 소요시간이 예상되는 항목부터 정리해 보니, 시간을 예상할 수 없는 일에 투입 가능한 시간이 산출되었다.

나는 팀원들과 함께 전체 일정을 놓고 자세히 토론했다. 목표 일정까지 현재 우리에게 남아 있는 시간이 얼마인지, 그 시간 내에 무엇을 어떻게 해야 하는지 검토했다. 그렇게 추진 계획을 세웠고, 이후로는 매주 실제 업무가 계획대로 움직이는지 확인했다. 조금이라도 일정에 차질이 발생하면 곧바로 공유하도록 했다.

추진 과정에서 많은 변수가 나타났지만, 다행히 우리가 계획한 시간 내에 칠레 거점을 설립할 수 있었다. 이렇게 시간을 맞출 수 있었던 것은 다음 두 가지를 명확히 했기 때문이라고 생각한다.

첫째, TF 리더인 나와 현지에서 실제로 뛰어야 하는 담당자의 역할을 분명히 했다. 개인별 연봉 수준, 계약 조건, 사무실 위치 등의 결정은 내가 경영진과 상의해서 결정하고, 현지에서의 일은 현지 담당자에게 의사결정을 맡겼다. 현지에 직접 가서 해결해야 하는 일도 일부 있었지만, 대부분은 현지 담당자에게 위임하여 문제를 해결했다.

둘째, 정해진 시간 안에서 수행해야 하는 일과 소요시간이 정확히 예상되지 않는 일을 구분하고, 시간을 줄일 수 있는 일에 집중했다. 일이 끝나는 시점을 명확히 하고, 일의 순서를 거꾸로 하여 세부 시간 계획을 수립했다. 당초 계획에서는 시간이 부족했다. 그래서 소요시간이 명확한 일은 제외하고, 그렇지 않은 일의 시간을 줄일 방법을 계속 고민했다. 매주 회의에서 가장 많은 시간을 할애하여 시간을 줄일 방법을 찾기 위해 노력했다.

다행히 우리의 노력은 헛되지 않았고 당초 목표한 시간 내에 칠레 거점을 세울 수 있었다.

처음 10%가 정말 중요하다

시작이 반이라고 하지만 무작정 시작해서는 안 된다. 시작이 반이 되려면 일의 처음부터 끝까지를 시뮬레이션할 수 있어야 한다. 일의 전체 구조와 시간의 흐름에 따른 구체적인 내용까지, 시뮬레이션을 통해 어느 정도는 예측해야 한다. 과거 비슷한 프로젝트를 여러 번 수행해 본 팀장이라면 일의 전체적인 흐름을 쉽게 예상할 수 있다. 고객 성향, 일의 난이도, 팀원들 수준 정도만 보아도 알 수 있다. 하지만 경험이나 지식이 부족하면 일의 흐름을 예측하기 어렵다.

어떤 경우든 처음 10%를 어떻게 준비하고 수행하느냐에 따라 나머지 90%가 좌우된다. 프로젝트를 시작할 때 처음 일정을 빨리 당기려고 노력해야 한다. 앞부분에서 늦어진 것을 뒷부분에서 만회하려면 처음보다는 몇 배의 노력이 필요하고, 그로 인해 야근이 더 많아질 수 있기 때문이다.

A 프로젝트는 플랜트시설을 건설하는 프로젝트였다. 주어진 원료를 사용하여 부가가치가 높은 물질을 얻기 위해 물리·화학적 프로세스를 처리하는 시설을 지어야 했다. 그 시설의 대부분이 철골 위에 지어졌는데 일반적인 산업 시설보다는 단순한 구조였다.

하지만 프로젝트 전체 규모가 크고 철골 구조 위에 올라가는 장비들도 기존 것들과 달랐다. 해당 사업부는 이러한 처리시설보다 훨씬 복잡한 플랜트 공사도 진행한 적이 많아 큰 어려움이 생기지는 않으리라 판단했다. 프로젝트를 맡은 리더 역시 경험이 풍부했다. 사전에 해당 국가의 사업 환경을 조사하고 유사 프로젝트를 연구한 결과, 주의할 점이 몇 가지 있긴 하지만 큰 문제가 발생할 가능성은 낮다고 보았다.

건설 공사는 보통 공사를 수주한 업체가 직접 모든 공사를 수행하지 않고, 협력사를 활용한다. A 프로젝트도 마찬가지였다. 설계업체를 선정하여 설계를 담당하게 하고 구매는 자재와 장비를 만드는 업체와 계약을 통해 진행했으며, 시공 부분도 영역을 나누어 전문업체에 맡겼다. 현지 경험이 부족한 프로젝트였기에 협력업체를 잘 선택하는 것이 중요했다.

그런데 현장 담당자는 공사비를 아낀다는 마음에서 유사한 프로젝트 경험이 풍부한 설계업체보다 입찰 가격이 더 낮은 업체를 선정하게 되었다. 더욱이 본격적인 설계에 앞서 계약 조건을 협상하고 함께 일하는 방식을 정하는 과정에서 많은 시간이 소요되었다. 게다가 설계업체는 계약을 체결하기 전까지는 인력을 충분히 투입하지 않았고 기대했던 것보다 역량도 부족했다. 결국, 설계가 늦어지면서 전체 공사 계획 수립도 지연되었다.

A 프로젝트의 첫 단추는 협력사를 잘 선정하고 설계업체와의 협업을 통해 설계를 진행하는 것이었다. 그래야 설계 이후의 구매, 시공 일정 수립도 순조로워지기 때문이다. 그런데 왜 이렇게 문제가 발생한 것일까?

사실, 어렵고 힘들었던 프로젝트를 보면 대부분 설계부터 문제가 발생한 경우가 많다. 설계는 모든 건설 공사에서 가장 중요한 출발점이고, 설계에서 어긋나면 프로젝트 전체가 어긋날 수밖에 없다. 그런데 건설 공사는 사무실이 아닌 현장에서 이루어지는 일이기에 보편적인 지식보다 현장 상황에 대한 이해가 더 중요하다. 설계업체를 잘 선정하여 추진 계획을 세워야 한다는 것을 알고 있었지만, 현장 상황에 맞게 어떤 업체를 선정하고 어떻게 함께 일할 계획을 세울 것인지 그 구체적인 과정을 잘 이해하지 못한 것이다. 아니, 알고 있다고 생각한 것이다.

심리학자의 설명에 의하면, 우리가 가진 지식은 두 가지로 구분할 수 있다. 설명할 수 있는 지식과 설명하지 못하는 지식이다. 이때 자전거 타기처럼 몸으로 기억하는 지식을 예외로 하면, 설명할 수 있는 지식만이 진짜 나의 지식이다. 설명할 수 없는 지식은 지식이 아니며 그저 자신을 속이고 있는 것이다. 우리는 친숙하면 안다고 생각하고 낯설면 모른다고 생각한다. 하지만 친숙하면서도 실제로는 잘 모르는 것이 많다. 자신이 설명할 수 없는 지식을 '알고 있다'고 믿고 과도한 자신감으로 일을 시작하면 결국 실패하게 된다.[24]

요즘 학생들은 학교에서 배울 내용을 학원에서 선행 학습하는 경우가 많다. 그런데 선행 학습이 과다하면 내용이 친숙해져 정작 학교 수업에서는 이미 배워서 알고 있다는 생각에 눈과 귀를 닫고 만다. 나중에 중간고사나 기말고사 시험지를 받아 보면 머리가 텅 비어버린 듯한 느낌을 받는다.

반대로 공부를 잘하는 학생들은 자문자답을 통해 지식을 온전히 자기 것으로 만든다. 남을 가르쳐 보면 더 잘 이해할 수 있다. 가르치기 위해서는 설명을 위한 준비를 해야 하고 준비한 것을 다른 사람에게 설명하는 과정에서 자신은 이전보다 더 잘 이해하게 된다.

많은 팀장이 업무를 대충 설명하고 "더 설명하지 않아도 잘 알겠지?"라고 말하면서 자신의 생각을 팀원들이 잘 알고 따라와 줄 것으로 기대한다. 하지만 말을 하지 않으면 팀원들은 이해할 수 없고 자기 스스로도 모르게 된다. 의견을 모을 때는 팀장이 말하기보다 팀원들의 말을 경청해야 하지만, 일의 방향과 방법은 팀장이 최대한 친절하게 설명해야 한다. 자신과 팀원 모두를 위해서.

A 프로젝트 사례에서 알 수 있듯이, 처음 10%에 대한 전체 업무

처리 과정과 핵심 관리 포인트는 직접 말로 설명할 수 있을 정도로 철저히 준비해야 한다. 업무별 담당자는 자신이 맡은 분야에 대해 빈틈없이 조사하고 계획을 세워야 하며, 리더는 부하직원들과는 다른 관점에서 접근해야 한다. 리더는 숲을 보아야 한다는 말이 있듯이, 전체 프로젝트가 진행되는 과정을 그릴 수 있어야 한다. 세세한 부분을 놓쳐서도 안 된다. 각 담당자가 맡은 부분을 잘해내더라도 부분의 합으로 프로젝트가 완성되는 것은 아니기 때문이다.

그리고 중요한 관리 포인트는 체크리스트로 미리 정리해야 한다. 바쁘게 일을 진행하다 보면 체크리스트를 만들었다는 것조차 잊어버릴 수 있다. 그런데 체크리스트는 일이 잘 진행되지 않아 답답할 때 돌파구를 제공하기도 한다. 체크리스트는 일을 챙기는 관리 포인트를 정리하는 것이지만, 동시에 일을 처음 계획할 때의 초심을 떠올리게 하는 장점도 있다. 초심으로 돌아가 다시 살펴보면 현재 일이 제대로 진척되고 있는지, 아니면 방향이 어긋나 있는지 잘 알 수 있다.

준비된 팀장은 불안하지 않다

누구나 프로가 되길 원한다. 아마추어는 순수한 마음으로 무언가를 시작하지만, 자신의 모든 것을 던지는 모험은 하지 않는다. 반면,

프로는 자신이 원하는 일을 찾고, 도전하며, 그 일에 몰입하여 목표한 성과를 이루어 낸다.

하지만 마니아가 될 정도의 선을 넘어가지는 않는다. 프로는 일의 처음과 끝을 알고 자신이 원하는 수준을 알기에, 그 선에 맞추어 정보를 모으고 고민하고 다른 사람들과 협력하면서 일한다. 일의 목적을 분명히 하고 시작하므로 마니아처럼 어느 한 가지에 빠져 탐닉하지 않는다. 특히, 시간 관리가 철저해서 자신이 해야 할 일들을 잘 관리한다. 어느 것 하나 놓치지 않고 균형 있게 추진하며 자신의 삶에서도 일과 휴식, 일과 가정의 균형을 유지한다.

그렇다면 프로의 마인드를 가진 팀장은 어떻게 일을 준비하고 수행할까?[25]

먼저, 프로는 일을 시작하기 이전에 일의 전체 모습을 그릴 수 있다. 경험과 전문성이 충분하지 않더라도 일의 시작부터 끝까지, 진행 과정을 시뮬레이션할 수 있다. 그 시뮬레이션 결과가 추진계획서다. 계획서 작성을 통해 자신이 알고 있는 정보를 문서로 구체화한다.

예를 들어, 주부가 집들이 준비를 한다고 생각해 보자. 오늘 저녁까지 집들이 준비를 해야 하고, 그러자면 청소와 음식 준비가 필요하다. 여기까지는 아마추어와 프로가 비슷하다. 하지만 아마추어는 청소와 음식 준비에 대해 구체적으로 생각하지 않는다. 평소처럼 청소기로 방과 거실의 먼지를 없애는 데에만 생각이 미친다. 그렇게 시작하다 보면 지저분한 화장실이 눈에 보이고, 특히 변기를 깨끗이 닦아야 한다는 생각이 든다. 미리 장을 보아야 한다는 사실은 까맣게 잊어버린다. 갈비 요리는 고기의 핏물을 빼 주어야 하는데 시간이 부족하다. 급히 장을 보고 요리를 시작하지만 빠뜨린 재료도 있다. 무엇을 먼저 해야 할지 몰라 허둥대다가 약속한 시간이 다가오면 초조함이 어깨를 짓누른다.

아마추어처럼 일하지 않으려면 모든 것을 미리 생각하고 준비해야 한다. 전문성이 충분하지 않으면 상상력이라도 충분해야 한다. 전문성이라는 칼날은 그냥 유지되지 않는다. 계속 갈아 주어야 한다. 많은 사람이 팀장이 되면서 실무에서 손을 떼는 경우가 많다. 특히, 팀원의 숫자가 많은 경우에는 관리만으로도 어려운 것이 사실이다.

하지만 실무에서 손을 떼면 그때부터 자신의 전문성은 점점 노화된다. 실무자일 때는 멋진 분석 보고서를 쓰던 사람도 관리자가 되면 부하직원들의 보고서를 지적만 할 뿐 막상 고쳐 주는 것은 주저한다. 나는 그런 리더들을 숱하게 보아 왔다. 조금이라도 직접 일하지 않으면 전문성을 유지하기도, 팀원들의 마음을 이해하기도 어려워진다. 팀장과 팀원의 거리는 점점 멀어진다.

둘째, 프로는 리스크를 알고 불확실성을 최대한 줄인다. 모든 일은 리스크를 안고 있으며, 그 리스크는 대부분 불확실성이라는 특성을 가진다. 확실한 리스크는 이미 리스크가 아니다. 확실히 발생할 일이라면 미리 고려하여 일의 내용과 시간 관리 대상에 넣어 두면 된다. 하지만 불확실한 부분은 발생 여부를 알지 못하기에 리스크인 것이다.

최근 내가 팀장을 맡았던 TF에서 있었던 일이다. 사내 많은 실무자가 참여했고 경험과 전문성이 풍부한 사람들로 팀을 구성했다. 특히, 한 분야는 일을 시작하기 전부터 중요하다고 생각하여 역량 있는 실무자를 뽑았다. 그런데 그 팀원은 업무 내용을 말로는 잘 설명했지만 글로 표현하는 데에 미숙했다. 우리의 일 대부분이 보고서를 작성하는 것이었는데, 그가 쓴 글은 도무지 이해하기가 어려웠다. 결국, 내가 그를 도와 가며 일할 수밖에 없었다.

TF 운영의 또 다른 리스크는 시간이다. 사전에 충분한 조사와 토의를 통해서 시간 계획을 세우지만, 언제나 예상하지 못한 일이 나타난다. 짧은 시간에 가능하리라 기대한 일이 작은 문제로 인해 계속 지연되기도 하고, 팀원이 소속 부서의 요청으로 갑자기 빠지기도 하며, 경영진의 요청으로 보고 시점이 당겨지기도 한다. 그래서 시간은 항상 약 10% 정도의 여유를 갖고 있어야 한다. 그것으로 모자라면 야근을 해야 한다. 야근은 이렇게 갑작스러운 문제로 시간이 부족할 때 하는 것이다.

셋째, 프로는 일을 마무리해야 하는 선을 알고 있다. 어떤 실무자나 팀장은 일의 곁가지를 자꾸 만들어 간다. 일의 본질에 집중하지 못하고 고객의 니즈를 명확히 파악하지 못해, 이런저런 필요 없는 부분까지 조사하고 검토한다. 일의 시작 단계에서 폭넓게 상황을 파악할 필요가 있다면 그런 활동도 요구된다. 하지만 일을 마무리하는 단계에서 곁가지를 만들면 자신도 힘들고 팀원들도 힘들다. 불안감을 지울 수가 없고, 야근은 점점 더 많아진다.

최근 TV에서 방영된 〈능력자들〉이라는 프로그램은 마니아들을 찾아 그들의 대단한 능력을 보여줌으로써 시청자들의 눈과 귀를 사로잡았다. 한번은 방송인 박소현 씨가 나와서 아이돌 능력자의 모습을 제대로 보여 주었다. 그녀는 국내 아이돌 그룹을 모두 알고 있을 뿐 아니라 멤버 하나하나의 이름까지도 기억하고 있었다. 심지어 몇몇에 대해서는 상세 스케줄도 파악하고 있었다. 100명 이상의 아이돌 사진을 보여 주고 이름을 맞히게 한 테스트에서도 전부 정확히 맞혔으며, 그들이 무대 위에서 춤출 때의 자리배치까지도 알고 있었다. 정말 대단한 능력자다.

안타까운 것은 그렇게 아이돌의 신상은 잘 알고 있으면서도 정작 친구의 생일이나 머리 색깔이 바뀐 것에는 전혀 관심이 없었다. 방송에서는 그런 대조를 통해 재미있는 장면을 연출하려 한 것이겠지만, 마냥 좋아 보이지는 않았다. 무언가에 꽂혀 탐닉하는 마니아의 모습 그대로였다.

프로의 세 가지 모습은 결국 '일의 시작과 끝을 안다'는 말로 요약할 수 있다. 일을 시작하는 단계에서 무엇을 어떻게 준비해야 하는지 세부적으로 파악해야 하며, 수행하면서 발생할 수 있는 리스크를 간파해야 함은 물론, 일의 곁가지를 쳐내고 본질에 집중하여 적정선에서 마무리할 수 있어야 한다. 이렇게 일의 첫 단추를 끼우는 것에서부터 마무리 단계까지, 챙겨야 할 요소를 잘 알고 있는 팀장은 절대 불안함을 느끼지 않을 것이다.

♣ 변화를 이끌어 내기 위한 핵심 과제 1~3

1. 스스로 명확해질 때까지 일의 방향을 고민한다

회사 전체 상황, 경영진의 입장, 팀의 역할 및 위상 등을 고려하여 일의 방향을 명확히 한다. 팀원들과 함께 추진 계획을 수립하고 체크리스트를 만들면서 일의 방향을 구체화할 수 있지만 일의 방향을 결정하는 것은 결국 팀장의 몫이다.

2. 일의 방향과 내용에 맞는 적임자를 정한다

팀 내에 적임자가 없다고 생각되면 팀 외에서라도 구한다. 적임자를 구하지 못했다면 차선을 선택하되, 그 팀원의 성향과 장단점을 잘 알고 일을 맡겨야 한다. 부족한 부분은 팀장이 보완해 줄 수 있어야 하며, 가능한 한 변동 가능성이 작은 일을 주어 리스크를 줄인다.

3. 주어진 시간을 치밀하게 관리하여 목표 일정에 맞춘다

목표 일정이 수립되면 그 일정에 맞추어 거꾸로 무엇이 이루어져야 하는지 역으로 계획을 세워 하루하루 완료해야 할 일을 구체화한다. 처음 10%의 시간에 계획을 구체화하고 일정을 당기는 것이 무엇보다 중요하며, 시간이 부족할 수 있다는 리스크와 대책을 항상 생각한다.

5

팀원들과 소통하며
문제를 해결한다

경영기획 업무를 맡고 있는 P 팀장은 오늘 평소보다 30분 일찍 일어났다. 오전 7시부터 시작하는 경영지원본부 전체 임원 및 팀장 회의에 참석하기 위해서다. 6시 50분경 회사에 도착해 자리에 앉자마자 이번 주 업무 내용을 살핀다. 회의에서 자신이 설명해야 할 지난주 실적과 금주 계획을 다시금 확인하고 잠시 생각에 잠긴다.

'오늘 회의 이슈는 뭘까? 중장기 계획 수립이 마무리 단계에 있으니 다음 일정을 궁금해하는 분들이 많겠군. 사업부와의 마무리 작업을 언제 완료하고 CEO께는 어떻게 보고할지가 논점이 되겠어.'

본부 회의는 9시까지 계속되었고, P 팀장은 회의에서 돌아오자마자 팀 회의를 소집한다. 지난 두 달 동안 진행된 중장기 전략 수립 업무를 이제 마무리해야 할 단계인데, 사업부별로 진행 상황이 다르다. 무엇 때문에 차이가 발생하는지, 어떻게 전체 일정을 맞추고, 언제 CEO 보고가 가능한지 확인해야 한다.

효율적인 회의를 위해 팀원 중 각 사업부를 맡은 간부 세 명만을 불렀다. 그중 C 사업부와 전략 수립을 진행 중인 간부 말에 의하면, 그 사업부의 기획담당 팀장이 사업부 내 다른 문제 때문에 보고서 작성이 지연되고 있다고 한다.

P 팀장은 즉시 전화를 건다.

"팀장님, 잘 지내셨어요? 다름이 아니라 지금 진행 중인 사업부별 전략 수립 보고서 작성에서 C 사업부가 가장 늦네요. 곧 CEO 보고를 준비해야 하는데, 지금 속도라면 C 사업부만 별도로 보고해야 할 수도 있습니다."

"네, 알겠습니다. 사업부에 다른 문제가 있어서 제가 신경을 못 썼습니다. 바로 지시해서 늦지 않도록 하겠습니다."

담당 간부의 얼굴에 미소가 감돈다. 끙끙 앓으며 고민하던 문제를 P 팀장이 바로 해결해 준 것이다. P 팀장은 다른 간부의 얘기도 들으며 문제가 있으면 즉시 방향을 바로잡아 준다.

오후에는 마케팅팀과의 회의가 있다. 해외진출 및 해외거점 전략 부분은 사업부보다는 마케팅팀에서 의견을 주고 근거 자료를 지원해 주어야 하기 때문이다. 이미 지난주에 지역별, 국가별 근거 자료를 요청했고, 오늘은 향후 진출대상 국가를 선정해야 한다. 그 일을 챙기고 있는 실무자에게 미리 진척도를 물어본다. 다행히 어느 정도 준비는 되어 있는 모양이다. 오후 2시에 회의가 시작되고, 각 팀장과 간부들은 시장조사 및 추진 전략의 근거가 되는 자료들을 놓고 질의 응답을 계속한다.

오후 4시쯤 회의가 끝나고 중장기 전략 외에 다른 업무를 챙긴다. 홍보팀에서는 회사의 장기 비전과 관련한 외부의 질문이 많다며 어떻게 대응해야 하는지 문의해 왔고, 인사팀에서는 우리 팀원 중 한 명을 교육 보내는 문제를 상의하자고 한다.

이런저런 일들을 해결하고 나니 5시가 넘어간다. P 팀장은 수첩에 오늘 마무리해야 하는 일과 그렇지 않은 일을 구분하여 적어 본다. 중장기 전략은 회사의 최우선 과제인 만큼 마케팅팀과 협의한 내용을 오늘 중으로 마무리해서 정리해 두어야 다음 일정에 차질이 생기지 않는다. 나머지 일은 약간의 여유가 있다. 마케팅팀과 협력하고 있는 담당 간부를 불러 오늘 마무리가 가능한지 확인한다. 2시간 정도면 가능하다고 하니 대략 7시까지는 마무리할 수 있을 것 같다.

사내 식당에서 간단히 저녁을 먹고 다시 일을 시작한다. P 팀장은 오늘 하지 못한 이메일을 확인하고 필요한 답장을 쓴다. 그리고 앞으로의 일정을 고민한다. 마케팅 쪽 일이 오늘 마무리되면 내일은 사업부별, 지역별 매출 목표를 수립할 수 있을 것이다. CEO 보고는 일주일 정도 이후에 가능하겠다는 확신이 든다.

7시가 조금 넘자 마케팅 전략 보고서가 올라온다. 수정 사항만 몇 가지 지시하고 퇴근시킨다. 하지만 P 팀장은 아직도 마무리할 일이 많다. 확인하지 못한 메일이 있고, 다른 부서에서 도움을 요청한 일도 아직 완료하지 못했다. 게다가 내일부터는 중장기 매출과 손익 목표를 정리해야 하는데, 지금부터는 관리팀의 도움도 받아야 한다.

관리팀장에게 메일을 보내 도움이 필요한 부분을 요청한다. 내일 아침 출근하자마자 전화로도 부탁할 생각이다.

시계를 보니 밤 9시다. 오늘은 그나마 일찍 퇴근하는 편이다.

권한 위임으로 팀원들을 키운다

팀장은 팀 내에서 경험이 가장 많고 필요한 역량도 대부분 갖추고 있다. 그렇다고 모든 일을 팀장 혼자서 처리할 수는 없다. 팀장은 실무 리더로서 팀에서 수행해야 하는 많은 일을 전체적으로 관리해야 한다. 팀원들과 나누어서 해야 할 일도 있지만, 스스로 해야만 하는 일도 있다.

팀장의 업무 비중을 개략적으로 나누어 보면 팀 외적인 일이 3분의 1, 팀원들과의 협의 시간이 3분의 1, 그리고 혼자만의 고민과 업무처리 시간이 3분의 1 정도라 할 수 있다. 팀장의 역할이나 상황에 따라 외부 회의 참석 시간, 또는 혼자만의 업무처리 시간이 더 늘어나기도 한다.

하루 일하는 시간이 9시간 정도라고 하면 팀원들과 얘기하고 협의하는 시간은 고작 3시간 미만이다. 팀장이 그 시간을 어떻게 활용하느냐에 따라 팀 전체의 역량이 좌우된다. 어찌 보면 팀장은 팀원들을 자신의 분신으로 만들어야 한다. 팀장이 일하는 것처럼 팀원들이 일할 수 있다면 가장 좋겠지만 그럴 수 없기에, 팀원들에게 권한을 위임해야 한다.

일을 하기 위해서는 책임과 권한이 동시에 따라야 하지만, 팀원들에게 책임까지 떠맡긴다면 과도한 부담을 주게 된다. 따라서 책임은 팀장이 지되, 권한을 팀원에게 위임하여 부담 없이 자기 자신을 믿고 일하도록 해야 한다. 이것이 권한 위임이다. 이때 팀원들이 맡은 일에 대해서는 스스로가 주인이라는 마음을 갖게 하는 것이 중요하다. 주인 정신은 열심히 일하게 하는 것 이상의 큰 효과가 있다.

런던대학교의 마이클 마멋 Michael Marmot 교수는 수십 년간 프로젝트 진행을 통해 화이트홀 Whitehall 연구라고 알려진, 일에 대한 통제권과 건강과의 연관관계를 밝혀냈다. 처음에는 20~64세 사이의 영국 공무원들로 구성된 연구대상자들의 건강과 봉급 수준의 관계를 조사했다. 조사 결과, 저임금 근로자일수록 보수가 높은 근로자들보다 심혈관 질환으로 사망할 가능성이 3배나 높은 것으로 나타났다.[26]

이 차이는 저임금 근로자의 흡연이나 비만, 운동 부족 등이 원인이 아니었다. 그들이 건강한 삶을 영위하는 데 필요한 객관적인 조건을 충분히 감안해도 여전히 건강 상태는 무척 나빴다. 나중에 밝혀진 원인은 놀랍게도 저임금 근로자일수록 자신의 일을 스스로의 의지에 따라 통제할 수 없다는 사실이었다.

이런 현상은 일반적으로 보수가 더 좋다고 인정되는 의사나 변호사, 기타 전문직 종사자들에게도 예외가 아니었다. 직종에 상관없이 자신의 일에 대한 통제권을 가진 사람일수록 건강 상태가 좋고, 그렇지 못한 사람일수록 건강 상태가 좋지 않았다. 자신의 일에서 얼마나 '통제권'을 가지고 있느냐가 그 사람의 일과 삶에서의 건강 상태를 좌우한 것이다. 통계에 따르면, 근무시간에 자신의 일에서 통제력을 구속당할수록 혈압은 더 높아지고 요통을 일으킬 확률 역시 높아진다고 한다.

상사에 의해 어쩔 수 없는 상황에서 일을 하고 야근까지 하게 되면 직원들의 건강은 점점 나빠진다. 과로로 인한 문제도 있겠지만, 앞의 연구 결과에서처럼 자신의 일과 삶에 대한 통제권을 잃어버렸다는 인식이 더 나쁜 결과를 가져온다. 나의 삶이 내 것이 아닌 듯한 소외감을 느끼면서 건강까지 위협받게 되는 것이다.

그렇다면 과연 어디까지 권한을 위임해야 하는 것일까? 앞의 사례에서 P 팀상은 사업부별로 담당 간부를 두어 중장기 전략을 챙기도록 했다. 당연한 얘기지만 담당 간부들은 자신이 맡은 사업부에 대한 이해도가 높아야 하고, 그쪽 사람들과의 인맥이 있다면 더 좋다. 하지만 간부의 역량이 모두 동등할 수는 없다.

따라서 위임하는 권한에도 조정이 필요하다. 독자적으로 사업부와 협의해서 결론을 내고 보고서까지 작성할 수 있는 수준이라면 모두 맡겨도 된다. 하지만 보고서 작성에 무리가 있다면 그 부분은 제외해야 하며, 사업부와의 협력 작업은 가능하지만 결론을 내는 데 어려움을 겪는다면 팀장이 직접 관여해서 결론을 내려 주면 된다.

이때 역량 수준에 딱 맞게 일을 부여하기보다는 그보다 약간 더 높은 수준의 일을 주는 것이 좋다. 전체적인 난이도를 생각한다면 담당자가 이제까지 했던 일의 수준을 100이라고 할 때, 105~110 정도의 일을 주는 것이 무난하다. 그래야 스스로 도전의식을 가질 수 있고, 일을 수행할 수 있는 능력이 점점 향상되어 역량을 키울 수 있다. 운동할 때 바벨의 무게를 조금씩 높여 가면서 근육을 단련하듯, 일 역시 팀원 스스로 할 수 있는 수준보다 조금 더 비중 있는 일을 주어 성장하도록 돕는 것이다.

그런데 위임하지 말아야 할 것이 몇 가지 있다. 팀장 자신이 다른 누구보다 잘할 수 있는 일, 팀원 또는 다른 직원에게 목표를 제시하는 일, 의사결정에 필요한 기준을 정하는 일 등은 팀원에게 맡기지 말고 팀장 스스로 해야 한다.[27]

권한을 위임한 후에는 팀장이 애정을 갖고 지켜보아야 한다. 팀원들은 팀장의 눈에 애정이 담겨 있는지 아닌지 한 번에 알아챈다. 팀장의 눈빛에 팀원들을 아끼고 성장하길 바라는 애정이 담겨 있다면 팀원 스스로도 할 수 있다는 자신감을 가지지만, 애정이 없는 눈빛에서는 팀장이 자신에게 일을 떠넘긴다는 느낌만 들 것이다.

아직도 많은 팀장이 팀원들을 믿지 못해 자신이 모든 일을 처리하고 있다. 하지만 거꾸로 생각해 보면, 그가 또는 그녀가 팀장이 되기까지는 그들을 믿고 일을 맡긴 상사가 있었기 때문이다. 상사가 믿고 맡기지 않았다면 팀장이 될 만큼의 실력을 키울 수 있었을까?

이해와 소통으로 만드는 팀워크

국내 기업에서 임원으로 재직했던 외국인 T 씨는, 한국 기업의 임원실이 마치 엄숙한 장례식장 같다고 묘사한다. "직원들은 임원 앞에 정자세로 서서 불명확하고 불합리한 리더의 업무지시에 Why도, No도 말하지 못하고 고개만 끄덕인다. 불명확한 부분을 되물을 수도, 불합리하게 들리는 부분을 언급할 수도 없다." T 씨는 자신이 본 것을 정말 이해할 수 없고, 이런 상명하복의 문화가 쉽게 개선되지 않겠다는 생각이 들었다고 한다.[28]

국내에서 일하는 대부분의 외국인이 공감할 것이다. 한국인 직원들이 자신의 상사와 소통하는 방식이 그들의 눈에 바람직하게 보일 리 없다. 불합리한 상황을 왜 바꾸지 못하는지 답답할 것이다.

그런데 외국인 직원들은 우리와 생각의 관점이 많이 다르다. 누구에게든 편하게 질문하고, 자신이 원하는 것을 말하며, 야근하는 경우도 많지 않다. 그들이 한국인 직원들과 다르게 행동하는 데에는 경영진과 임원들이 외국인을 대하는 태도 때문이다. 외국인이라는 이유로 한국인 직원과는 다르게 대한다. 질문을 하면 제대로 대답해 주려고 노력하고, 야근을 하지 않는다고 타박하지도 않는다. 일부 임원들은 이런저런 일을 더 맡으라고 말하지만, 외국인 직원이 비합리적인 부분을 지적하거나 근거를 들어 반박해 오면 더 이상 강요하거나 설득하지 못하고 물러서고 만다.

외국인들도 그러한 점을 잘 안다. 그래서 더욱 자신의 의견을 주장하며 골치 아픈 일을 피하려 한다. 한국인 중에서도 그런 외국인을 흉내 내는 직원들이 가끔 있다. 상사가 조금이라도 비합리적인 일을 시키면, 내가 왜 그 일을 해야 하느냐며 따박따박 말대꾸를 하고 해야 할 일을 피하려 이리저리 둘러댄다. 그렇게 해서라도 외국인들처럼 야근을 피하려는 것이다.

사실, 대부분의 직원이 진정으로 바라는 것은 팀장이 자신들을 외국인처럼 합리적으로 대해 주고 야근하지 않게 해달라는 게 아니다. 상명하복의 조직문화가 완전히 바뀌지는 않더라도 숨 쉴 정도의 틈이 있길 바랄 뿐이다. 그래서 부하직원들이 상사에게 가장 바라는 것이 소통이다. 자신들의 얘기를 귀 기울여 들어주고, 상황을 이해해 주며, 일한 결과에 대해 수고했다고 따뜻한 말 한마디 건네주길 바란다.

부하직원들의 마음을 알아주지 못하고 일에만 매몰된 상사들은 부하직원들에게 무례하게 군다. 부하직원들을 일의 도구로만 여기기 때문이다. 자신이 원하는 대로 움직이지 않으면 짜증을 내고, 목표한 성과가 나오지 않으면 화를 터뜨린다. 때로는 질책도 필요하겠지만, 화를 내는 것은 전혀 도움이 되지 않는다. 부하직원들의 마음을 상하게 하지 않으면서 이해시키는 것이 중요하다. 일을 더 잘하자는 차원의 질책인데, 자신의 화를 누르지 못하고 감정적으로 표현하면 부하직원들의 반감만 사게 된다.

20년간 직장 내 예의civility에 대해 연구해 온 조지타운대학교 경영학 교수인 크리스틴 포래스Christine Porath는, 17개 산업군의 직원 605명을 대상으로 상사의 무례한 행동에 대해 설문조사를 실시했다. 그 결과, 부하직원들의 말과 행동을 중간에서 끊는 상사, 다른 생각을 가진 사람에게 편견이 있는 상사, 다른 사람의 의견에 관심을 갖지 않는 상사가 무례한 상사의 1, 2, 3위를 차지했다. 이런 상사에게서 모욕당한 직원들은 면역력이 떨어지고 심장질환 및 암 발병 확률도 높았다. 상사의 언동이 부하직원들에게 정신적 스트레스를 주고 건강에 악영향을 미친다는 사실을 알 수 있다.

무례한 상사는 기업의 브랜드 이미지도 실추시킨다. 이른바 '땅콩회항' 사건으로 해당 항공사의 브랜드 이미지가 떨어진 것도 그런 사례다. 국내의 한 경영학과 교수는 상사가 부하직원을 포함한 내부 고객의 공감을 얻지 못하면 외부 마케팅에서도 성공하지 못한다는 연구를 근거로, 나쁜 상사 때문에 경영 실적이 악화될 수 있다고 말했다.[29]

▼ **상사의 무례한 행동[30]**

※ 크리스틴 포래스 교수가 17개 산업군의 직원 605명을 설문조사한 결과, 상사의 무례한 행동으로 가장 많이 지목된 행위는 다음과 같다.

1위 말과 행동을 중간에 끊는다.
2위 다른 생각을 가진 사람에게 편견이 있다.
3위 다른 사람의 의견에 관심을 갖지 않는다.
4위 하고 싶은 일만 하고 귀찮은 일은 남에게 떠넘긴다.
5위 중요한 정보를 공유하지 않는다.
6위 '부탁한다', '고맙다', '미안하다' 같은 말을 하지 않는다.
7위 사람을 막 대한다.
8위 자기 덕에 잘된 거라고 부풀려 말한다.
9위 욕을 한다.
10위 사람을 깎아내린다.

그럼 어떻게 해야 소통이 잘될 수 있을까? 사람들의 성향이 서로 다르듯, 사람마다 소통 방식도 다르다. 많은 사람이 이 점을 잘 알고 있지만 실제 상황에서는 잊어버리곤 한다. 짜증 나고 화가 나는 상황에서는 더욱 그렇다.

특히, 논리적으로 접근하는 사람과 감성적인 측면을 중시하는 사람의 차이가 크다. 4장에서 MBTI 성격 유형에 대해 설명한 바 있지만, 사고형(T)은 객관적이고 논리적이며 원리원칙을 중시하는 반면, 감정형(F)은 관계 맺기를 좋아하고 동정심이 많다. 이러한 차이로 사고형의 사람들은 감정형의 사람들을 비논리적이고, 생각이 뚜렷하지 않으며, 비합리적이라 생각하기 쉽다. 반대로 감정형의 사람들은 사고형의 사람들을 무정하고, 차갑고, 비인간적이라고 느낀다.

미국의 한 통계에 의하면, 남자는 6 : 4의 비율로 사고형이 많고 여자는 유사한 비율로 감정형이 많다.[31] 게다가 우리의 교육 과정에는 감정보다 사고 영역을 가르치는 내용이 더 많아, 사고형의 사람들이 다른 사람들의 감정을 잘 이해할 수 있도록 교육받는 기회가 드물다. 그래서 남자들이 여자들을 이해하는 능력을 키우기가 어려운 게 아닌가 짐작해 본다. 어쨌든 팀장은 팀원들의 성격을 모두 파악하지는 못하더라도 사고형인지, 감정형인지 정도의 차이는 알아야 소통이 원활할 수 있다.

정보를 받아들이는 방식에도 차이가 있을 수 있다. 읽는 것이 편한 사람이 있고, 듣는 것이 더 편한 사람이 있다. 양쪽을 모두 겸한 사람이 거의 없다는 사실을 아는 사람은 매우 드물다.[32]

예를 들면, 나는 읽는 것을 선호한다. 말로 소통하면 이런저런 얘기가 오락가락하는 경우가 많다. 그래서 논리적으로 잘 정리된 글이나 이메일을 보는 게 대화를 통해 상대방의 의견을 듣는 것보다 더 쉽고 편하다. 하지만 글이 논리를 표현할 순 있어도 글쓴이의 감정까지 정확히 담기는 어려우므로 대화를 선호하는 사람들도 많다.

팀원들 입장에서는 팀장의 방식에 맞추어야겠지만, 팀장도 때에 따라서는 팀원들이 선호하는 방식으로 소통하면 전달력을 높일 수 있다. 읽는 것을 편하게 느끼는 팀원에게는 지시나 짧은 전달 사항들을 이메일로 전하는 게 좋다. 하지만 얼굴을 보며 대화하길 좋아하는 팀원에게는 이메일이 되레 오해를 불러일으킬 수도 있다.

원활한 소통은 강한 팀을 만든다. 하나의 목표를 향해 똘똘 뭉친 팀은 각 개인이 절대 해낼 수 없는 일을 해낸다. 그러한 잠재력을 불러일으키는 것이 팀장의 역할이다. 그런데 팀워크를 잘못된 시각에서 바라보면, 오히려 팀의 성과를 가로막는 함정이 될 수도 있다. 팀워크에 대한 몇 가지 잘못된 오해를 살펴보자.[33]

첫째, 좋은 팀에는 갈등이 없을까? 서로 다른 성향의 사람들이 한 팀에서 일하다 보면 갈등은 필연적으로 발생한다. 팀장과 팀원의 의견이 다를 수 있고, 팀원 간에도 문제가 생길 수 있다. 중요한 의사 결정 상황에서 매번 반대 없이 만장일치의 상황이 된다고 해서 좋은 것이 아니다. 갈등을 회피하려는 지나친 배려가 좋은 의견을 내고 바람직한 토론을 통해 더 나은 방향을 찾아가는 것을 막을 수도 있다.

개인의 희생이 있어야 조직이 산다는 구시대적 사고방식도 마찬가지다. 팀원들의 개성을 무시하는 분위기가 조성되면 개인의 창의적 아이디어가 팀의 아이디어로 연결되지 못한다.

둘째, 성과주의는 팀워크를 해치는 것일까? 하나의 팀이 동일한 목표를 가지고 좋은 성과를 내겠다는 게 잘못은 아니다. 다만, 그 과정에서 비윤리적인 방법이 동원되거나 결과물로만 평가함으로써 팀원들의 반감을 사게 되면 팀워크에 문제가 생길 수 있다. 나누어 먹기식 평가나 지나친 태도 중시의 평가는 문제가 있겠지만, 성과주의 자체는 오히려 팀을 하나로 묶는 매개체가 될 수 있다.

한편, 회사 전체로 볼 때 성과주의는 팀 간의 지나친 경쟁을 불러와 문제가 발생할 수도 있다. 팀 내에서만 정보를 독점하고 다른 팀에 배타적인 자세는, 자기가 속한 팀의 성과만 추구하고 회사 전체의 성과를 쉽게 무시하는 경향을 낳기도 한다.

셋째, 팀워크가 좋으면 팀의 성과도 무조건 좋을까? 반드시 그렇지는 않다. 성향이 비슷한 팀원들이 모이면 결속력이 좋아질 수 있지만, 공동체 의식이 강할수록 집단사고에 빠지기도 쉽다. 이럴 때는 팀 내에서 토론을 통해 결정한 사안이라도 외부의 검증을 받는 것이 좋다. 집단사고에 빠진 팀은 스스로를 합리적이라고 확신하여 자신들의 논리를 정당화하는 성향이 생긴다. 팀장은 이러한 점에도 유의해야 한다.

팀원들의 성향이 비슷하면 소통이 잘되겠지만 새로운 아이디어를 발굴하는 발전적 토론이 어렵고, 그렇다고 성향이 너무 달라 갈등이 커지면 팀워크를 만들기가 어렵다. 긍정적인 팀장은 이 점을 반대로 활용한다. 아무리 비슷한 성향의 팀원들이라도 다른 점이 있고, 아무리 다르더라도 공통점을 찾을 수 있다. 팀원 간 성향이 다른 점을 활용하여 창의적인 아이디어를 도출해 내고, 비슷한 점을 찾아내어 하나의 팀이라는 공동체 의식을 만들어 낸다. 결국, 팀장과 팀원의 성향 그 자체보다는 팀장이 그것을 어떻게 활용하느냐가 더 중요하다.

질문은 생각의 돌파구

팀장과 팀원들 간의 대화를 가까이에서 들어 보면 팀장은 팀원들에게 다음과 같은 질문들을 마구 던진다.

"왜 일이 제대로 진행되지 않지?"
"야, 열심히 하기만 하면 다야?"
"일이 왜 이 모양이 된 거야?"
"그렇게 처리하는 건 도대체 누구 생각이야?"

이런 질문을 받은 팀원들은 맥이 빠지고, 기어들어가는 목소리로 변명한다. 질문이라기보다 질책에 가깝다. 이 같은 질문에 팀원이 제대로 대답할 리 없다. 팀장은 팀원이 방향을 제대로 잡고 있지 못한다면, 다그치기보다 팀원 스스로 생각하여 방법을 찾을 수 있도록 도와주어야 한다.

질문은 기본적으로 정보를 얻기 위한 방법이다. 아이디어를 발굴하고 문제를 해결하는 과정에서 우리 머릿속에 저장된 정보와 지식을 꺼낼 수 있도록 도와주는 게 질문이다. 그리고 질문은 팀장으로서 팀원들을 자극하는 가장 좋은 방법이기도 하다. 그렇다면 팀장은 어떤 질문을 해야 할까?

첫째, 다양한 관점에서 생각하게 하는 질문이 중요하다. 실무자들은 자신의 눈높이에서만 일을 바라보는 경향이 강하다. 일에 쫓기고 시간에 쫓겨 다른 관점으로 자신의 일을 보기가 어렵다. 이럴 때 팀장은 팀장 자신의 관점, 임원의 관점, 그리고 가장 중요한 고객의 관점에서 일을 바라볼 수 있도록 질문해야 한다.

"고객은 이 부분을 어떻게 생각할까?"
"내가 보는 관점은 너와 다른데… 반대 입장에서 생각해 보면 어떨까?"

예를 들어, 우리가 잘 아는 '토끼와 거북이' 이야기는 거북이 관점이다. 거북이는 느리지만 꾸준히 달려 빠른 토끼를 이길 수 있었다. 토끼 입장에서는 어떨까?

"토끼는 열심히 달렸다. 거북이보다 빠른 발을 가졌고, 그 능력을 충분히 발휘했나. 하지만 토끼는 누구나 알고 있는 달리기 실력 차이로 거북이의 기를 죽이고 싶지 않았다. 그래서 친구인 거북이와 같이 가려고 잠시 쉬었는데, 거북이는 그런 토끼를 내버려 두고 혼자서 가버렸다. 누가 좋은 친구인가?"

이렇게 관점을 바꾸면 상황이 완전히 다르게 보인다.

둘째, '왜'라는 질문을 계속 던져본다. 잘 알려진 '5 Why 기법'이다. 궁금한 부분은 왜 그런지 그 이유를 파고들어 다섯 번 질문해 보면, 일이나 사물의 본질에 매우 가까이 다가갈 수 있다. 사람들은 보통 '왜'보다는 '어떻게'를 먼저 생각한다. 어떻게 살 것인지, 어떻게 일할 것인지. 하지만 왜 살고, 왜 일하느냐는 질문에는 답하기가 쉽지 않다.

"당신은 왜 일을 하나요?"
"돈을 벌어서 먹고살기 위해서죠."

"그럼, 돈을 벌 수 있다면 무슨 일이든 할 수 있나요? 누군가를 해치거나 피해를 준다고 해도 돈만 벌면 되나요?"
"그건 아니죠."

"그러면, 왜 일하는 것인가요?"
"자아실현을 위해서입니다."

"자아를 실현한다는 것은 무슨 뜻이죠?"
"나를 찾고, 내가 원하는 것을 이룬다는 것입니다."

"그럼, 당신이 원하는 것은 무엇인가요?"
"…"

이렇듯 '왜'라는 질문에 제대로 답하기 위해서는 머릿속을 헤집어야 한다. 답을 찾는 과정이 힘들겠지만, 그렇게 해야 일의 본질을 찾고 본질에 맞는 답과 방법 역시 찾을 수 있다.

셋째, 가끔은 엉뚱하거나 추상적인 질문도 필요하다. 필름카메라를 사용하던 시절 디지털카메라를 처음 개발한 연구팀이 있었다. 팀원 중 한 명이 당시 사진기와 필름을 놓고 이렇게 질문을 던졌다.

"결국, 필름은 무엇인가를 담는 그릇이 아닐까?"

이 질문을 계기로 그 연구팀이 문제를 바라보는 관점은 완전히 달라졌다. 담는 그릇의 관점에서 보면 필름이 아니라 얼마든지 다른 것이 가능하기 때문이다. 그들은 처음에는 새로운 그릇으로 카세트 테이프를 개발했고, 이후 여러 단계를 거쳐 지금의 디지털카메라를 탄생시켰다.[34]

▼ 세 가지 질문 방법과 기대 효과

	질문 방법	기대 효과
1	다양한 관점을 언급한다.	팀원이 자신의 관점에서 벗어나도록 유도한다.
2	5 Why 기법을 활용한다.	일이나 사물의 본질에 접근하도록 한다.
3	엉뚱하고 추상적인 질문을 한다.	문제를 보는 새로운 관점을 제시한다.

이렇듯 제대로 된 질문은 팀원들을 자극하고, 막막한 상황에 처했을 때 생각의 돌파구를 제공한다. 질문을 하지 않고 그저 팀원들의 일을 직접 언급하면, 잘못된 점만 지적하기 쉽다. 팀장의 입장에서는 코칭을 해 준다고 생각하지만, 그런 상황이 반복되면 팀원들은 스스로 생각하기보다 팀장의 지시에만 따르는 수동적인 자세를 갖기 쉽다. 문제를 직접 해결해 주기보다 질문을 던져 스스로 고민하고 해결할 기회를 주는 것이 훨씬 효과적이고 팀원들의 성장에도 큰 도움이 된다.

한편, 리더가 직원들을 대상으로 무슨 일을, 왜, 어떻게 하고 있는지 질문하는 것이 중요하듯, 직원들도 리더에게 편하게 궁금한 점을 질문할 수 있어야 한다. 안타깝게도 우리는 질문하는 방법을 잘 배우지 못했다. 학교 수업시간은 선생님의 설명을 듣는 시간이며, 간혹 도전적인 질문을 하면 무례하고 주제넘는 짓을 한다며 비난받기 일쑤다. 이 같은 환경 탓에 어릴 때부터 질문 자체를 꺼리게 된다. 질문하는 게 불편할 뿐 아니라 궁금한 점이 생겨도 묻고 싶은 마음이 사라진다.

미국 MBA 과정에서는 학생들의 수업 참여를 매우 중요하게 생각한다. 그래서 평가 점수의 20~30%를 질문과 의견 발표를 통한 수업 기여도로 정한다. 다른 환경에서 자라고, 다양한 일을 경험한 학생들이 의견을 공유함으써 서로 자극을 받고 생각의 지평을 넓히도록 하는 것이다.

회사 내에서도 편하게 질문을 주고받는 분위기를 조성하는 게 중요하다. 질문을 통해 일의 방향을 명확히 정리하고, 질문을 통해 문제를 인식하며, 질문을 통해 해결 방법을 찾아 나가야 한다. 제대로 된 질문을 하려면 사전에 생각하는 시간이 필요하다. 그냥 떠오르는 생각을 질문하기보다 어떻게 질문하는 것이 좋은지 미리 생각하면 질문의 수준이 달라지고, 팀 전체가 생각하는 수준 역시 달라진다.

질문에 답을 할 때는 솔직해야 한다. 정확히 알지 못하는 데도 애매한 답으로 사실을 감추기보다는 모른다는 사실을 인정할 수 있어야 한다. 그래야 다른 사람의 의견을 받아들일 수 있고, 올바른 답을 찾아갈 수 있다.

팀장의 입장에서는 일이 되어 가는 방향과 현재 상황을 정확히 알고 싶어 질문한다. 그러나 팀원의 입장에서는 간단히 대답할 수 없는 경우도 많다. 어떻게 대답해야 할지 잘 몰라 허둥댄다. 이럴 때일수록 팀장은 팀원의 얘기를 잘 들어주어야 한다.

바쁘다는 이유로 "그래서 지금 잘된다는 거야, 안 된다는 거야?!"라는 식으로 윽박지르면 팀원들은 더욱 의기소침해진다. 눈앞의 불안하고 불편한 상황을 벗어나고 싶어 아무렇게나 대답해 버리기도 한다. 차라리 팀원들에게 시간을 주고 "생각이 정리되면 다시 얘기하자"고 말하는 것이 더 나을 수도 있다.

앞서 팀장이 질문하는 방법의 첫 번째로, 다양한 관점을 생각하게 하는 질문을 하라고 언급했다. 같은 방법으로, 팀장은 팀원의 얘기를 들을 때 자신의 관점이 아니라 팀원의 관점에서 접근할 수 있어야 한다. 팀원이 말하고자 하는 내용에 집중해서 듣고, 들은 것을 다시 말로 표현하여 팀원의 생각을 재확인한다. 생각과 더불어 감정도 표현해야 한다. 때로는 감정이 격앙되어 팀장과 팀원 사이의 대화가 지속되지 못하기도 한다. 그럴 땐 잠시 멈추었다가 다시 얘기를 들어준다.

충분히 들은 이후에는 팀장도 자신의 생각과 느낌을 말한다. 곧바로 조치가 가능한 부분은 지시를 내리고, 시간이 필요한 부분은 더 고민해 보고 다시 얘기하자고 한다. 그리고 "네가 이런 생각, 저런 감정을 갖고 있었는지 몰랐다. 이해해 주지 못해서 미안하다"고 팀원에게 솔직히 얘기하는 것도 중요하다. 이런 과정을 거치면 팀원은 팀장에게 신뢰를 느낀다. 자신의 얘기를 들어주고 자신이 한 얘기가 실제 일에 반영되는 것을 보면, 팀장을 믿을 수밖에 없고 다른 일을 할 때도 터놓고 얘기하며 일을 추진하게 된다.

창의적인 아이디어 꺼내기

회사 내에서 우리가 해야 하는 업무의 많은 부분이 단순히 기존 프로세스를 운영하는 일에서 벗어나고 있다. 어려운 상황을 헤쳐 나가기 위해 새로운 아이디어를 발굴하거나 프로세스를 혁신해야 하는 일로 바뀌고 있다. 과거 고성장 시대에는 주어진 기회에 어떻게 대응하느냐가 중요했다. 시장을 분석하고 고객을 조사해서 적합한 제품과 서비스를 만들어 내면 팔렸다.

지금과 같은 저성장 시대에는 어떻게 기회를 만들어 내느냐가 더 중요하다. 기존 시장이 성장의 한계에 직면하고 있기에 새로운 시장, 새로운 고객을 창출해야 한다. 시장에 대한 접근, 고객에 대한 인식이 완전히 달라져야 하고, 창의적인 아이디어로 새로운 비즈니스 모델을 만들어 내야 한다.

그런데 회사 내 직원들은 기존 방식에 익숙해져 있다. 시장 데이터를 분석하고, 목표를 세우고, 목표에 맞는 리소스를 확보하는 방식으로 일해 왔다. 창의적인 아이디어보다 얼마나 실수하지 않느냐가 더 중요했다. 사원-간부-팀장-임원으로 이어지는 수직 계층은 그러한 일을 잘 수행하기 위한 체계이다. 단계가 올라가면서 발생 가능한 실수를 거르고 리스크를 최대한 축소하여 사업을 추진한다. 사무실 환경도 마찬가지다. 똑같은 책상과 의자들이 줄 맞추어 늘어져 있고 색깔은 모두 희뿌옇다. 무채색으로 가득한 공간에서 어떻게 밝고 화려한 새로운 아이디어를 떠올릴 수 있을까?

우리는 흔히 '참 따뜻한 사람이다'라는 표현을 쓴다. 마음이 선한 사람이라는 뜻이다. 왜 이런 표현을 쓰게 되었을까?

한 심리학 실험에 의하면, 따뜻한 컵을 손에 들고 있는 사람은 차가운 컵을 손에 들고 있는 사람보다 다른 사람을 더 따뜻하고 호감 있게 평가한다고 한다. 또한 입사 지원자의 서류를 무거운 받침에 놓고 본 사람이 가벼운 서류철에 넣어서 본 사람보다 지원자를 더 무게 있고 신중한 사람이라고 평가한다고 한다. 몸 상태가 생각에 미치는 영향이 정말 크다는 사실을 알 수 있다. 생각은 분명히 뇌에서 이루어지는 작업인데, 몸이 어떤 상태냐에 따라 달라지는 것이다.[35]

도시에 사는 우리는 대부분 네모난 고층 빌딩에서 일한다. 건물의 각 층은 모두 같은 구조이고, 같은 조명이며, 같은 온도다. 그래서 비슷한 생각을 한다. 실수가 용납되지 않고 긴급하고 일사불란하게 일해야 한다면, 같은 공간과 조명, 온도를 이용해 사람들을 동질화시킬 필요가 있다. 그러면 사람들의 생각이 비슷해져 의견이 일치될 가능성이 커진다.

하지만 이제까지와는 다른 새로운 일을 해야 하고 발상의 전환이 필요하다면, 우리의 몸을 새로운 공간에 둘 필요가 있다. 높은 천장, 넓은 공간, 새로운 조명, 새로운 자리배치로 새로운 생각을 만들어 낼 수 있다. 그래서 연수원 건물은 도시에서 멀리 떨어진 곳에 지어지는 경우가 많다. 늘 근무하던 사무실을 떠나 새로운 공간에서 신선한 공기를 마시면 새로운 아이디어가 떠오른다.

창의적인 아이디어를 떠올리게 하는 방법은 여러 가지가 있다. 가장 대표적인 방법이 브레인스토밍^{brainstorming}이다. 여기에는 네 가지 원칙이 있다. 첫째, 최대한 많은 아이디어를 만들어 낸다. 둘째, 독창적이고 일반적이지 않은 아이디어를 우선시한다. 셋째, 다양한 아이디어를 조합하고 개선한다. 넷째, 서로에 대한 비판은 금물이다.

그리고 몇 가지 사항에 유의해야 한다. 앞의 설명처럼 새로운 아이디어를 낼 수 있는 새로운 공간이 첫 번째다. 보통은 인테리어가 멋진 곳에서 점심을 먹으며 즐겁게 떠들다가 상사가 비장한 표정으로 "자, 이제 브레인스토밍 회의하러 사무실로 들어가자"고 한다. 반대여야 한다. 진지하고 책임이 느껴지는 장소보다는 즐거움과 행복이 느껴지는 공간에서 브레인스토밍을 해야 한다.

다음으로 새로운 환경에서 새로운 경험을 하는 것이 중요하다. 새로운 공간에서 회의를 한다고 해서 시작하자마자 참신한 아이디어가 바로 나오지는 않는다. 연수원 교육 과정을 보면, 이제까지 사무실에서 하던 것과는 완전히 다른 경험을 하도록 한다. 외부 강사의 얘기를 듣거나 게임을 하기도 하고, 재미있는 동영상을 시청하는 등 사무실에서 일하던 것과는 다른 분위기를 만든다.

사실, 대부분의 창의적 발견은 관련 없어 보이는 둘 또는 그 이상의 것들을 서로 연관 짓는 과정을 포함한다. 이를 '유추'라고 하는데, '현재 주어진 문제를 해결하려 기존의 지식에서 관련 있어 보이는

것을 찾아 그 문제에 적용하는 정신적 과정'이다.[36]

예를 들어, 과학자들은 태양계의 태양과 행성들의 배치 모양에서 원자 내의 핵과 전자의 배치를 유추했다. 어찌 보면 아주 간단해 보인다. 원자를 연구하던 당시에도 사람들은 태양계의 모습을 알고 있었으니 말이다. 하지만 태양계라는 거대한 우주와 원자라는 아주 작은 세상을 연결하여 생각하기가 쉽지 않았다. 같은 물리학의 영역임에도 그랬다.[37]

따라서 새로운 공간에서 새로운 경험을 통해 유추의 과정이 일어날 수 있도록 자극을 주는 게 중요하다. 그러한 과정을 잘 아는 누군가가 조력자facilitator의 역할을 해 주면 쉽게 진행되기도 한다. 실무 팀장이 이러한 역할을 할 수 있다면 더욱 좋다. 하지만 획기적인 아이디어라 해도 실행 단계에 이르면 현실성이 떨어지는 경우가 있다. 팀원들의 아이디어 발상에 방해가 되어선 안 되겠지만, 좋은 아이디어라고 해도 현실성이 떨어진다면 생각을 바로잡을 수 있도록 팀장이 도와야 한다.

오래전에 에너지 저장장치energy storage system 관련 신규 사업을 검토한 적이 있다. 당시만 해도 배터리는 휴대폰이나 PC 등 IT 기기 중심으로만 사용되고 있었다. 그리고 에너지라고 하면 원자력, 화력 같은 발전시설만을 떠올렸다. 사람들이 활동하는 낮에는 에너지 수요가 컸지만 밤에는 크게 떨어졌다. 당연히 밤에 사용하는 전기료가 더 저렴했다.

에너지 저장장치는 발전시설을 밤에도 계속 가동하여 과잉생산된 전력을 배터리에 저장해 두었다가 사용량이 많은 낮에 활용하는 장치다. 당시는 배터리 가격이 너무 비싸 이러한 아이디어가 실현되기 어려웠으나 이제는 전력 시장에서 다양하게 사용되고 있다.

더욱이 이러한 방식은 태양광과 풍력 발전에도 적용될 수 있다. 이 둘은 태양과 바람을 이용하는 깨끗한 에너지이지만 항상 같은 양의 에너지를 얻기 어렵다는 단점이 있다. 태양광 발전은 낮에만 가능한 데다 구름이 지나가는 날에는 발전량의 변화가 심해진다. 풍력도 마찬가지다. 가능한 한 바람이 꾸준히 부는 곳에 발전기를 설치하지만 그 변화를 예측하기는 어렵다. 그런데 에너지 저장장치가 있으면 발전량이 많을 때 남는 에너지를 저장해 두었다가 발전량이 적을 때 저장해 둔 것과 함께 쓰면 동일한 양의 전력을 안정적으로 공급할 수 있다. 에너지 저장장치로 인해 태양광과 풍력 발전을 더 많이 보급할 수 있게 된 것이다.

최근에는 전기자동차를 에너지 저장장치로 활용하자는 아이디어도 나왔다. 자동차 사용이 적은 밤에 자동차 배터리에 전력을 저장해 두었다가 전기 사용량이 많아지는 낮 피크 타임^{peak time}에 저장해 둔 전기를 반대로 공급하는 것이다. 전기자동차용 배터리의 수명이 많이 떨어지면 자동차에는 쓸 수 없지만 에너지 저장장치에는 재활용할 수 있다는 전망도 나온다. 이렇게 휴대용 IT 기기에 사용하던 배터리를 전력을 저장하는 데 활용하고, 자동차에까지 응용한 아이디어 또한 앞에서 얘기한 '유추'의 과정을 거친 결과물이다.

좋은 아이디어가 나왔을 때, 그 아이디어를 듣는 사람들은 "그건 전혀 생각하지 못했네요", "아, 그런 방법이 있었네요. 왜 그걸 생각하지 못했을까요"라고 반응한다. 자신도 조금만 다르게, 또는 새로운 쪽으로 연결해서 생각했더라면 그 아이디어를 떠올릴 수 있었을 거란 얘기다.

그만큼 우리의 머릿속에는 관련 정보나 지식이 저장되어 있지만, 필요한 때에 꺼내지 못하는 것이 많다. 사무실을 떠나 새로운 곳에서, 새로운 경험을 하며 머릿속에 갇혀 있는 참신한 아이디어들을 꺼내 보자.

문제는 즉시 공유하고 정확히 정의한다

문제에 대해 얘기할 때, 우리는 보통 문제가 먼저 주어지고 그 답을 찾는 경우를 생각하기 쉽다. 하지만 문제는 시험 문제처럼 항상 구체적인 형태로 주어지는 게 아니다. 더욱이 우리가 일하는 곳에서는 문제가 문제로 인식되지 못하는 경우가 많다. 문제가 인식되지 않으면 해결의 대상이 되지 못한다. 누군가는 문제를 발견해야 하고, 발견한 문제를 이슈화해서 다른 사람들이 관심을 갖게 해야 한다.

그런데 문제를 발견하고도 이를 이슈화하지 않는다면 어떻게 될까? 나는 언젠가 간부 교육 과정에 참여하면서 '문제를 드러내고 해결하기 위한 실천적 방법'에 대해 고민한 적이 있다.

건설 현장은 본사에서 멀리 떨어진 경우가 많다. 특히, 해외 현장은 거리만 멀리 떨어진 게 아니라 운영 방식도 서로 달라, 본사에서 상황을 파악하기가 쉽지 않다. 그래서 현장에 문제가 발생해도 문제가 있다는 사실조차 알지 못하는 경우가 많았다.

당시 사내 게시판에는 이런 글이 올라왔다.

대부분의 현장은 크든 작든 문제를 안고 있습니다. 그런데 공사 초기에 그런 문제들을 드러내 놓고 대책을 고민해서 손실을 최소화하기보다는 고의적으로 리스크를 축소하여 여파를 줄이려고 합니다. 리더들이 문제를 계속 감추다가 외부적인 요인으로 더 이상 감추기가 어려운 상황이 되어서야 이슈화되면서 해결은 더 어려워집니다.

우리 교육팀은 이 문제를 해결하라는 과제를 받았다. 과제의 내용은 다음과 같았다. "문제가 드러나야 이를 해결할 기회를 가질 수 있는데, 문제가 해결할 수 없는 지경에 이를 때까지 드러나지 않는 경우가 너무 많다. 문제를 빨리 드러낼 방안을 생각해 보자."

우리는 사내 설문조사를 통해 과연 실태가 어떠한지 확인해 보기로 했다. 크게 3가지 질문을 던졌다. 첫째, 현장이 안고 있는 문제 중 어느 정도가 겉으로 드러나는가? 둘째, 문제를 제때에 인지하지 못하는 이유는 무엇인가? 셋째, 담당자가 문제를 발견해도 공개하거나 보고하지 않는 이유는 무엇인가?

첫 번째 질문에 대한 결과는 우리의 생각과 비슷했다. 건설 현장을 관리한다는 것이 문제를 해결하는 과정의 연속이지만, 응답자의 절반은 문제의 상당수가 수면 위로 드러나지 않는다고 대답했다. 두 번째 질문에 대해서는, 해당 문제의 영향이 크지 않다고 생각했기 때문이라는 대답이 3분의 1, 부서 간 소통이 부족했다는 대답이 3분의 1 정도를 차지했다. 작은 문제가 큰 문제가 될 수 있다고 생각하지 못해 안이하게 대응했거나, 다른 부서와 소통이 원활했다면 그 과정에서 충분히 문제를 확인할 수 있었는데 그러지 못했다는 의미다. 세 번째 질문에 대해서는, 문제를 공개하면 자신이 속한 부서가 좋지 않은 평가를 받게 되는 등 불이익이 예상되기 때문이라는 대답이 절반이었다. 문제를 본사와 공유해도 회사 차원의 지원을 받을 수 없다는 점도 상당 부분을 차지했다. 한마디로, 많은 문제가 공개되지 않으며, 문제를 공유할 의지도 없었다. 이러한 설문 결과를 마주한 우리는 임직원들의 마인드를 바꾸기 위한 제도적 장치를 고민하지 않을 수 없었다.

사실, 문제는 양면성을 가진다. 문제가 드러나고 이를 해결할 수 있으면 회사가 성장할 수 있는 기회가 된다. 이때 문제 해결에 소요되는 노력은 새로운 것을 배우고 성장하는 수업료가 되며, 회사는 이러한 문제 해결 과정을 통해 지속적으로 성장할 수 있다.

1802년 설립된 미국의 화학 회사 듀폰Du Pont의 사례가 그러했다. 창업자 E. I. 듀폰E. I. du Pont은 안전이 회사 운영의 최우선 가치임을 강조하기 위해 근무 중 음주 및 흡연 금지 등의 안전규칙을 명문화하고 이를 직원들에게 알리는 데 노력했다.

하지만 1818년 공장 직원 한 명이 낮술을 마시고 일하다 폭발 사고를 일으키고 말았다. 이 사고로 당시 공장 직원의 3분의 1이 사망하고, 듀폰의 부인과 어린아이까지 큰 부상을 입었다. 그런데 듀폰은 그런 일을 겪고도 부서진 집을 수리한 후 그곳에서 그대로 살았다. 회사는 재정적으로 매우 힘들었지만, 안전을 위한 투자를 더욱 확대하고 근무 중 음주 위험에 대한 직원 교육을 한층 강화했다. 사망한 근로자의 유족을 위한 연금제도까지 만들어 책임 있는 기업 시민corporate citizen으로서의 역할도 다했다.

듀폰의 진심은 사람들에게 고스란히 전달되었다. 공장의 강 건너에 살던 사람들까지 하나둘씩 공장 옆으로 이사를 왔다. 이후로도 사고가 전혀 없었던 것은 아니지만, 듀폰은 사고가 발생할 때마다 안전 관리 기법을 강화했다. 이로써 듀폰은 전 세계에서 가장 안전한 일터라는 위상을 구축했고, 지금까지 다수의 기업이 듀폰을 벤치마킹하고 있다.[38]

하지만 문제를 해결하지 못하고 사라진 기업도 있다. 영국의 금융 회사인 베어링 Barings Bank 역시 듀폰처럼 200년 이상 지속된 기업이었다. 그런데 한 직원이 사소한 선물 거래 실패를 본사에 보고하지 않으면서 문제가 은폐되었다. 그리고 문제는 점점 커졌다. 그 직원은 손실이 날 때마다 별도 계좌로 문제를 숨기고, 손실 만회를 위해 무리한 투자를 감행했다. 결국, 회사는 13억 파운드의 손실을 입고 파산하고 말았다.

두 사례에서 보듯, 문제를 공개하느냐 마느냐는 회사의 생존을 좌우한다.

문제가 공개되는 시점도 매우 중요하다. 플로리다 애틀랜틱대학교 조엘 E. 로스 Joel E. Ross 교수의 논문에 따르면, 품질 관리 Total Quality Management 비용에는 '1:10:100의 법칙'이 있다. 하나의 제품이 개발, 생산, 판매되는 과정에서, 문제가 드러나는 시점에 따라 문제 해결에 필요한 비용이 크게 달라짐을 의미한다. 즉, 초기 상품 기획과 디자인 단계에서 제품의 결함이 발생하지 않도록 예방하는 비용 Prevention Cost 을 1이라 한다면, 제작 단계에서 결함을 찾아 해결하는 데 필요한 비용 Correction Cost 은 10배가 되고, 고객에게 제품을 판매한 이후에 결함을 해결하고 제품을 교환해 주는 실패 비용 Failure Cost 은 100배로 증가할 수 있다. 이렇듯 문제는 가능한 한 빨리 드러나야 문제 해결에 필요한 비용을 최소화할 수 있다.[39]

▼ 품질 관리 비용(1:10:100 법칙)

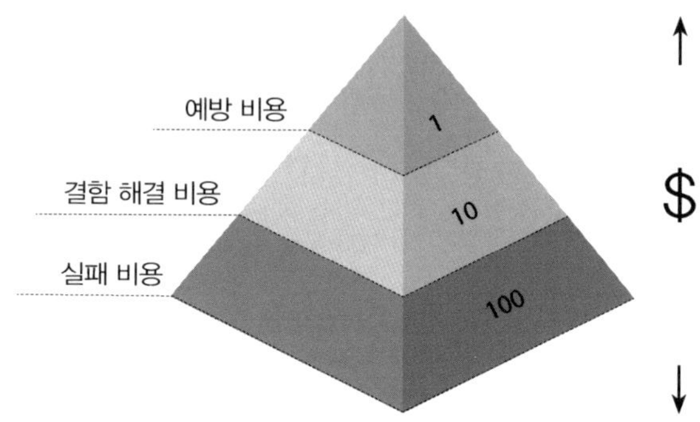

그런데 문제가 드러나도 명확히 정의하기 어려운 경우가 있다.

어느 교수와 학생이 동물의 생태 연구를 위해 알래스카를 여행하고 있었다. 날이 어두워져 야영을 위해 텐트를 치려는데 갑자기 곰한 마리가 그들을 발견하고 달려왔다. 곰의 걸음은 생각보다 빨랐다. 놀란 두 사람은 황급히 도망쳤다. 그런데 무작정 뛰어가는 교수와 달리, 학생은 잠시 생각하더니 가방에서 운동화를 꺼내서 신기 시작했다.

"뭐하는 거야! 빨리 도망가야지. 운동화 신을 겨를이 어디 있어?"
"글쎄요, 문제는 그게 아닌 것 같은데요?"
"그럼, 도대체 뭐가 문제지?"

과연 무엇이 문제일까? 쉽게 접근하면, 교수와 학생의 목적은 안

전하게 야영을 하려는 것이었는데, 갑자기 곰이 나타나 그들의 목숨을 위태롭게 한다는 점이 문제다. 다시 말하면, 교수와 학생의 기대 상태와 현재 상태 간에 차이가 문제가 된다. 기본적으로 모든 문제는 아래와 같은 공식으로 정리할 수 있다.[40)

문제 공식 = 기대 상태 - 현재 상태

그런데 교수가 생각하는 문제와 학생이 생각하는 문제는 서로 다르다. 교수가 인식한 문제는 곰에게서 멀리 달아나는 상태와 곰에게 잡히는 상태의 차이다. 여기서 곰이 생각보다 빨라서 두 사람이 곰보다 빨리 달아나기가 어렵다는 점이 문제 해결을 어렵게 만든다.

- 교수가 인식한 문제 = 곰에게서 멀리 달아나는 상태 - 곰에게 잡히는 상태

학생은 이 상황에서 '문제는 그게 아닌 것 같은데요?'라고 말했다. 교수와는 다르게 문제를 인식했기 때문이다. 학생은 교수보다 빨리 도망칠 수만 있다면 곰이 교수를 먼저 잡을 테고, 이 경우 자신은 안전하게 도망칠 수 있다고 생각한 것이다. 즉, 학생이 정의한 문제는 교수보다 빨리 도망치는 상태와 교수보다 늦게 도망치는 상태의 차이이다. 그래서 운동화만 신으면 교수보다 빨리 도망칠 수 있다는

해결책에 도달한 것이다. 혼자만 살겠다는 이기심을 논외로 하면 학생이 문제를 재정의함에 따라 해법을 찾은 격이다.

- 학생이 새롭게 정의한 문제 = 교수보다 빨리 도망치는 상태 – 교수보다 느린 상태

하지만 문제를 명확히 정의하더라도 해결하기 어려운 경우가 많다. 문제를 인식한 이후의 해결 방법은 앞에서 설명한 문제 공식에서 찾을 수 있다. 현재 상태를 높이거나 기대 상태를 낮추면 된다. 물론, 둘 다 할 수도 있다.

앞에서 건설 현장의 문제가 잘 드러나지 않는다는 문제점을 언급했다. 문제가 드러나고 그것이 해결되어야 현장이 잘 돌아갈 수 있는데, 문제를 인식하고 드러내는 것조차 어렵다. 이 상황에서의 문제 공식은 다음과 같다.

- 건설 현장의 문제 = 문제가 드러나고 해결되는 상태 – 문제가 드러나지 않는 상태

그런데 현장소장이나 담당 임원의 관점에서는 문제가 완전히 달라진다. 그들의 입장에서는 현장의 문제 해결보다 평가를 잘 받아 승진하거나 임원으로서 회사에서 계속 살아남는 게 더 중요하다. 더

욱이 그들이 현장의 모든 정보를 독점하고 있어 정보가 다른 곳으로 흘러갈 가능성은 크지 않다. 따라서 매년 연말평가 이전에는 절대로 문제가 드러나지 않도록 조직을 관리했다.

- 임원들이 인식한 문제 = (문제가 드러나지 않고) 평가를 잘 받는 상태 - 문제가 드러나 평가를 잘 못 받는 상태

임원들은 평가가 이루어진 이후에야 슬그머니 문제를 공개해 버린다. 다음 해 평가가 이루어질 때는 시간이 많이 지난 상황이라 평가에 큰 영향을 주지 않는다. 더구나 현장의 문제가 해결되지 않으면 공사 기간은 계속 연장된다. 크고 어려운 현장의 공사가 계속 연장될수록 임원의 임기도 연장될 가능성이 높다. 담당 임원이 현장 운영과 관련된 발주처 및 협력사에 대해 가장 잘 알고 있으므로 회사로서는 그가 없으면 문제 해결이 더 어려워지기 때문이다. 따라서 회사 입장에서는 이 문제가 다음과 같이 다시 정의되어야 한다.

- 새롭게 정의한 문제 1 = 임원들이 문제를 드러내고 해결해야 오래 생존하는 상태 - 임원들이 문제를 감추어야 오래 생존하는 상태
- 새롭게 정의한 문제 2 = 현장 정보가 다른 곳으로 공개되는 상태 - 현장 정보가 현장소장, 담당 임원에게 집중되는 상태

　이와 같이 문제를 새롭게 정의한 후, 우리 팀은 '문제 2'를 중심으로 해결 방법을 고민했다. 기존의 현장 운영 방식은 사업부 직속으로 이루어져 현장에 대한 정보가 수직적으로만 흐르고 있었다. 그래서 현장소장 한 명이 문제를 덮어 버리면 부하직원들이 문제를 드러낼 수가 없었다.

　이 같은 상황을 바꾸기 위해 우리는 사업부와 별도로 핵심국가별 또는 권역별로 여러 개 현장을 관리 감독하는 조직의 신설을 제안했다. 새로운 조직으로 인해 비효율이 발생할 수도 있지만, 권역별 조직은 현지의 사업 환경 정보를 축적함으로써 현지화localization를 가속화할 수 있는 장점이 있어 CEO의 승인을 받을 수 있었다.

　'문제 1'의 경우는 임원들의 마인드 및 평가 체계와 직결된다. 다면평가를 통해 임원들이 문제를 감추지 못하고 드러낼 수도 있겠지만, 임원 평가는 결국 경영진이 하는 것이기에 그 방식을 바꾸기가 쉽지 않다.

　이 문제는 야근 문제와도 유사한 점이 많다. 다음 '야근 문제 1'처럼 임원들이 야근을 암묵적으로 강요하지 않고 적극적으로 줄이려 한다면 쉽게 해결될 수도 있으나, 야근에 대한 인식이 비슷한 경영진이 이들을 평가하고 있기에 문제가 해결되기 어렵다.

- 야근 문제 1 = 임원들이 야근을 암묵적으로 강요하는 상태 – 야근을 줄이려 노력하는 상태

- 야근 문제 2 = 팀장들이 업무 효율과 성과를 높이는 상태 – 업무의 비효율이 커 야근이 잦은 상태

그런데 '야근 문제 2'로 정의하면 팀장들의 역할이 매우 중요해진다. 3장에서 언급한 것처럼, 임원들이 야근을 강요하고 일이 비효율적으로 돌아가는 상황을 바꾸는 것은 실무 팀장들에게서 시작되어야 한다. 팀장들이 업무의 핵심을 알고 효율을 높여 일의 양과 시간을 줄일 수 있다면 야근은 크게 줄일 수 있다. 야근이 줄어도 성과를 낼 수 있다는 것을 확인한다면 경영진에서도 적극 지지할 게 분명하다.

의사결정은 가설에서 출발한다

의사결정은 가능한 몇 가지 대안 가운데 하나를 선택하는 판단이다. 그리고 그 의사결정이 올바른 것과 잘못된 것 사이의 선택인 경우는 많지 않다. 기껏해야 '거의 올바른 것'과 '거의 잘못된 것' 사이에서의 선택이다.[41] 중요하지 않다는 말이 아니다. 결정 자체보다는 결정 과정에서 팀 전체, 회사 전체가 합의하는 것이 중요하다. 그래야 모두가 결정에 공감할 수 있고 추진력을 갖고 일을 실행할 수 있다.

의사결정에 관한 대부분의 책에서는 사실^{fact}을 먼저 확인하라고 한다. 그러나 사실을 확인하기란 쉽지 않다.

아주 유명한 심리학 실험이 있다. 흰색 옷을 입은 농구선수들이 공을 서로 패스하고 있고, 고릴라 옷을 입은 한 사람이 그 사이를 지나가는 영상이 있다. 실험 대상자들에게 고릴라(정확히는 고릴라 옷을 입은 사람)에 대해서는 얘기해 주지 않고, 농구선수들이 몇 번이나 패스하는지 세어 보라고 지시한 후 동영상을 보여 주었다. 그리고 동영상을 본 후 이상한 점이 없었는지 물었다. 그 결과, 90% 이상이 고릴라를 인식하지 못했다고 한다. 자신이 보아야 할 패스에 집중하느라 그 사이를 지나가는 커다란 고릴라를 전혀 알아보지 못한 것이다.

통계 데이터도 사실을 확인하는 데에는 한계가 있다. 통계학자 최제호 박사의 저서 『통계의 미학』을 보면 이런 질문이 있다. "1992년 현대 계동 사옥에 약 3,000명의 임직원이 근무하고 있었다고 한다면, 그들의 평균 재산은 얼마쯤 되겠습니까?" 사람들의 대답은 보통 1억, 많아야 2억을 넘지 않는다고 한다. 놀랍게도 정답은 '적어도 10억 원 이상'이다.

그 이유는 임직원에 속한 정주영 회장의 재산 때문이다. 1992년은 정 회장이 대통령 선거에 출마한 때로 당시 본인이 밝힌 재산이 국세청 기준으로 3조 원이었다고 한다. 정 회장 이외 임직원들의 재산을 0이라고 가정하더라도, 평균 재산은 최소 10억 원이 된다.[42]

두 사례에서 보듯이, 마음은 보고 싶은 것만 보고 통계 수치도 모든 수치를 한 통에 넣어버린다는 커다란 약점을 안고 있다. 그래서 효과적인 의사결정을 하는 리더들은 사실[fact]보다 자신의 의견에서 출발하며, 자신의 의견을 실제 현실과 비교하여 검증한다. 사실을 검증하는 과학적 방법이 가설에서 시작하듯, 의사결정 또한 가설이 유일한 출발점이다.[43]

의사결정에 필요한 가설을 세웠으면, 정보 수집과 분석을 통해 가설을 검증해야 한다.

사실, 사내에서 발생한 문제의 해결책은 대다수 직원이 감으로 알고 있는 경우가 많다. 말하지 않을 뿐이다. 답을 모르기 때문이 아니라, 오히려 그 답을 실천하기 어렵기 때문이고 거기에 자신이 참여하기 싫기 때문일 수도 있다.

A 프로젝트는 설계 단계부터 일정이 지연되고 있었지만, 프로젝트 담당자는 이를 나중에 시공 단계에서 만회할 수 있다고 생각했다. 시공 단계에서 계획보다 많은 리소스, 즉 장비와 인력을 더 투입하면 일정을 만회하여 목표를 달성할 수 있다고 판단한 것이다. 하지만 그 해결책은 과거 다른 국가에서 성공한 방식일 뿐, 실제 공사를 진행 중인 국가에서 소용이 있을지는 미지수였다. 결국, 그가 생각한 해결책은 가설일 뿐이었다.

실제로 리소스를 대폭 투입하는 과정에서 생각하지 못한 사실들이 드러났다.

프로젝트 첫 단계에서 설계, 구매의 문제가 발생하자, 그 문제가 시공에도 영향을 미쳤다. 설계가 확정되기 전에 제작된 철골이 현장에 입고되었고, 이로 인해 일부 철골은 현장에서 재작업으로 수정해야 했다.

그리고 인력, 장비 등 리소스를 더 투입하여 목표 일정을 맞추는 것이 일정을 늦추는 것보다 더 많은 비용이 들었다. 당초 목표 일정을 달성하기 위해 노력한 이유는 손실을 최소화하기 위해서였는데, 일정을 단축하기 위해 대규모 인력, 장비를 투입하면서 현장 관리가 어려워지고 수익성이 더 낮아진 것이다.

현장 담당자는 일정 지연을 알게 된 시점부터 나중에 일정을 만회할 수 있다고 생각했지만, 정작 그 구체적인 방법과 실효성에 대해 사전에 검증하지 못했다. 자신의 과거 성공 경험을 사실^{fact}로 믿은 채, 그것을 제대로 검증하지 않았던 의사결정 방식에 실패 원인이 있었다고 할 수 있다.

가설 검증을 위한 정보 수집은 문제와 관련된 핵심인력^{key person}을 인터뷰하는 데서 시작한다. 필요하면 설문조사도 실시한다. 단, 이 같은 방법은 주관적인 의견이 들어가기 마련이므로 인터뷰나 설문조사 등으로 정보를 수집하되, 객관적인 데이터를 정리하고 분석하여 검증하는 과정이 필요하다.

예를 들어, 최근 몇 년 동안 특정 팀의 퇴직률이 갑자기 높아졌고, 그 이유가 당시 새로 부임한 팀장이 야근을 너무 많이 시켜서라는 얘기를 인터뷰를 통해 들었다고 하자. 이 가설을 확인하기 위해 당장 필요한 데이터는 최근 몇 년간의 퇴직률과 야근 실적 데이터다. 퇴직률 수치를 확인해 보니 3년 전 5% 수준에서 재작년과 작년에 7~8% 수준으로 높아졌고, 야근시간도 인당 월 10~15시간 정도 많아졌다.

하지만 이 수치만으로 그 팀의 퇴직률과 야근 상황이 나빠졌다고 단정할 수는 없다. 다른 팀과 비교해 보아야 한다. 만일, 다른 팀들도 유사한 수준으로 확인되었다면 그 팀만의 문제가 아니다. 회사 전체의 문제가 된다.

그리고 퇴직률과 야근시간의 증가 시점이 그 팀의 팀장이 부임한 시점과 일치한다고 해도 그것이 원인이라고 단정할 수는 없다. 이번에는 그 팀의 퇴직률과 야근시간을 직급별, 시점별로 나누어서 본다. 간부급 퇴직률은 다른 팀과 유사한 수준인데 반해 대리, 사원급의 퇴직률이 높게 나왔으며, 야근시간은 간부급에서 오히려 높게 나왔다. 그렇다면 야근과 퇴직률의 상관관계는 매우 낮은 것이다. 새로운 팀장이 부임한 이후 야근이 많아진 것은 사실일 수 있지만, 퇴직률은 팀장과 관련이 없을 가능성이 크다.

그런데 대리, 사원급의 퇴직률이 높은 이유는 무엇이었을까? 퇴직한 직원들의 퇴직사유서와 당시 그들을 면담한 인사팀 담당자를 만나 보고서야 의문이 풀렸다. 담당자 얘기로는 당시 퇴직한 사원급 직원들은 그 팀의 중간 간부인 C 씨와의 갈등이 컸다고 한다. 결국, 가설은 잘못된 것이다. 퇴직률이 높아진 이유는 새로 부임한 팀장이 아니라 중간 간부와의 갈등 때문임이 확인된다.

이처럼 가설 검증을 위해 정보를 수집하고 해석하는 과정에서 여러 가지 오류에 빠질 가능성이 크다. 오류에 빠지지 않으려면 유의해야 할 것이 많다.

우선, 첫인상에 좌우되지 않도록 주의해야 한다. 처음 인터뷰를 통해 얘기를 들으면 그게 명백한 사실처럼 생각된다. 인터뷰한 직원이 매우 성실하다는 소문과 함께 그의 눈빛이 진실하게 느껴졌다면 누구나 그렇게 생각할 수 있다.

둘째로, 근거 없는 자신감을 가져서도 안 된다. 만일, 자신이 과거 야근을 많이 시키는 상사 때문에 퇴직을 생각한 경험이 있다면 처음 가설이 더욱 진실처럼 다가올 수 있다. 자신의 경험과 비슷한 상황이 오면 누구나 그렇게 예단하는 경향이 있다. 충분한 데이터를 확보한 이후에 판단하는 것이 바람직하다.

그런데 충분한 정보를 입수하고 분석하기만 하면 가설이 검증되고 의사결정이 가능할까? 의사결정을 잘하기 위해서는 또 무엇이 필요할까?

먼저, 여러 가능성에 대한 입체적인 사고가 중요하다. 영화를 감상할 때 보통은 주인공의 입장에서 바라보게 된다. 영화가 재미있어 몰입하게 되면 자신이 주인공인 것처럼 착각하게 되고, 영화가 끝난 이후에도 자신이 영화 속 영웅인 듯한 느낌이 들기도 한다.

악당의 관점에서 보면 어떨까? 악당은 자신의 욕심을 채우기 위해 고민하고, 자신이 원하는 상황을 만들어 내기 위해 노력한다. 영웅은 악당이 나타난 후에, 그리고 자기가 사랑하는 사람이 위험해져야 움직이지만 악당은 언제나 먼저 준비한다. 악당을 악당이게 만든 스토리도 나름 합리적이다. 과거 부모나 형제가 사고를 겪으면서 악한 마음을 갖게 되는 스토리를 보면서 나 역시도 그럴 수 있다고 자각할 수 있다. 이렇게 한 편의 영화를 보더라도 주인공과 악당의 관점에서 볼 수도 있고, 감독이나 조명 담당자 등 영화를 만든 사람들의 입장에서 볼 수도 있다.

이런 식으로 접근하다 보면 영화를 만든 사람들이 왜 이러한 영화를 만들었는지, 어떤 철학을 가지고 있는지 공감할 수 있게 된다. 이처럼 입체적인 사고를 통해 정보나 데이터를 여러 가지 가능성으로 연결시켜, 문제 해결이나 의사결정의 상황에 적용할 수 있다.

둘째, 팀 내 토론 및 의견 수렴 과정을 거친다. 팀 내 다양한 목소리를 들어야 한다. 앞에서 설명한 브레인스토밍도 한 가지 방법이다. 여러 의견을 들은 후에는 그것들의 장단점을 분석하고 토론하여 가능성이 높은 몇 가지 방안을 선정한다. 그리고 선정된 방안들을 비교하여 최종 결론을 도출한다. 최종 결론을 도출할 때는 의사결정과 관련된 사람들이 모두 모여 의견을 개진하는 경우가 많다. 최종안에 대한 장단점을 모두 들은 이후에 의사결정권자가 선택하게 된다.

어떤 리더는 최종안에 대한 반대 의견이 충분하지 않다는 이유로 회의를 중단하기도 한다. 양쪽 의견을 충분히 듣고 의사결정을 하는 것이, 오류를 최소화할 수 있고 반대 의견을 가진 사람들도 의사결정 이후의 실행 과정에 적극적으로 참여시킬 수 있기 때문이다.

셋째, 충분히 잘 먹고 잘 쉬어야 한다. 합리적인 생각을 해야 하는 시스템 2는 기본적으로 게으르다. 의사결정 과정은 게으른 시스템 2가 일하도록 해야 하므로 많은 에너지를 소모하게 한다. 따라서 중요한 의사결정 이전에는 신중하게 생각할 수 있는 충분한 에너지를 갖고 있어야 한다. 리더가 아침부터 많은 의사결정 과정에 참여한 이후엔 결재 승인 비율이 크게 떨어진다고 한다. "밥 먹고 합시다!"라는 말이 괜히 있는 게 아니다.

마지막으로, 아무리 뛰어난 의사결정을 내렸다 해도, 이를 효과적으로 실행하지 못하면 아무런 소용이 없다. 의사결정의 완결은 실행에 있음을 잊어서는 안 된다. 그러기에 리더는 의사결정 과정에서 실행에 참여할 사람을 잘 배려하며 가야 한다. 실행할 사람들을 의사결정 과정에 참여시키고 그들이 생각하기에 자신들의 의견이 충분히 반영되었다고 믿을 때, 비로소 결정된 것을 책임감 있게 실행할 수 있다.

생각의 오류 극복하기

간단한 문제를 하나 풀어 보자. 억지로 풀려고 하지 말고 직관적으로 접근해 보자.

A. 방망이와 공을 합친 가격은 1달러 10센트다.
B. 방망이의 가격이 공의 가격보다 1달러 더 비싸다.
그렇다면 공의 가격은 얼마인가?

금방 숫자가 떠오를 것이다. 10센트. 하지만 찬찬히 생각해 보면, B의 조건에서 공의 가격이 10센트라면 방망이의 가격은 1달러 10센트가 된다. 둘의 합이 1달러 20센트가 되어 A의 조건과 맞지 않는다. 정답은 5센트다. 미국의 하버드, MIT, 프린스턴대학교 학생들의 절반 이상이 이 문제를 틀렸다고 한다. 이들보다 덜 유명한 대학들에서는 오답률이 80%를 넘었다. 이렇게 수많은 사람이 과도한 자신감으로 자신의 직관을 믿는다.[44]

1장에서 설명한 것처럼, 우리의 머릿속에 있는 두 개의 생각 시스템 중에서 시스템 1은 직관적이고 매우 빠르게 판단하지만, 시스템 2는 느리지만 복잡한 계산이나 의식적으로 추론해야 하는 상황에서 작용한다. 많은 사람이 시스템 2를 활용하여 인지적으로 노력해서 판단하지 않고, 시스템 1의 빠른 직관에 의존한다.

인지적인 게으름을 극복해야 직관의 오류에서 벗어난 의사결정이 가능해진다. 합리적인 사람들은 피상적인 답에 만족하지 않으며, 시스템 1의 직관을 자주 의심한다.

대신 시스템 1은 편안하고 행복한 분위기에서 큰 힘을 발휘한다. 창조성 연구에 많이 사용되는 원격 연상 테스트Remote Association Test는 단어 3개를 보여 주고 연상되는 단어를 떠올리는 실험이다. 예를 들어, 원숭이, 노란색, 껍질이라는 세 단어를 보여 주면 여기에서 연상되는 '바나나'를 떠올리는 식이다.

한 실험에서 실험대상자 몇몇에게 테스트 이전에 지금까지 살면서 가장 행복했던 순간을 몇 분 동안 떠올리게 한 후 테스트를 실시했다. 그 결과, 그냥 테스트를 실시한 사람들보다 2배 이상 정확하게 연상되는 단어를 말했다고 한다. 반면에 불행한 기억을 떠올린 사람들은 이 작업의 수행 능력이 크게 하락했다.[45]

이처럼 행복하고 좋은 분위기에서 사람들이 더 직관적이고 창조적이 되는 반면, 경계를 풀게 되면 방망이와 공의 문제에서처럼 논리적인 오류에 빠질 가능성은 더 커진다. 따라서 창의적 사고가 필요할 때는 행복하고 즐거운 분위기를 만들고, 논리적인 검증이 필요할 때는 의심 많은 시스템 2를 적극 활용해야 한다.

창의적 사고가 필요할 때 브레인스토밍을 많이 활용하는데, 브레인스토밍이 오히려 창의성에 방해가 된다는 주장도 있다. 특히, 구성원의 수가 많거나 상사의 관리가 심하고 목표 성과가 분명하지 않으면 효율성이 떨어지는 것으로 나타났다. 비즈니스심리학자인 런던대학교 토마스 차모로-프레무지크^{Tomas Chamorro-Premuzic} 교수는 브레인스토밍이 통하지 않는 이유를 다음과 같이 설명한다.[46]

▼ 브레인스토밍이 통하지 않는 이유

- 사회적 나태: 다른 사람이 열심히 하겠지 생각하고 자기는 논다. '방관자 효과'와 마찬가지로 어떤 일을 대신할 사람이 있다고 생각하면 동기부여가 저하된다.
- 사회적 불안: 다른 팀원들이 자기를 어떻게 생각할지를 걱정한다. '평가 불안'이라고도 불리는데, 다른 구성원의 능력이 월등하다고 느끼면 능력이 저하되는 현상이다. 내성적이면 이런 현상이 두드러진다.
- 평균으로의 후퇴: 가장 우수한 구성원의 능력이 결국 가장 뒤떨어지는 구성원에 맞추어 저하되는 경향이다.
- 생산성 한계: 집단이 크건 작건 의견을 교환하기 위해서는 한 번에 한 사람만 의견을 말할 수 있다. 지금까지 연구에 따르면, 구성원 수가 6~7명일 때 아이디어 제안이 가장 왕성하고 그 수가 넘어서면 떨어진다.

때때로 조직 내에서는 잘못된 합의가 일어날 수 있다.

어느 여름날 오후, 텍사스에 사는 L 씨 가족이 선풍기 앞에서 한가롭게 쉬고 있었다. 그런데 갑자기 그의 장인이 집에서 100km 떨어진 애빌린에 저녁식사를 하러 가자는 제안을 했다. 그러자 L 씨의 아내가 "그거 괜찮은 생각이에요" 하고 대꾸했다. L 씨는 애빌린까지 운전해서 가려면 오래 걸리는 데다 이런 날씨에 차 안은 무척이나 더울 것이어서 걱정이 되었다. 하지만 장인과 아내가 가고 싶어

하니 반대하면 안 되겠다는 생각에 이렇게 말했다. "그거 괜찮은 생각이네요. 장모님도 가고 싶어 하셨으면 좋겠네요." 그러자 장모님도 "물론 나도 가고 싶단다. 애빌린에 가 본 지 꽤 오래되었거든" 하고 동의했다.

애빌린으로 가는 차 안은 더웠고, 오랫동안 먼지에 시달려야 했다. 식당에 도착해서 주문한 음식은 생각보다 나빴다. 그들은 4시간 후에 지쳐서 집으로 돌아왔다. 장모님은 자신은 사실 집에 있고 싶었지만, 세 사람이 애빌린에 가자고 하는 바람에 어쩔 수 없이 따라나섰다고 말했다. 그러자 L 씨도 "저도 애빌린에 가고 싶지 않았어요. 단지, 다른 사람들이 원하는 대로 하려고 동의했을 뿐이라고요"라고 대꾸했고, 그의 아내도 "전 당신이 좋다고 해서 갔던 거예요"라고 말했다. 이 대화를 들은 장인이 입을 열었다. 자신은 단지 다른 사람들이 지루해하는 것 같아서 제안해 본 것뿐이었다고 말이다.

L 씨 가족은 누구도 원하지 않았는데 모두 애빌린에 가는 데 찬성했다는 사실을 알게 되었다. 그들은 편안하게 쉬기를 원했지만, 힘들게 애빌린에 갔다 지쳐서 돌아오고 말았다.[47]

팀원들이 속으로는 동의하지 않지만 겉으로는 모두가 합의하는 모순된 의사결정 상황이다. 이런 현상에 대해, 미국의 경제학자 제리 B. 하비 Jerry B. Harvey 교수는 '애빌린 패러독스 The Abilene Paradox'라고 이름 붙였다. 많은 인사전문가가 조직 내 가장 큰 어려움을 갈등 관리라고 말하지만, 합의 관리를 제대로 하지 못해 조직이 어려움에 빠지는 게 더 큰 문제가 되기도 한다. 특히, 이러한 무언의 합의로 피해를 입은 팀원은 다른 팀원들과 팀장을 비난하게 되고, 서로 책임을 전가하면서 팀워크는 무너진다.[48]

팀원 누구라도 자신의 생각에 진솔하거나 과감히 현실을 바라본다면 애빌린 패러독스는 일어나지 않는다. 의견 차이로 갈등이 발생하더라도, 토론을 통해 바람직한 결론을 낼 수 있다는 신뢰가 있다면 막을 수 있다. 무리한 의사결정임을 누구나 알지만, 조직 분위기를 깰까 두려운 것이다. 있지도 않은 갈등을 두려워하여 아무도 진실을 말하지 않는다.

어쩌면 우리 사회의 눈치 보기 야근의 일부는 이러한 패러독스 때문인지도 모르겠다. 아무도 원하지 않는 야근이지만, 상사가 원한다고 생각한 몇몇 부하직원들이 야근을 시작했고 다른 직원들도 그냥 그렇게 해야 하는 줄로만 안다. 팀장이 나서야 한다. 때로는 팀원들보다 먼저 퇴근하면서 일이 남아 있지 않으면 퇴근하라고 직원들을 독려해야 한다. 그렇지 않으면 모두가 이유도 없이 힘든 야근을 바보처럼 계속하게 될 뿐이다.

팀장의 마음가짐

머리말에서 초등학교 3학년 시절 반장으로서 경험을 얘기했다. 그때 나는 리더십이 일의 책임감에 눌리지도, 권한에 휘둘리지도 않아야 한다는 것을 크게 느꼈다. 일에 대한 책임감은 '일에 대한 시뮬레이션'으로, 권한이 주는 부담감은 '권한 위임과 소통'이라는 실질적인 행동으로 바꾸어 실행해야 한다.

처음 팀장이나 리더가 되면 자신에게 주어진 권한의 막강함을 실감하고 마음대로 행동하다 권한에 휘둘리는 사람들이 있다. 부하직원들은 팀장으로 깍듯이 대하고, 예전에는 스스럼없이 자신의 의견에 반대하던 팀원들도 이제 쉽게 그렇게 하지 못한다. 팀장은 팀원들에게 업무를 지시하고 평가할 권한을 가지며, 비용, 휴가 등 여러 가지 결재권을 행사한다. 만나는 사람, 참여하는 회의가 달라지고 회사의 중요 정보도 팀원들보다 먼저, 또 많이 알게 된다. 이렇게 권한이 커지면, 부하직원들을 존중하지 않고 자기 뜻대로 되지 않는다고 쉽게 화를 내며 자신의 판단이 항상 옳다고 말한다. 그들의 겉모습은 권한을 행사하는 것이지만, 정신은 권한에 휘둘리는 것이다.

그들은 '리더 놀음'에 빠져 아래와 같이 행동한다.[49]

첫째, 팀원들을 존중하지 않고 쉽게 화를 낸다. 부하직원들을 이리저리 불러대고, '야', '너'라고 부르며, 종 부리듯 일을 시킨다. 자기가 하고 싶은 말만 늘어놓으며, 부하직원들의 의견을 존중하지 않는다. 그리고 팀원들이 가져온 결과물이 마음에 들지 않는다고 소리친다. 언어폭력의 정도는 점점 더 심해진다. 왜 그렇게 되었는지 원인을 생각하기보다는 결과에만 매몰된다.

둘째, 이전에는 잘 지키던 규칙을 지키지 않는다. 팀장이 되면, 특히 회의시간에 늦는 리더들이 많다. 팀원일 때는 시간 약속에 늦지 않다가, 팀장이 되면 시간에 맞추어 참석하지 않아도 아무도 비난하지 않는다는 것을 알게 된다. 팀원일 때는 바라보는 사람이 많지 않지만, 팀장이 되면 모두가 팀장의 행동을 바라보고 있다는 사실을 모르는 것이다. 5분씩 늦어지는 팀 회의가 서너 번 반복되면, 팀원들은 팀장이 되더니 거들먹거린다고 소문을 낼 것이고 팀장은 팀원들이 시간 약속을 지키지 않는다고 꾸짖는 일이 늘어난다. 팀장이 말과 행동이 다른 리더라는 소문이 사내에 퍼지는 것은 시간문제다.

셋째, 말을 모호하게 해서 팀원들을 헷갈리게 하고, 잘못을 해도 사과하지 않는다. 자신이 팀원일 때는 팀장이 업무지시를 명확히 해 주길 기대해 놓고, 팀장이 되면 그렇게 하지 못한다. 업무지시를 명확히 하는 게 쉽지 않기 때문이다. 충분히 고민하고 생각을 정리해서 팀원들에게 전달해야 하는데, 그런 노력 없이 리더 흉내만 내려고 하니 모호하게 말하게 되는 것이다. 처음 지시한 내용이 잘못되어 다시 얘기할 때에도 미안하다는 말 한마디 하지 않는다. 팀원들에게 미안한 마음을 느끼긴 하지만, 팀장으로서의 위엄과 자존심을 먼저 생각한다.

넷째, 자기 자랑을 늘어놓으며 새로운 것을 배우려 하지 않는다. 자신은 모든 일을 완벽히 하는 것처럼 말한다. 그래서 팀원들이 질문을 하면 자신의 경험에 비추어 쉽게 답해 버린다. 달라진 경영환경에서도 그 차이를 잘 느끼지 못해, 새로운 것을 배우려고 하지 않는다. 팀장이 되었으니, 이제껏 배우고 경험한 것으로도 충분하다는 생각이다. 새로운 것을 배우기보다는 자신의 강점과 성과를 자랑하며, 사내 정치에 더 관심을 둔다.

새로운 시대에는 새로운 소통 방식이 필요하다. 장기적인 경기침체와 저성장이 지속되는 상황에서 많은 기업이 구조조정을 통해 비용 구조를 줄이려 하고 있다. 구조조정의 과정에서 역량과 열정이 떨어지는 직원들은 어떻게든 버티려 하고, 회사에 필요한 인력들이 떠나기도 한다. 기업들의 구조조정이 심해지는 만큼 직원들의 조직에 대한 마음도 멀어질 수밖에 없다.

이럴 때 팀장은 팀원들이 힘을 내게 하는 소통을 해야 한다. 지금 당장은 회사가 힘들지만, 어려움을 이겨낼 새로운 기회를 찾을 수 있으며 이런 어려움을 극복하는 경험이 팀장과 팀원 모두를 성장시킬 수 있다는 확신을 주어야 한다.

특히, 팀원들에게 회사의 비전과 일의 가치를 정확히 알리는 것이 중요하다. 하고 싶은 일을 찾아 행복한 삶을 살기를 원하는 팀원들에게 회사생활과 일을 통해 스스로의 역량을 키우고, 인격을 성장시킬 수 있다고 설득해야 한다. 일이야말로 직원들의 성장에 밑천이 되고 미래를 준비하는 가장 확실한 도구임을 진지하게 설명하여, 팀원들이 일에 몰입하고 성과를 내도록 해야 한다.[50]

스티브 잡스는 인재를 뽑아 끊임없는 도전과 위대한 제품에 대한 열정을 불어넣어 '우주에 흔적을 내는' 위대한 성공으로 이끌어 주는 게 리더의 역할이라고 믿었다. 그래서 "일은 인생의 많은 시간을 차지한다. 여러분이 삶에 만족하는 유일한 방법은 당신이 하는 일이 '위대하다'고 믿는 것이다. 그리고 위대한 일을 하는 유일한 방법은 당신의 일을 사랑하는 것이다"고 말했다.[51]

어려운 상황일수록 말보다는 솔선수범하는 행동이 더 필요하다. 그래야 조직에 대한 신뢰, 개인 간 신뢰를 유지할 수 있다. 과거에는 한 조직에 소속되면 좋든 싫든 그것을 받아들이는 사람들이 많았지만, 지금은 어디든 자신을 인정해 주는 곳, 자신이 성장할 수 있는 곳으로 떠나 버린다. 하지만 떠나는 사람도 새로운 곳에 적응하는 것이 얼마나 힘든 일인지 안다. 그래서 가능하면 내가 일해 온 곳을 떠나고 싶어 하지 않는다. 지금 팀장의 말 한마디, 작은 행동 하나가 그런 팀원들에게 큰 힘이 될 수 있다.

♣ 변화를 이끌어 내기 위한 핵심 과제 4~7

4. 권한을 위임하여 팀원을 성장시킨다

일에 대한 책임은 팀장이 지되, 권한을 팀원에게 위임하여 부담 없이 자기 자신을 믿고 일하도록 한다. 자신의 일에 대한 주인 정신이 없으면 열심히 일하지 못할 뿐 아니라 통제권이 없다는 상실감으로 건강을 잃어버릴 수도 있다.

5. 일이 진척되지 않을 때는 질문을 통해 돌파한다

일에 대해 직접적으로 말하는 것보다 질문을 통해 코칭하는 것이 좋다. 팀원이 자신만의 관점에서 벗어날 수 있도록 다양한 관점 또는 엉뚱한 질문이 필요하며, 일이나 사물의 본질에 다가가기 위해서는 5Why 기법을 활용하는 것이 좋다.

6. 문제는 즉시 공유하고 정확히 정의하여 해결한다

문제가 드러나고 이를 해결할 수 있으면 회사가 성장할 수 있는 기회가 된다. 문제는 가능한 한 빨리 드러나도록 해야 하며, 다양한 관점의 입체적 사고를 통해 명확히 정의해야 한다.

7. 생각 시스템 1과 2를 상황에 맞게 적용한다

창의적 사고가 필요할 때는 밝고 즐거운 분위기 속에서 생각 시스템 1을 적극 활용한다. 의사결정 과정에서는 가설을 먼저 세우고 의심 많은 시스템 2를 이용하여 정보를 수집, 분석함으로써 가설을 검증한다.

6

구슬을 꿰어
일을 마무리한다

맞춤형 피드백이 필요하다

오래전에 〈가족오락관〉이라는 TV 프로그램이 있었다. 두 팀이 게임을 통해 승부를 가리는 프로그램으로, 가장 오래된 게임 중 하나는 어느 팀이 특정 단어나 속담을 더 빠르고 정확하게 전달하는지 겨루는 것이다. 말 없이 몸으로만 설명하게 하거나 말로 설명할 경우엔 헤드폰을 낀 채로 설명을 듣게 한다. 게임에 참여하는 사람들이 애써 노력하지만, 결국 첫 팀원이 들은 단어나 속담이 마지막 팀원에게까지 제대로 전달되는 경우는 매우 드물다.

기존에 하던 일이 아니라면 업무지시를 할 때도 위와 비슷한 상황이 벌어진다. 업무지시 후 팀원으로부터 받은 최초의 결과물이 팀장의 마음에 들기는 어렵다. 아무리 업무지시가 명확하고 계속 원활하게 소통했다고 해도, 팀장과 팀원의 경험과 전문성에 차이가 있고 생각의 관점도 다르기 때문이다. 결과물이 마음에 들지 않는다며 팀장이 짜증을 내면 일은 더 꼬인다.

"도대체 무슨 생각으로 일을 이렇게 한 거지?"
"무슨 말씀이신지…?"
"이게 아니라, 이렇게 하라고 했잖아!"
"…."

팀원의 입장에서는 억울하다. 나름 지시한 대로 일을 했는데, 팀장은 화만 낸다.

노련한 팀장이라면 팀원 각자에게 기대하는 수준이 있다. 일을 잘하는 팀원은 이 정도의 수준, 잘 못하는 팀원이라도 이 정도는 해 올 것이라는 기대가 있다. 그 기대보다 낮은 수준의 결과물을 가져오면 팀장은 짜증이 날 수밖에 없다. 이럴 때 팀장은 어떻게 피드백을 해 주어야 팀원이 달라질 수 있는지 알아야 한다. 하나하나 꼼꼼하게 피드백을 주어야 하는 팀원이 있는가 하면, 개략적인 방향만 설명해 주어도 금방 알아채고 수정해 오는 팀원이 있다.

B 프로젝트는 설계, 구매, 시공이 모두 포함된 빌딩 공사였다. 나는 이 프로젝트에 대한 점검 업무를 지시받아 사내 전문가들로 구성된 TF팀을 맡게 되었다. 10여 명의 팀원과 함께 일하면서 계속해서 업무 진행 상황을 확인하고, 팀원들의 성향에 따라 다양한 방법으로

피드백을 주어야 했다.

설계 부분을 담당한 실무자는 오랫동안 그 분야에서 일했고 경험과 전문성을 갖추고 있었지만, 점검 업무는 처음이어서 자신의 생각을 글로 표현하는 것이 서툴렀다. 하나하나 꼼꼼하게 피드백을 주어야만 했다. 처음에는 그가 설명하고 내가 정리하는 방식으로 접근했다. 콘텐츠는 그가 가져오고, 보고서 형태로 표현하는 부분은 내가 도왔다. 초반에는 시간이 오래 걸렸으나, 일하는 방식을 이해하게 되면서 공동 작업에 필요한 시간이 점차 줄어 갔다. 어느 정도 시간이 지나서는 그가 스스로 정리할 수 있게 되었고, 나는 그가 쓴 초안을 수정해 주기만 하면 되었다.

구매 부분을 담당한 실무자는 나와 3년 이상 같이 근무한 팀원으로 점검 업무를 잘 알고 있었다. 하지만 구매 분야에 관한 전문성은 약했다. 구매 업무가 진행되어 온 과정을 정리하면서 세부 프로세스 관점에서 데이터를 확인하고 그것을 기반으로 회사 역량이 취약한 부분을 찾아내야 하는데, 업무 프로세스 관련 전문지식이 부족했던 것이다. 설계 담당자와는 정반대의 상황이었다.

그는 조사 내용이 정해지면 어떻게 조사하고 정리해야 하는지는 잘 알고 있었지만, 필요한 부분을 더 깊이 있게 확인하고 데이터를 확보하는 데는 약했다. 그래서 조사할 내용 중 중요한 부분들을 차례로 짚어 주어야만 했다. 그가 점검 내용을 보고서로 정리해 오면 어떤 부분이 부족한지 알려 주고 어떤 데이터를 더 확인해야 하는지 피드백을 주는 식이었다.

시공 분야를 맡은 실무자는 경험 연수는 짧지만 박사 과정까지 이수한 전문가였다. 그는 사사건건 나의 정리 방향에 이의를 제기했다. 점검 업무는 내가 전문가이지만 시공 분야는 그가 전문가이기에, 나는 자주 대화하면서 점검 방향을 정하려고 노력했다. 그가 정리해 온 것을 그냥 고쳐 주기보다는 내가 문제를 제기하면 그가 설명하는 방식으로, 깊이 있게 토론하면서 차츰 방향을 정리해 갔다. 그는, 내가 제기한 문제에 제대로 답을 내놓지 못하는 경우 스스로 더 확인하고 조사하면서 깊이 파고들어 자신의 주장을 뒷받침할 수 있는 데이터를 가져왔다.

▼ 설계, 구매, 시공 담당자의 역량, 성향 및 피드백 방법

	설계 담당자	구매 담당자	시공 담당자
전문성	・실무 경험이 20년이다. ・보고서 작성 역량이 미흡하다.	・점검 경험이 있다. ・구매 분야 관련 전문성이 낮다.	・해당 분야의 박사다. ・실무 경험이 부족하다.
성향	・일의 흐름에 대한 이해력이 높다.	・잘 모르는 분야에 대한 조사가 미흡하다.	・자기주장이 강하다.
피드백	・얘기를 들어주면서 같이 보고서를 작성한다.	・조사 방향, 필요한 데이터에 대해 집중적으로 조언한다.	・토론을 통해 스스로 깊이 있게 조사하도록 유도한다.

이러한 과정을 거쳐 설계, 구매, 시공의 내용이 각각 정리되면, 정

기적으로 공유하는 시간을 가졌다. 처음에는 일주일에 한 번씩 공유했지만, 점차 소요시간이 짧아지면서 3일에 한 번씩 공유할 수 있게 되었다. 이렇게 진행한 데에는 몇 가지 이유가 있다.

우선, 세 분야의 일이 완전히 독립된 것이 아니기에, 서로 다른 분야의 진행 과정과 내용에 대한 이해가 필요했다. 그리고 각 담당자가 자신이 정리한 것을 설명하도록 함으로써 스스로 잘된 점과 그렇지 못한 점을 느끼게 하고 싶었다. 다른 팀원이 정리한 것을 공유하는 과정에서 내가 굳이 짚어 주거나 설명하지 않더라도 서로 자극을 받으며 보완이 필요한 부분을 찾아낼 수 있었다. 궁금한 부분에 대해선 서로 질문하면서 자연스럽게 토론으로 이어졌다. 토론을 통해 다른 부분과의 연결 고리를 더 잘 이해하게 되었으며, 논리가 약한 부분, 데이터가 더 필요한 부분, 보고서 표현을 수정할 부분들이 드러났다.

공유 시간 동안 팀장인 나의 역할은 지시자가 아닌 조력자에 가까웠다. 윗사람으로서 지시하고 가르치기보다는 비슷한 입장에서 조언하고 격려하는 것만으로 충분했다. 오히려 내가 잘 모르는 부분에 대해 초보자의 입장에서 질문하기도 했다. 그럴 때면 팀원들은 전문가로서의 역량을 분명히 드러내면서 설명해 주곤 했다.

『칭찬은 고래도 춤추게 한다』는 책이 크게 인기를 끈 적이 있다. 그 정도로 회사생활에서 칭찬이 중요하다고 한다. 사실, 나는 회사

생활에서 칭찬하는 방법은 제대로 배운 적이 없다. 제대로 칭찬을 받은 적도 없었으며, 질책이 없으면 무난히 일을 마무리한 것으로 생각했다. 다만, 같이 고생한 동료들과 소주 한잔 하면서 수고했다고 서로를 격려하곤 했다.

다행히 이 책을 준비하면서 칭찬과 격려 방법에 대해 많이 생각하게 되었고, 이제까지 '개선'에 치중하여 팀원들과 대화한 것이 잘못된 행동이었음을 깨달았다. 일하는 과정에서 나타나는 장점은 당연한 것으로 여기고, 단점만을 지적하면서 그 부분을 개선해야 발전할 수 있다는 식으로 피드백을 준 것이다.

연말마다 이루어지는 평가 면담에서도 마찬가지였다. 평가 결과가 좋은 팀원과는 화기애애한 분위기에서 면담을 진행할 수 있었지만, 그렇지 못한 팀원과는 어색한 분위기 속에서 기껏해야 "내년에는 더 나아지리라고 믿어" 정도의 말을 던질 뿐이었다.

가장 바람직한 피드백은 장점과 개선할 점을 균형 있게 언급하는 것이다. 칭찬과 조언은 똑같이 중요하며 진정성을 담보로 하지 않는다면 소용이 없다. 잘하고 있는 점을 인정해 주어 그것이 지속될 수 있도록 하고, 개선이 필요한 부분은 변화될 수 있도록 격려해야 한다. 그리고 잘하는 점과 개선해야 할 점 한두 가지에 집중해서 얘기해야 팀원이 더 관심을 갖고 듣는다.[52]

피드백의 타이밍도 매우 중요하다. 팀원이 바람직한 궤도에서 크게 벗어나기 이전에 해야 한다. 궤도를 벗어났다고 생각되면 이미

늦을 수 있다. 그리고 팀원이 조언을 받아들일 수 있는 좋은 분위기에서 해야 하며, 앞에서 언급한 것처럼 '상대방의 입장에서 경청'하는 것도 중요하다.

회의 운영은 TF 운영만큼 어렵다

회사에서는 정보를 공유하기 위해, 그리고 중요한 의사결정을 하기 위해 회의가 필요하다. 하지만 무슨 일만 생기면 일단 직원들을 죄다 불러서 리더만 일방적으로 말하다가 결론 없이 끝나는 회의가 너무 많다. 회의 참석자 중에 의사결정 권한을 가진 사람이 없어 결론이 제대로 나지 않거나 책임을 회피하려 의견을 말하지 않는 경우도 있다. 필요하지 않는 데도 회의에 참석하거나 업무시간 대부분을 불필요한 회의로 보내는 리더들도 많다. 그러다 보니 정작 자신의 팀원들과 업무를 협의할 시간은 부족하다. 결국, 팀원들은 매일 야근을 하게 된다.

맥킨지의 진단 보고서에서도 다음과 같이 언급한다.

대면 커뮤니케이션을 중시하는 한국 기업에서는 회의를 단합으로 생각하거나 일단 얼굴을 보고 얘기하자는 식으로, 회의 안건이나 목적을 명확히 정의하지 않거나 공유하지 않은 채 회의를 소집하는

경우가 많다.[53]

회의가 비효율적으로 이루어지는 원인은 크게 네 가지로 정리할 수 있다.

첫째, 회의 안건이 분명하지 않다. 4장에서 일의 방향과 목적을 정하는 게 얼마나 중요한지 설명했다. 그런데 팀의 업무, 자신의 업무 목적은 명확히 정리하면서, 서로 입장이 다른 많은 사람이 참여하는 회의의 방향과 목적에 대해서는 깊이 고민하지 않는다. 막연히 사람들이 모이고 이러저러한 안건을 던져 놓으면 저절로 일이 풀릴 거라 기대한다.

회의 참석자 모두가 회의 목적을 분명히 인식하지 못하면 그 회의는 절대 원하는 대로 흘러가지 않는다. 참석자 하나하나의 역할도 분명해야 한다. 마치 팀장이 팀원들에게 일을 나누어 주듯이. 회의에서 토론할 주제, 결론을 내려야 할 안건을 분명히 하면 참석하는 사람들의 할 일도 분명해진다.

둘째, 안건 토론에 필요한 사람들이 참석하지 않는다. 참석하는 사람들의 할 일이 분명해지면 그 일에 맞는, 그 일을 수행할 사람이 회의에 참석해야 한다. 하지만 여러 부서 사람들을 모아서 회의를 하다 보면 각 부서의 역할과 맞지 않는 사람이 참석하게 되는 경우가 많다. 예를 들어, 담당 부서의 팀장이 참석해서 분명한 입장과 의견을 말해 주어야 하는데, 팀장이 바쁘다는 이유로 팀원이 참석해서 '저는 그 일에 대해 명확히 말할 수 있는 위치에 있지 않습니다'는 식으로 말한다면 회의가 진행되지 않는다. 리더들이 실무를 잘 알지 못해서 부하직원들이 회의에 동석하는 등 서로 책임을 회피하려 회의 참석자를 광범위하게 정하는 경우도 빈번하다.

글로벌 컨설팅 회사인 베인앤드컴퍼니Bain & Company에서 30년 이상 근무한 폴 로저스Paul Rogers는 회의 운영 효율과 관련하여 '7의 법칙'을 말한다. 회의 참석 인원이 7명을 넘어서면 1명이 늘어날 때마다 효율이 10%씩 줄어든다는 것이다. 즉, 8명이 되면 7명으로 운영할 때에 비해 효율은 90%가 되고, 9명이 되면 80%가 되며, 16명이 되면 10%까지 줄어든다.

그는 많은 회의가 비효율적으로 운영된다며 다음과 같이 말했다.

> 기업 임원들은 근무시간의 절반 이상을 회의로 보낸다. 하지만 정해진 시간 내 결론을 내지 못하는 회의가 3분의 2를 넘는다. 임원의 85%가 이에 대해 불만을 토로한다. 베인앤드컴퍼니가 미국, 영국, 독일, 프랑스, 중국, 일본에 본사를 두고 있는 760개 기업을 현장 조사한 결과다.[54]

어찌 보면 회의는 임시로 TF팀을 만들어서 일을 진행하는 것만큼 어렵다. 기존 팀 내에서 해결하지 못한 문제를 해결하기 위해 회의를 소집하는 것이기에, 회의를 통해 임시로 팀을 만들어 해결하려 한다. 따라서 회의라는 버스에는 반드시 타야 할 사람만 태워야 한다. 타야 할 사람이 타지 않으면 일이 되지 않고, 엉뚱한 사람이 타면 회의는 엉망으로 흘러가고 만다.

셋째, 중요한 부분에 집중하여 토론하지 못한다. 안건이 분명하고 참석해야 할 사람이 참석해도, 토론이 제대로 이루어지지 못하는 경우가 빈번하다. 의사결정이 필요한 핵심 사안에 집중해서 토론하지 못하고 지엽적으로 얘기가 흘러가기 때문이다.

회의 운영자의 입장에서는 안건과 관계없거나 개인의 입장을 대변하는 의견은 무시하고 진행하는 것이 바람직하다. 하지만 실제 회의에서 그렇게 하기란 쉽지 않다. 경청하여 듣되, 안건에서 벗어나거나 진행에 도움이 되지 않는다는 점을 언급하며 자연스럽게 넘어갈 수 있어야 한다. 회의 중에 갈등을 만들거나 협력을 구할 팀에게 빈김을 산나면 회의 운영 자체가 어려워질 수 있다.

그래서 모든 회의에는 진행자가 있어야 한다. 진행자는 회의 안건과 결정해야 할 사항, 또는 도출해야 할 결과물을 잘 이해하고 있어야 한다. 그리고 원하는 결과물을 낼 수 있도록 회의를 진행해야 한다. 특히, 토론의 방향을 잘 유도해야 한다. 지엽적인 부분에서 오래 지체되지 않도록 분위기를 바꾸고, 핵심적인 부분에서 깊이 있게 토론이 이루어져 의사결정으로 연결될 수 있도록 해야 한다.

하지만 일단 회의가 시작되면 진행자라 할지라도 회의 방향을 온전히 조종하기가 어려워 원하는 결과를 얻지 못할 가능성이 높다. 더구나 참석자들이 안건에 대한 주인의식이 없으면 명확한 결론을 내기가 정말 어렵다. 어떤 결정이 나든지 '자신이나 자신의 팀에 귀찮은 일이 생기지만 않으면 된다'고 생각하는 사람들이 어느 조직에나 있다. 결국, 그 일을 수행해야 할 부서에서 결정해야 한다.

넷째, 회의 후에 실행할 일을 분명히 정하지 못한다. 회사 내의 모든 일은 실행으로 연결되고 성과로 이어져야 의미가 있다. 따라서 회의에서 토론한 것을 기반으로 이후에 해야 할 일을 분명히 정리해야 한다. 회의 마지막 단계에서 참석한 부서별로 언제까지 무엇을 할 것인지 확실히 정리하고, 부서별 참석자의 확인을 받아야 한다. 그리고 회의록을 통해 모든 사항을 기록하고 이메일로 공유함으로써 회의를 마무리한다. 해야 할 일의 기한이 다가오면 부서별로 그 일들이 진행되었는지도 확인한다.

신입사원 때부터 기획 부서에서 근무했던 나는 수없이 많은 회의록을 써 왔다. 입사 후 10년 동안 매주 평균 2개는 썼으니 1,000개는 넘을 것이다. 회의록을 많이 써 보면 회의가 흘러가는 방향을 잘 알 수 있는데, 회의는 그 운영 방식도 중요하지만 개최 전후가 더 중요하다. 그래서 나는 다음과 같이 회의 원칙을 정해 운영한다.

▼ 회의 운영 원칙

회의 전		회의 중		회의 후
회의 목적과 안건을 분명히 정하고, 그에 적합한 참석자를 선별하여 공지한다.	→	안건과 관계없는 의견은 지양하고, 중요한 부분에 집중하여 토론할 수 있도록 유도한다.	→	반드시 회의록을 정리하고, 실행해야 할 일과 기한, 담당자 등을 정확히 알린다.

앞에서 말한 것처럼, 회의 운영은 새로운 TF팀을 꾸리고 운영하는 것만큼 어렵다. 그렇다면 회의는 가능한 한 하지 않는다는 원칙을 먼저 세워두고, 회의가 아니면 도저히 불가능한 일만 회의에서 처리하는 것이 바람직하다. 1:1 대화를 통해 협력이 필요한 부분에 대해 애기하거나 7명 이하만 모여 문제를 해결하는 게 가장 좋다. 정보 공유가 필요한 내용은 이메일로 주고받으면 된다.

어떻게보다 왜 회의를 해야 하는지 먼저 생각해야 한다. 많은 사람을 모아 놓고 의미 있는 토론을 하지 못하고, 결론도 내리지 못하는 비효율적 회의는 이제 제발 그만두자.

연결고리 일에 주의

팀원들은 팀장이 지시한 대로 서로 다른 일을 맡아서 수행한다. 각자의 일은 전체 일을 구성하는 부분이 되기도, 또는 연결고리가 되기도 한다. 그런데 팀원들은 전체 일에서 자신이 맡은 일이 어느 부분을 차지하고 어떤 역할을 하는지 잘 알고 있을까?

그렇지 못한 경우가 많다. 그래서 팀장은 그 점을 팀원들에게 계속해서 알려 주고, 각자의 결과물이 모여 전체 일을 완성할 수 있도록 가이드해 주어야 한다. 그렇지 않으면 최종 결과물에 맞지 않은 것을 만들어 낼뿐이다. 최종 결과물이 시계여야 한다면, 팀장은 팀원 각자가 태엽이든 바늘이든 주어진 역할에 따라 해당 부품을 만들어 낼 수 있도록 이끌어 주어야 한다. 그렇다고 팀원들이 일하는 과정에 사사건건 끼어들어, 이건 이렇게 저건 저렇게 하라고 간섭하는 것은 바람직하지 않다. 적당한 시점에 어떻게 진행되는지 확인하고, 당초 계획한 방향과 맞지 않게 가고 있거나 앞으로 나아가지 못한다면 팀장이 도와주어야 한다.

결국, 팀원들이 만든 구슬을 꿰어 보배로 완성하는 게 팀장의 역할이다. 고객이 원하는 결과물이 맞는지 지속해서 점검하고 확인해야 하며, 특히 연결고리 역할을 하는 일에 유의해야 한다.

2016년 4월, 가습기 살균제로 인한 사망 사건이 큰 이슈가 되었다. 한 언론에서는 "2011년 피해자가 대거 나온 이후 무려 5년 동안 관련 부서가 서로 책임을 떠넘기며 '핑퐁 게임'을 하지 않았다면, 공식 사망자만 146명인 대형 참사로까지 커지지는 않았을지도 모른다"고 보도했다.[55]

　TV 프로그램 〈그것이 알고 싶다〉에서는 가습기 살균제에 국가에서 안전을 인증한 마크가 있었다며 국가기술표준원과 식품의약품안전처(식약처)의 입장을 들어 봤다. 국가기술표준원은 살균 기능 인증은 식약처의 소관이었다고 주장하고, 식약처는 세정제로 신고된 건 기술표준원의 소관이었다고 주장했다. 두 곳 모두 가습기 살균제가 당시 법으로 정해진 자신들의 관리 품목이 아니었다는 것이다.

　환경부 관계자는 "당시 신고를 할 때 가습기 관련 용도로는 제출되지 않았다. 신청 시 용도는 카펫 항균제, 고무 목재와 섬유의 향균제로만 신청이 되었다"면서 "당시 유해화학물질관리법에서는 '이런 용도로 사용하겠다'고 신고하면 사실상 끝이었다"고 설명했다.[56]

　왜 이러한 문제가 발생했을까? 폐 손상을 일으키는 가습기 세정제 때문에 산모와 영유아 중심으로 발생한 공식 사망자만 146명에 이른다. 관련 부서가 서로 책임을 떠넘기며 문제를 해결하지 않아 큰 사회문제로 확대된 것이다. 당시 법으로는 어느 부서의 소관인지 알 수가 없다고 하지만, 정부 관료 중 누군가는 이 일을 책임지고 처리했어야 했다.

　회사 내에도 이런 일이 많고, 팀 내에서도 비슷한 문제가 생긴다. 어느 부서의 일, 또는 누구의 일이라고 하기가 불명확한 일이 생기면 누구도 먼저 나서서 처리하지 않는다. 그렇게 그냥 시간이 흐르고 문제는 눈덩이처럼 불어난 뒤에야 수면 위로 떠오른다. 그제서야 팀장들이 문제를 해결하려는 듯 보이나, 실상은 자기 잘못이 아니라는 증거와 변명거리를 찾기 바쁘다.

결국, 경영진에서 담당자를 지정해 주어야 한다. 그러면 담당이 된 직원은 왜 자기가 이 일을 처리해야 하는지 모르겠다며 똥바가지를 뒤집어썼다고 억울해한다. 조직 내 누군가가 먼저 나서서 해결하고자 한다면 금세 마무리될 수 있는 일도 주인의식을 가진 단 한 명이 없어 문제는 커지고 조직은 허물어져 간다. 진정한 리더는 그런 일을 자신의 일이라고 먼저 생각하는 사람이다.

팀원들이 함께 일하는 경우에도 비슷한 문제가 생긴다. 여러 팀원이 한 프로젝트에 참여할 때에는 누구의 일인지 명확하지 않은 일이 꼭 있다. 특히, TF를 운영하는 경우에는 입장이 다른 여러 부서의 실무자들이 참여하기 때문에 문제가 심해진다. 일은 주인을 잃어버리게 되고 누구도 그 일을 챙기지 않는다. 문제는, 그 일이 각 담당자에게는 크게 중요하지 않지만 전체 일에서는 매우 중요할 수 있다는 데 있다.

팀이 만든 결과물을 쇠사슬에 비유해 보자. 쇠사슬이 얼마나 튼튼한지 알아보려면 양쪽 끝을 잡고 당겨 보면 된다. 당연히 가장 약한 부분이 먼저 끊어진다. 결국, 쇠사슬의 전체 강도를 결정하는 건 그 약한 부분이다. 우리의 일도 마찬가지다. 아무리 잘된 부분이 많더라도, 가장 약한 부분의 완성도가 떨어지면 전체 일의 완성도가 떨어지고 상사나 고객에게 제대로 인정받기 어렵다.

S 프로젝트에서도 중요한 연결고리가 되는 일이 있었다. 특히, 설계와 구매 업무가 매우 밀접하게 연결되어 있었다. 설계업체는 구매해야 할 장비의 크기나 무게를 잘 알지 못하므로 처음에 개략적인 정보만 가지고 장비를 떠받치는 철골 구조를 설계한다. 따라서 설계 담당자는 그런 상황을 파악하고 있다가, 구매 담당자를 통해 장비 정보를 받아서 설계업체에 전달해 주어야 한다.

하지만 구매 담당자는 자신의 역할과 책임에만 집중하여 연결고리 일을 잘 챙기지 못했다. 장비를 주문하고 제작 과정을 점검하고 현장에 들어오는 일정 위주의 일만 챙겼다. 결국, 장비 정보를 받아서 설계업체에 전달하는 일이 지연되고, 철골 설계 일정도 모두 늦어졌다. 장비 정보를 받는 것은 구매 담당자의 일이지만 설계 담당자도 그 부분을 계속 강조하고 요청했어야 했는데, 구매와 설계 담당자 중 누구도 제대로 챙기지 못해서 문제가 발생한 것이다.

설계-구매 업무의 연결과 같은 중요한 부분에 대해서는 시작 단계에서부터 체크리스트에 포함시키는 것이 좋다. 리더는 그 연결이 어떤 타이밍에, 어떻게 이루어져야 하는지 다른 사람들에게 설명할 수 있을 정도로 충분히 이해하고 있어야 한다. 그리고 누가 누구에게 어떤 정보를 확인하고 전달할지 미리 협의하고 약속해야 한다.

그렇지 않으면 일을 진행하는 과정에서 반드시 문제가 발생한다. 일정이 지연되는 문제만이 아니라 팀원들이 서로 자기가 잘못이 아니라며 변명하는 상황도 발생한다. 팀장이 챙겨야 할 것을 팀원에게 미루면, 결국 일은 진행되지 않고 팀워크가 깨질 수도 있다.

우리는 일을 나눌 때, 일과 사람의 1:1 매칭으로 생각하기 쉽다. 한 가지 일을 반드시 한 사람이 하는 것은 아니지만 한 사람 또는 소그룹이 맡게 되고 소그룹에도 대표자가 있을 테니, 결국 한 사람을 매칭한다고 해도 무리한 표현은 아닌 것 같다. 그런데 이렇게 매칭할 수 있다고 말할 때, 우리는 마치 일을 두부 자르듯이 잘라서 몇몇의 사람에게 나누어 주고, 그것을 나중에 다시 합치면 일이 완성된다고 전제한다.

그러나 내가 겪어 본 대부분의 일은 그렇게 단순하지 않았다. 일과 사람의 연결고리뿐 아니라 일과 일의 고리, 사람과 사람의 고리가 있고 이 모든 것을 챙겨야 일이 완성된다. 이러한 연결고리를 '인터페이스interface'라고 부른다. 인터페이스는 주로 IT 분야에서 사용되는 용어로 '사물의 경계가 되는 부분과 그 경계에서의 통신 및 접속이 가능하도록 하는 매개체'를 의미하지만, 여기서는 일과 일이 만나는 지점, 또는 그 일을 맡은 담당자 간에 협업이 필요한 부분을 말한다.

S 프로젝트에서는 설계-구매 담당자 간 인터페이스에 문제가 있었다. 즉, 사람과 사람의 인터페이스 문제다. 일의 측면에서 보면 하나로 연결된 프로세스일 뿐이다. 이 프로세스는 대부분의 다른 프로젝트에서도 반복된 것으로 설계와 구매 부서 담당자들도 잘 알고 있

었다. 장비 정보가 구매거래처에서 구매부서로, 다음으로 설계부서, 설계업체로 연결되어 제때 전달되어야 했으나 그렇게 하지 못한 결과 전체 공사가 지연된 것이다.

반면, 가습기 살균제 사건에서는 일과 일의 인터페이스에 문제가 있었다. 살균 용도로 사용하는 물질 관련 법적 규제와 소관 부서가 정해져 있었지만, 그 물질이 가습기에 사용되는 순간부터는 일이 어떻게 처리되어야 하는지 관련 법과 프로세스 자체가 만들어져 있지 않았다.

가습기 살균제로 인해 다섯 살짜리 아들을 잃은 김 씨는 "피해자는 여기 있다. 그런데 가해자는 없다. 누가 가해자인가? 가습기 살균제를 판매한 업체인가? 아니면 가습기 살균제 판매를 허가해 준 정부인가?"라고 외치며 원통해했다.

이런 경우에는 일의 출발점을 보아야 한다. 애초에 유해화학물질을 담당한 부서가 있다면, 그 부서에서 해당 물질이 어떤 곳에 사용되는지까지 확인해야 한다. 과학이 발달함에 따라 새로운 물질은 얼마든지 새롭게 개발될 수 있고 우리가 먹고 마시는 것에도 첨가될 수가 있다. 따라서 물질을 처음 다루는 부서에서 끝까지 책임진다는 자세를 가져야 한다. 가습기 영역을 담당하는 부서에서도 새로운 물질 사용에 대해 경각심을 가져야 한다. 어느 쪽이든, 경계선을 넘어가면 내 일이 아니라는 태도로는 사고를 막을 수가 없다.

연결고리를 챙기는 일은 체계나 프로세스 측면에서 매우 중요한 문제이지만 언제든 경계를 넘어서는 상황이 발생하기에, 오히려 조직문화 측면의 문제에 가깝다. 사실, 이런 일은 열심히 한다고 해서 누가 알아주지 않는다. 자기 팀의 경계선을 넘어가는 일은 열심히 한다고 해도 팀의 성과라 할 수 없고, 큰 문제로 확대되지 않으면 그런 일을 챙기고 있는지 모르고 있는 경우도 많다. 따라서 리더가 솔선수범하여 주도적으로 관리해야 한다. 팀원에게 맡기지 않고 팀장이 직접 해야 한다. 리더가 나서야 팀원들도 조금씩 변하고 그것이 쌓이면서 바람직한 조직문화가 형성된다.

이 같은 조직문화를 가진 조직과 그렇지 못한 조직의 차이는 너무나 크다. 끝까지 따라가서 챙긴다는 마인드와 그러한 믿음이 있는 조직 분위기가 만들어 져야 역량이 쌓이고 혁신이 가능해진다. 성공한 모든 조직에는 이러한 조직문화가 제대로 구축되어 있다.

중간보고는 간 보기가 아니라 대안 준비다

일이 어느 정도 진척되면 임원이나 경영진에게 중간보고를 한다. 중간보고를 통해 당초 계획과 비교하여 어느 정도 진행되고 있는지 점검하고 그 내용을 보고한다. 이때 처음 계획한 방향을 수정할 필요가 있다면 '일을 추진하다 보니 이러저러한 문제가 생겨 방향을 수정해야 한다'고 상황을 정확히 보고해야 한다. 시간이 부족하다면 '예상보다 시간이 많이 소요되어 완료 시점을 조금 늦출 수밖에 없다'고 설명하기도 한다.

그런데 상사의 성향에 따라 중간보고 시점과 내용이 크게 달라질 수 있다. 보통 중간보고는 일이 절반 정도 진행된 시점에 한다. 일이 원래 의도한 방향대로 되어 가는지, 현재 시점에서 보완해야 할 점과 필요한 것은 없는지, 언제쯤 마무리가 가능할지 등을 확인한다.

간혹 이런 중간보고를 싫어하는 상사들도 있다. 크게 방향이 바뀌지 않았는데 왜 보고하느냐며 짜증을 내는 상사도 있고, 어느 정도 마무리해서 가져오기를 원하는 상사도 있다. 당연히 상사의 성향에 맞추어 보고 시점을 잡는다.

일부 팀장은 중간보고를 소위 '간 보기'에 이용하기도 한다. 당초 지시받은 업무 방향에 대한 확신이 부족하여 자신이 생각하는 방향으로 일을 신행한 다음, 중간보고라는 형식을 빌려 상사가 원하는 방향이 맞는지 간을 본다. 결코 제대로 된 중간보고가 아니다.

업무의 방향은 애초에 확실히 해야 한다. 업무의 방향이 흔들리면 모두가 힘들어진다. 팀장은 방향을 제대로 못 잡아서 힘들고, 팀원은 확실하지도 않은 방향으로 일해야 하니 힘들고, 상사는 아직도 방향을 못 잡는 팀장을 바라보는 게 힘들다.

팀장이 간 보기식으로 중간보고를 하면, 이를 눈치챈 상사는 화를 내며 다시 해 오라고 소리친다. 그때부턴 팀 전체가 비상이다. 이제까지 해 온 모든 일은 물거품이 되고, 야근은 물론 휴일 근무를 해서라도 다시 일정을 맞추어야 한다. 간 보기는 일의 한 과정이 아니라, 처음 업무지시를 제대로 이해하지 못한 팀장이 하는 눈치 보기일 뿐이다. 처음부터 업무의 방향과 목적을 분명히 이해하고, 팀원들과 힘을 합쳐 목표를 달성하기 위해 노력해야 하는 팀장이 해서는 안 되는 행동이다.

그런데 경영진이 업무를 애매하게 지시하니 어쩔 수 없이 간 보기를 한다고 하소연하는 팀장들이 있다. 설령 그렇다 해도 팀장은 상황과 배경을 고려하여 일의 방향을 스스로 판단하여 추진해야 한다.

일의 방향을 잘 정하고 진행하더라도, 중간보고를 준비하다 보면 일의 전체 틀이 달라지기도 한다. 예를 들어, 보고서를 작성하는 일이라면 전체 목차를 바꾸어야 할 수도 있다. 이럴 때는 기존 목차와 새로 정리한 목차 모두를 준비하는 것이 바람직하다. '간 보기'와는 다른 '대안 준비'다. 간 보기와 대안 준비는 크게 다르다. 보고하는 팀장의 마음가짐이 다르고, 준비하는 수준이 다르며, 당연히 결과도 달라진다.

먼저, 간 보기는 일 자체를 어떻게 잘해낼까보다는 어떻게 하면 상사가 원하는 방향대로 맞출 수 있을까를 고민한다. 그게 회사를 위한 것인지 아닌지는 크게 관심이 없다. 상사라는 고객의 비위를 맞추고 자신이 좋은 평가를 받을 수 있다면 그만이라는 생각이다.

대안 준비는 그러한 차원을 넘어선다. 상사의 지시를 잘 이해하고 있을 뿐 아니라 어떻게 하면 일을 더 잘해낼까 하는 고민을 통해 상사가 생각하지 못하는 부분까지 준비한다. 이 정도 수준이 되면 평가는 그냥 따라온다. 자신이 생각한 것 이상으로 일을 해내는 부하 직원이 믿음직해 보이지 않을 상사가 누가 있겠는가?

▼ 간 보기와 대안 준비

	간 보기	대안 준비
마음가짐	업무 방향에 대한 확신이 없을 때 상사의 비위를 맞추기 위해 이용한다.	어떻게 일을 더 잘해낼까 고민하여 상사가 생각하지 못하는 대안까지 준비한다.
결과	상사는 팀장이 더 나은 대안을 찾기보다 눈치만 본다고 생각하여 여러 가지 방향으로 일을 확대시킨다.	대안이 채택되지 않더라도 일의 범위가 확대되는 것을 방지하고 상사의 신뢰를 얻을 수 있다.

대안이 항상 상사의 입맛에 맞는 것은 아니다. 더구나 대안 준비 때문에 더 많은 노력을 해야 하고, 때로는 야근이 필요할 수도 있다. 하지만 노력은 사람을 저버리지 않는다. 경영진은 팀장 스스로 준비해 온 대안이 마음에 들지 않는다고 해도 더 이상의 새로운 기대를 하지 않게 되는 경우가 많다. 팀장의 노력을 가상히 여기며, 새로운 노력이 큰 의미가 없음을 알고 현재의 방향에 집중토록 한다.

이로써 업무 방향은 좀 더 분명해지고 야근의 가능성은 낮아진다. 팀장에 대한 신뢰도 커진다. 경영진의 입장에서는 자신이 고민해서 이런저런 방향을 제시하지 않아도 팀장이 스스로 생각해서 가능한 대안을 내놓으려 노력하니, 당연히 간 보기식의 일을 하는 팀장보다 더 신뢰한다.

새로운 대안이 완전히 채택되지 않더라도 일부를 활용할 수도 있다. 중간보고 때에는 반영되지 않을 수 있지만, 시간이 흘러 일을 마무리하는 단계에서 다시 활용할 수 있다.

반면, 팀장이 간 보기식 보고를 하면 경영진은 더 나은 방법이 있을 거라 기대한다. 팀장이 더 나은 대안을 찾기 위해 노력하지 않고 경영진의 눈치만 본다고 생각해 더 높은 수준의 무언가가 있을 것으로 생각한다. 그래서 여러 가지 방향으로 일을 더 시키게 되고, 일은 더 힘들어진다.

일을 해 나가는 과정은 최종 결과물의 완성도를 높이는 과정이다. 높은 완성도는 지속적인 고민을 통해 생각할 수 있는 대안을 계속 찾아가는 데서 나온다. 여러 대안을 생각해 내고 그중에서 가장 가능성이 없는 것부터 하나하나 없애 가다 보면 가능성이 높은 것들만 남는다. 이때 좋은 아이디어라고 해도 전체 모습과 어울리지 않는다면 제외한다. 대안 준비는 그러한 과정과 고민에서 나온다.

팀장은 전체 일의 방향과 콘셉트에 맞는 대안들을 하나하나 채택해 나가면서 결과물의 완성도를 높여야 한다. 팀원들과 소통하여 그 전체 과정을 조율할 수 있어야 하며, 중간보고 시점에 가장 좋다고 판단되는 대안을 선택해서 보고해야 한다.

나누어진 일을 연결하여 하나로 통합

아무리 좋은 구슬이 많아도 꿰어야 보배가 된다. 구슬은 팀원일 수도, 팀원들의 일일 수도 있다. 일을 완성하려면 나누어진 것들을 결국 하나로 연결하는 과정이 필요하다. 그런데 일을 시작할 때 모든 팀원에게 같은 비중의 일을 나누어 주더라도 결과물에서는 크게 차이가 날 수 있다.

예를 들어, 제품을 판매해야 하는 영업팀에서 판매 대상 지역별로 담당자를 나누어 두면 판매가 잘되는 곳과 안 되는 곳의 차이가 크다. 하나의 보고서를 작성하는 일도 마찬가지다. 필요한 내용 중심으로 깔끔하게 정리되는 부분이 있는가 하면 무엇을 얘기하는지 이해하기 어려운 부분이 있을 수 있다. 팀장은 이 모든 부분을 모아서 완성도 높은 결과물을 만들어 내야 한다.

역량이 떨어지는 팀원이라 해도 팀 업무에 참여시키지 않을 수는 없다. 그 팀원이 담당하는 부분이 매우 작다고 해도, 그 부분 없이는 전체 일이 완성되지 않는다. 완전히 버리지 않는 이상 전체 판매 지

역에서 일부 지역을 뺄 수는 없다. 보고서 작성에서도 마찬가지다. 팀원이라면 팀 전체의 일에 참여해야 하고, 능력의 차이는 있더라도 의미 있는 부분들을 완성할 수 있어야 한다. 그래야만 팀워크가 유지될 수 있다.

따라서 팀원들에게 일을 나누어 줄 때는 그 양과 수준보다는 각각의 의미를 분명히 해 두어야 한다. 일을 의미에 따라 크게 구분해 보면, 핵심에 해당하는 일, 핵심은 아니지만 고객이 요구하는 일, 그리고 그런 일들을 연결해 주는 연결고리 일이 있다.

한 소년이 작은 음악단에 참여하게 되었다. 친구들은 바이올린이나 트럼펫과 같은 주목받는 악기를 맡았지만, 이 소년은 특별히 다룰 수 있는 악기가 없었다. 그래서 음악단장은 그 소년에게 큰북을 맡겼다. 바이올린은 음악단이 연주하는 곡의 가장 중요한 멜로디 부분을 맡았다. 트럼펫은 멋지고 큰 소리로 사람들의 주목을 받았고 멀리 있는 사람들도 그 소리를 들을 수 있었다. 그렇지만 북은 그저 둥둥 울리기만 할 뿐이었다. 멜로디에 참여하는 것도, 사람들의 주목을 받는 것도 아니었다.

어느 날 그 소년은 자신이 맡은 북이 너무나 보잘것없다고 느껴졌고, 결국엔 연주를 멈추어 버렸다. 다른 아이들은 뭔가 이상하다고 느꼈지만, 자신의 연주를 계속했다. 그런데 조금씩 뭔가가 어긋났다. 바이올린의 멜로디가 어긋나고, 트럼펫 소리가 다른 소리와 어울리지 않아 불협화음이 났다. 단장은 연주를 멈추게 했다.

"왜 북이 울리지 않지?"

그제서야 아이들은 맨 뒤쪽에 있는 소년과 큰북을 돌아다보았다.

"제 북소리는 아무것도 아닌 것 같아요. 멋진 멜로디도, 멋진 소리도 내지 못하잖아요."

단장은 그 이유를 듣고 소년에게 다가가서 말했다.

"그럼, 왜 내가 연주를 멈추게 했는지 아니?"

"아뇨."

"북소리가 나지 않으니, 바이올린도 트럼펫도 제소리를 내지 못하고 있잖아. 너의 북소리에 맞추어 모두가 연주하고 있는데, 북소리가 없으니 모두 제각각 소리를 내 화음을 이루지 못하잖아."

소년은 비로소 단장의 말이 무슨 뜻인지 알아들었다.

위 이야기에는 세 가지 악기가 등장한다. 바이올린과 트럼펫, 그리고 큰북이나. 바이올린은 멜로디를 맡아 전체 음악의 핵심 부분을 담당한다. 트럼펫은 사람들에게 멋진 소리를 들려주고 멀리 있는 사람들에게도 음악단이 연주하고 있다는 걸 알려 준다. 그리고 큰북은 바이올린, 트럼펫과 같은 악기들이 화음을 낼 수 있도록 도와준다. 똑같은 속도로 똑같은 소리를 내면 되는 큰북의 연주는 어찌 보면 크게 어렵지 않다. 하지만 그 역할은 매우 중요하다. 바이올린 연주는 핵심이 되는 일, 트럼펫 연주는 고객을 만족시키는 일, 그리고 큰북은 그 두 가지 일과 다른 일들을 모두 연결하는 일을 하고 있는 셈이다.

▼ **일의 구분**

	핵심 일	고객이 원하는 일	연결고리 일
악기 비유	바이올린	트럼펫	큰북
주요 역할	전체 일의 핵심으로 잘 못되면 일의 완성도가 크게 떨어진다.	핵심 되는 일은 아니지만 고객이 원하는 일을 담당한다.	핵심 일과 고객이 원하는 일을 연결하여 전체 일의 완성도를 높인다.

필요한 모든 구슬이 있어야 목걸이를 만들 수 있지만, 주목받는 구슬은 따로 있다. 앞의 이야기에서는 바이올린이 그 역할을 한다. 다른 악기들이 아무리 잘 연주하더라도 바이올린 연주가 흔들리면 전체 멜로디가 망가진다. 가장 우수한 연주자를 찾아서 가장 많이 연습시켜야 하고, 곡의 어떤 부분에 유의해야 하며, 악기를 어떻게 관리해야 하는지까지 신경 써야 한다. 지휘자가 가진 시간의 상당 부분을 바이올린에 쏟아야 한다.

보고서를 작성하는 일이라면, 핵심 스토리를 어떻게 전개할지가 해당한다.

A 프로젝트 진단 업무에서는 프로젝트 진행 과정에서 핵심이 되는 문제점과 그 원인을 밝히는 것이 중요했다. 프로젝트 시작 단계에서 이전에 경험하지 않은 프로젝트임에도 일이 어렵지 않다고 판단하여 철저하게 준비하지 못했다.

그래서 처음 10%를 추진할 때 설계업체를 잘못 선택하여, 설계가 지연되고 전체 공정 계획을 제대로 수립할 수 없었다. 이후 설계에서 발생한 문제가 구매와 시공에도 영향을 미쳤다. 그런 상황에서도 담당자는 일정을 만회할 수 있다고 생각했지만, 시공 재작업, 추가 리소스 투입 등으로 일정이 늦어지고 수익성도 떨어지고 말았다.

이러한 핵심 스토리 중심으로 상세 일정과 담당자들의 대응, 계획 대비 일정, 손실 규모 등을 명확히 정리해야 했다. 보고서를 작성하는 과정에서, 특히 신경이 쓰인 부분은 설계, 구매, 시공의 일이 어떻게 서로 연결되어 있는지 설명하는 것이었다. 그것이 제대로 설명되지 않으면 스토리 전체를 이해하기 어렵기 때문이다. 나머지는 부수적인 부분이었다. 핵심 스토리에서 벗어나는 부분은 프로세스나 역량 측면에서 문제점을 다루면 되었다.

결국, 모든 일의 성공은 고객이 알아보고 인정해 주는 것이다. 고객의 니즈needs와 잠재된 욕구인 원츠wants를 잘 알고 그에 맞는 가치를 제공할 수 있어야 한다. 하지만 모든 고객을 만족시킬 수는 없다. 많은 고객 중 내가 상대할 고객이 정확히 누구인지 알아야 한다. 회사 내부의 일이라면 보고해야 할 상사나 경영진을 만족시켜야 한다.

A 프로젝트 진단을 시작할 때 경영진이 지시한 사항은 '최대한 객관적으로 프로젝트 추진 과정의 문제점과 그 이유를 설명하고, A 프로젝트를 통해 우리가 배운 점이 무엇인지 명확히 하라'였다.

팀원들과 함께 업무를 수행하면서 세 번의 보고 기회가 있었다. 첫 번째 보고에서는 프로젝트 전체 상황을 설명했다. 차후 CEO가 원하는 핵심 문제점을 설명하더라도 전체 스토리를 알아야 그중에 어떤 부분이 핵심인지 이해할 수 있기 때문이다. 보고서 전체를 설명하는 데 6시간이 넘게 걸렸다. 당초 보고 시간은 2시간이었는데, 경영진은 이후에 예정되어 있던 모든 회의를 취소하고 A 프로젝트를 이해하는 데 집중했다. 수없이 많은 질문을 받았고, 자료, 인터뷰 내용 등 여러 가지 근거를 바탕으로 하나하나 대답했다. 비록 시간은 많이 걸렸지만, 한 번 그런 시간을 거치고 나니 이후의 보고는 쉽게 진행되었다.

시간 관리 측면에서도 2시간씩 세 번 설명하는 것보다 6시간 동안 한 번에 설명하는 것이 훨씬 효과적이었다. 나누어 설명하게 되면, 이전에 설명했던 것을 다시 떠올리고 새로운 내용과 연결하는 과정들에 시간이 더 소요되기 때문이다.

두 번째 보고에서는 지시 받은 두 가지, 즉 프로젝트 진행 과정에서의 문제점과 문제가 발생한 이유에 대해 근거를 들어가며 최대한 객관적으로 설명하고, 이 과정에서 우리가 배운 점을 정리하여 보고했다. '우리가 배운 점'은 당연히 우리 회사가 배운 점이다. 프로젝트를 준비하는 과정에서 무엇을 해야 하는지, 프로젝트를 시작할 때 처음 10%의 시간을 어떻게 활용해야 하는지, 마지막 일정 만회를 위한 중요한 순간에 어떻게 의사결정해야 하는지 등을 설명드렸다.

회사 차원에서의 배운 점을 정리하면서 나는 우리 TF팀이 배운 점이 무엇인지도 생각해 보았다. 우리가 작성한 보고서가 회사 전체로 공유되고 주요 핵심 프로세스를 개선하는 작업에 활용되겠지만, 무엇보다도 팀원 하나하나가 많은 것을 배웠다는 생각이 들었다. 이전까지 설계, 구매, 시공 등 자신의 전문 분야에서만 일하던 팀원들이 이번 프로젝트를 통해 자신의 일이 다른 부서와 어떻게 연결되어 있는지 이해하게 되었다. 수없이 많은 토론을 거치면서 자신이 알고 있는 것을 다른 팀원들과 나누고, 올바른 결론을 내겠다는 하나의 목적으로 뭉쳤다. 누군가 우리가 쓴 보고서를 읽고 배울 수 있는 것보다 훨씬 더 많은 것을 배웠다고 확신한다.

마지막 보고는 파워포인트 형태로 이루어졌다. 보고 후 잘 정리되었다는 피드백을 받았다. 팀장으로서, 리더로서 함께 일한 팀원들이 정말 고마웠다.

모든 일의 마지막은 보고서 작성이다

회사 내 모든 일의 시작과 끝은 보고다. 일의 계획을 보고하고, 어떻게 진행되고 있는지 보고하고, 일이 마무리되면 마지막 보고를 통해 일이 어떻게 완료되었고 추후에 할 일은 무엇인지 정리한다.

나의 경우, 기획과 경영진단 업무가 많다 보니 보고서에서 시작해서 보고서로 끝나는 일이 많다. 짧게는 일주일, 길게는 석 달 이상의 기간 동안 앞으로 해야 할 일의 계획서를 작성하기도 하고, 지나간 일을 검토하여 보고서를 마무리하기도 한다. 아무리 중간 과정이 좋았다 해도 마무리가 잘되지 않으면 모두가 힘들어진다. 깔끔하게 일이 마무리되지 못하고 질질 늘어져, 끝나도 끝나지 않은 애매한 상황이 되기도 한다.

따라서 일을 잘 마무리하고 가급적 한 번에 보고를 끝낼 수 있도록 최선의 노력을 다해야 한다. 보통 보고서 작성은 실무자 중 누군가가 보고서 초안을 작성하면 팀장이 검토하여 수정할 부분을 수정하고 마무리한다.

여기서 팀장이 검토할 것은 단순히 보고서 내용이 아니다. 일을 처음부터 다시 시뮬레이션해야 한다. 계획을 세울 때는 앞으로 할 일에 대한 시뮬레이션이기에 상상력을 동원해야 하지만, 마무리 시뮬레이션은 지나간 과정에 대한 것이므로 그리 어렵지 않다. 시뮬레이션을 통해 주어진 시간 동안 무엇을 했고, 어떤 결과를 얻었는지 보고의 방향을 잘 잡아야 한다.

마무리 보고서 작성은, 간단히 말하면 콘셉트를 명확히 하고 스토리를 만드는 과정이다. 스토리를 완성해 가는 과정이 5W1H(Who, When, Where, What, Why, How)를 채워 가는 과정이라면, 콘셉트는 그중에서, 특히 Why에 대한 답이다. 질문은 보고받는 고객이 하고, 답은 팀장이 해야 한다. 왜 문제가 생겼는지, 왜 그것이 중요한지, 왜 그렇게 해야 하는지 등등 경영진이 궁금해하는 점을 명확히 설명할 수 있어야 한다.

나와 함께 일했던 한 선배는 보고서의 콘셉트와 스토리를 한눈에 정리할 수 있는 '양식'을 만들어 내는 데 비상한 능력이 있었다. 보고서는 글로만 정리하면 보는 사람의 입장에서는 그 내용이 아무리 깔끔해도 지루하기 마련이다. 그래서 글로 쓴 내용을 표로 정리해 넣기도 하고, 데이터를 그래프로 표현하기도 한다. 그런데 그 선배는 표나 그래프뿐만 아니라 다양한 양식을 활용해 보고서 내용을 심플하게 정리하고, 그중에서도 핵심 되는 내용은 보다 돋보이게 했다.

선배와 한 팀을 이루어 IT 제품 사업부의 프로세스 진단을 할 때였다. 우리는 그 사업부가 운영하고 있는 주요 업무 프로세스의 완성도와 준수도를 진단하는 과제를 맡았다. 주요 프로세스에는 마케팅, 연구개발, 제조, 구매, 판매, 품질 등의 사내 핵심 프로세스가 모두 포함되었다. 프로세스라고 할 수 있는 게 너무나 많아, 그것들을 모두 분석하여 일목요연하게 정리하는 일은 쉽지 않았다.

예를 들어, 마케팅 분야의 업무 프로세스는 크게 시장기회 분석, 마케팅 전략 수립, 상품 기획의 세 단계로 나누어진다. 시장기회 분석 프로세스 중 핵심 프로세스는 마켓 센싱market sensing이다. 선배는 이 프로세스를 점검하기 위해 프로세스 규정의 유무, 규정의 완성도, 규정의 준수 수준 등 3개의 평가 항목을 만들었다. 특히, 규정의 완성도는 업무 순서가 정립되어 있는지, 현실과 적합하게 되어 있는지, 프로세스를 준수했을 때의 기대 효과가 큰지, 결과물을 잘 관리하고 있는지 등 다시 4개의 소항목으로 나누었다.

▼ 마케팅 프로세스 평가 양식

주요 프로세스	규정 유무	완성도 평가				준수도 평가	
		업무 순서	현실 적합성	기대 효과	결과물 관리	준수율	근거
시장 기회 분석	마켓 센싱	○	○	△	○	×	88%	월간 보고서
마케팅 전략 수립								
상품 기획								

매우 복잡하고 어려운 일이었지만 표 하나로 아주 심플하게 구조화하면서 일이 순조롭게 진행되었다. 표를 채우는 일이 쉽지는 않았지만, 표가 있음으로써 무엇을 어떻게 해야 하는지 일이 아주 분명해졌다. 주요 프로세스마다 표를 채우면서 프로세스의 완성도와 준수율을 확인하여 경영진이 궁금해하는 프로세스별 운영 수준을 명확히 보고할 수 있었다.

보고서의 내용이 알차고 구성이 깔끔해도 제대로 마무리되지 않으면 인정받기 어렵다. 오타가 있을 수 있고, 어색한 표현이 있을 수 있으며, 내가 보기엔 괜찮지만 다른 사람의 눈에는 이해하기 어려운 부분도 많다. 그 모든 부분을 찾아내고 수정하여 고객에게 가장 적합한 형태로 완성해야 한다. 어떻게 보면 보고서 작성에서는 마무리 작업이 전체의 절반 이상이다.

보고서의 어색한 부분이나 오타를 찾아내는 가장 좋은 방법은 소리 내어 읽는 것이다. 눈으로만 읽는 것보다 소리를 통하면 우리의 감각을 확장시킬 수 있기 때문이다. 입으로 소리를 내어 보면, 입에 익숙한지 아닌지 알 수 있다. 귀는 그 소리를 듣고 뇌를 자극한다. 이렇게 눈과 귀, 입이 같이 반응하면 좀 더 입체적으로 판단할 수 있다.

가능하면 팀원들이 모두 모여서 돌아가며 읽는 것이 좋다. 조금이라도 이상한 부분이 있을 땐 누구나 자유롭게 얘기하도록 하여 어색하거나 이해되지 않는 문장을 걸러낸다.

그다음에는 보고 상황을 가정하고 보고서를 읽어 본다. 경영진이 앞에 앉아 있다 생각하고 보고서를 설명해 보면 고객 측면에서 보고서를 바라볼 수 있다. 처음 도입 부분을 어떻게 하면 좀 더 관심을 끌 수 있을지, 전체 순서를 어떻게 하면 지루하지 않게 들릴지, 마지막 결론을 어떻게 표현할지 등이 더 잘 보인다.

파워포인트를 사용하는 보고라면 설명할 내용을 스크립트^{script}로 작성해 보는 것도 좋다. 파워포인트는 워드프로세서와 다르게 키워

드나 표, 그림으로 표현하는 도구인 만큼 시각적 요소와 청각적 요소가 잘 어울릴 수 있도록 해야 한다. 스크립트를 써 보면 자료를 어떻게 보완할지, 자료의 내용을 어떤 순서와 비중에 따라 얘기할지도 알 수 있다.

마지막으로 경영진이 궁금해할 수 있는 예상 질문과 대답을 준비한다. 보고는 일방적인 전달이 아니기에, 자료 설명보다 그 이후의 질문과 그에 대한 대답이 더 중요하다. 설명보다 2배, 3배의 시간이 더 소요되기도 한다. 중요한 핵심 질문은 당연히 자료에 포함하여 묻지 않아도 자연스럽게 대답이 되어야 한다. 보고 자료에 포함할 정도는 아니지만 필요한 중요 데이터를 별도로 정리하여 준비한다.

대부분 대면 보고로 일을 마무리하지만, 요즘은 사내 시스템을 통해 결재를 올리거나 상사가 출장 중이면 이메일로 보고하기도 한다. 이메일로 보고해야 한다면 보고서를 첨부하고 메일 본문에 관련 내용을 간략히 요약해서 설명해야 한다. 첨부한 보고서를 통해 자세한 내용이 전달될 것이라 기대하겠지만, 메일 본문이 첫인상을 좌우할 수 있다. 따라서 핵심 내용을 빠뜨리지 않고 이해할 수 있도록 돕는 설명을 넣어야 한다.

팀장에게 필요한 자질

　오래전 한 사업부에서 외부 전문업체의 컨설팅을 받은 적이 있다. 당시 그 사업부가 만들던 제품은 오디오나 전자레인지 등에 글자나 숫자를 표시해 주는 작은 디스플레이였다. 일부 자동차에도 그 제품이 사용되는 등 용도가 다양해 고객층이 매우 넓었다. 미국 자동차 회사처럼 덩치가 큰 고객도 있고, 전자레인지나 밥솥을 만드는 국내 업체들과 장난감을 만드는 중국 업체들도 있었다.

　컨설팅의 핵심은 고객 관리였다. 컨설팅 업체는 수많은 고객을 이런저런 방식으로 분석했다. 약 100여 개의 고객이 있었는데, 50개 고객이 매출의 90%를 차지하고 그중 20개 고객이 80% 정도를 차지하고 있었다. 나머지 고객은 매출액이 작을 뿐 아니라 매달 판매 규모가 들쭉날쭉했다. 결론은 매우 단순했다. 20개 고객에게 집중해야 한다는 것이었다.

　잘 알려진 '파레토 법칙 Pareto's Law'과 관련된 얘기다. 이탈리아 경제학자 빌프레도 파레토 Vilfredo Pareto가 밝힌 소득 분포에 대한 통계 이론으로, 그는 유럽의 상위 20% 사람들이 전체 부의 80%를 소유한다는 사실을 발견했다. 이를 경영 활동에 적용하면, 회사 총매출액의 80%는 20%의 상품에 의해서 결정되고, 상품개발 아이디어의 80%는 20%의 직원에게서 나온다는 것을 개략적으로 예상할 수 있다.

　팀의 성과도 마찬가지다. 팀장은 많은 일에서 어떤 부분 20%가 전체 성과의 80%를 차지하는지 알아내야 한다. 그것이 핵심을 찾고 일의 맥을 잡는 것이다. 그렇게 일을 줄일 수 있고 야근을 줄일 수 있다. 핵심을 찾아내는 가장 쉬운 방법은 해야 할 일을 체크리스트로 정리해 두고 중요한 것부터 우선순위를 정한 다음 상위 20%에 집중하는 것이다. 이 일은 혼자 하기보다 팀원들과 같이하는 것이 좋다. 일의 방향을 정하는 것은 팀장이 해야 하지만, 그 방향에 따라 일을 나누고 나누어진 일에서 세부 일과 체크리스트를 정하는 것은 팀원들이 할 수 있다. 덧붙여 팀장과 팀원들이 토론을 통해 핵심 20%를 찾아내는 것이 바람직하다.

이렇게 찾아낸 핵심이 되는 일에 집중하되 지속 가능한 방법을 통해 실행해야 한다. 지속 가능한 방법이란 팀장과 팀원들이 서로 좋은 관계를 유지하며 성과를 내는 것이다. 팀장은 팀원들과 함께 일할 때 '성과에 대한 요구'를 저울의 한쪽에 두고, 다른 쪽에는 무엇을 두어야 하는지 다음 세 가지 균형을 생각해야 한다.[57]

첫째, 성과에 대한 요구와 '노력한 결과에 대한 인정' 사이의 균형이다. 팀장과 팀원의 소통에서 가장 중요한 부분이다. 팀장은 팀원들에게 일을 주면서 당연히 성과를 요구해야 하지만, 반대로 팀원들의 노력을 인정해 줄 수 있어야 한다. 회사에서 공정한 보수를 받고 안정된 일자리를 보장받는 것 외에, 팀원들이 수행한 업무에 대한 가치를 제대로 평가해 주어야 한다. 설령, 팀원의 결과물이 마음에 들지 않더라도 잘한 부분을 찾아내어 칭찬해 주고, 개선할 방법도 알려 주어야 한다.

둘째, 성과에 대한 요구와 '일에 대한 자율성'과의 균형이다. 자율성은 '권한 위임'으로 부여할 수 있다. 팀원 각자는 서로 다른 인격체이고 성격과 일하는 방식이 다르기에, 그들 스스로가 일하는 방식을 결정할 수 있어야 한다. 이러한 자율성은 일 자체의 목적, 방향과는 분명히 다르다. 일의 방향은 팀장이 스스로 고민을 통해, 또는 팀원과의 협의를 통해 결정해야 하며, 그 이후의 실행 방법은 팀원들에게 위임할 수 있어야 한다.

일을 위임함으로써 팀장은 자신에게 부족한 시간을 보충하여 보다 유용하게 사용할 수 있고, 팀원들은 자신의 역량을 강화할 수 있다. 보다 어렵고 힘든 일들을 수행하면서 일하는 근육을 단련해 가는 것이다.

마지막으로, 성과에 대한 요구와 '투입 리소스'와의 균형도 중요하다. 일의 양과 질에 맞게 팀원을 배정해 주어야 한다. 세 명이 나누어서 할 일을 한 명에게 주거나, 일주일 걸리는 일을 이틀 만에 하라고 지시하면 팀원들의 반발을 살 뿐이다. 어떤 팀장은 마음에 들게 일하는 부하직원이 별로 없다며 가장 마음에 드는 한두 명에게 일을 몰아주기도 한다. 이 경우 조직 전체의 리소스를 활용하지 못하고 일부만 사용하게 되므로 제대로 된 성과가 나올 리 없다. 팀장 입장에서 당장은 편할 수 있겠지만, 조직 전체의 경험과 성장을 감안하지 않으면 지속 가능한 성과를 내기는 어렵다.

팀 내의 리소스뿐 아니라 회사 전체의 리소스 또한 활용할 수 있어야 한다. 필요하다면 다른 팀의 리소스도 마찬가지다. 우리는 지금 팀에 대해 얘기하지만, 성과는 팀보다 회사 단위에서 생각해야 한다. 크게 생각하고 회사 내의 리소스를 활용하면 더 큰 일들을 해낼 수 있다.

리더십이라고 하면, 영화 〈대부〉에 나오는 주인공과 같은 카리스마를 떠올리는 사람들이 많다. 보스의 말 한마디에 부하직원들이 목숨을 내놓거나, 상대방이 쩔쩔매면서 요구를 들어준다. 현실에서는 그런 보스가 필요하지 않다. 보스에게는 카리스마가 필요하지만, 리더에게는 꼭 필요한 요소가 아니다.

보스와 리더의 차이 가운데, 가장 중요한 부분은 '긍정적인 영향력'의 유무다. 리더는 리더 자신과 팀원 모두에게 도움이 되는 방향의 영향력을 가진 반면, 보스는 부하직원들을 자신이 이용할 수 있는 리소스로만 생각하는 경향이 있다. 보스 자신을 위한 영향력이지 조직 전체를 위한 영향력이 아니다. 또한 보스는 뒤에 앉아서 부하직원들에게 행동하라고 외치지만, 리더는 먼저 방향을 잡아 주고 앞장서서 나아간다. 이처럼 리더는 권위주의에 의존하지 않고 팀원들에게 스스로 신뢰를 얻고 합리적인 권위를 쌓아간다.

누구든 리더가 될 수 있고, 상황에 따라 리더가 되어야 한다. 특히, 실무 리더는 핵심을 볼 수 있어야 하고, 균형을 유지할 수 있어야 하며, 자신의 리더십 스타일을 잘 활용할 수 있어야 한다. 이 세 가지는 결국 일에 대한 것, 팀원들과의 관계에 대한 것, 그리고 자기 자신에 대한 것이다. 스스로를 정확히 알고 팀원들과 관계를 잘 유지하며 일의 방향과 핵심을 놓치지 않는다면, 누구든 실무 리더로서 성공할 수 있다고 믿는다.

♣ 변화를 이끌어 내기 위한 핵심 과제 8~10

8. 회의는 가능하면 하지 않는다는 원칙에서 접근한다

회의를 해야만 한다면, 회의 전에 목적과 안건을 분명히 하고 그에 적합한 참석자를 선별하여 공지한다. 회의 중에는 중요한 부분에 집중해서 토론하여 결론을 낼 수 있도록 유도하고, 회의 후에는 반드시 회의록으로 결정된 사항들을 정리하고 실행될 수 있도록 담당자를 독려한다.

9. 연결고리 일은 리더가 솔선수범하여 주도적으로 관리한다

어느 조직, 어떤 일에서도 때로는 예상했던 경계를 넘어서는 일, 세심한 협업이 필요한 일이 발생한다. 이런 일은 사전에 각자의 역할과 책임을 분명히 한다고 해서 잘되는 것이 아니기에, 팀원에게 맡기지 않고 리더가 직접 나서서 처리해야 한다.

10. 나누어진 일을 통합하여 일을 마무리한다

중간보고를 통해 일의 완성도를 높이기 위한 여러 가지 대안을 찾아내고 검토한다. 일의 마무리 단계에서는 나누어진 일들 중에서 핵심 일에 가장 집중하되, 고객이 원하는 일이 빠지지 않도록 하고 연결고리 일을 튼튼히 챙긴다.

night overtime

결국, 무엇을 위한
리더십인가?

7

누구나 리더십 역량을
키울 수 있다

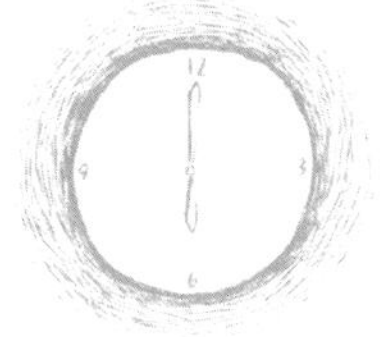

팀장은 누구에게나 을(乙)이다

팀장이 회사생활을 하면서 만나는 사람들의 스펙트럼은 굉장히 넓다. 팀원 중에는 신입사원도 있고, 때로는 자신보다 나이가 더 많은 고참도 있다. 상사 중에서는 자신보다 나이가 적은 임원도 있고, 예순이 넘은 CEO도 있다. 그들의 나이 차이는 최대 30년이 넘는다. 사내뿐 아니라 사외 사람들과도 교류하고 만나서 일해야 한다. 컨설팅 회사의 젊은 컨설턴트를 상대해야 하고, 사무실 청소와 건물 관리 담당자들과도 인사해야 하며, 자회사 팀장 및 임원들과 협의하며 일할 때도 있다.

30년 차이의 눈높이를 시시각각으로 맞추기란 쉬운 일이 아니다. 사람의 눈은 노화가 되면 수정체 두께를 조절하는 능력이 떨어진다. 젊을 때는 먼 곳을 보다가 가까운 곳으로 시선을 돌려도 금방 초점을 맞추지만, 고참 팀장의 나이가 되면 그게 쉽지 않다. TV를 보다가 책을 읽으려 하면 잠시 시간이 지나야 초점이 맞추어진다. 하지만 사내 대화에서 초점을 맞추는 것에 그렇게 시간이 걸려서는 안 된다. 눈은 노화되고 있더라도, 팀장의 두뇌는 30년 이상의 시간 차이를 오가며 상대방의 눈높이에 맞추어 대화하고 협의해야 한다.

하지만 현실은 녹록지 않다. CEO에게 한 보고가 잘못되어 질책을 듣고 상심한 채 자리에 돌아왔는데, 신입사원이 내민 보고서가 눈에 들어올 리 없다. 신입사원에게 팀장은 하늘 같은 사람일지 모르지만, CEO에게 팀장은 어린애에 불과하다. 나이 40이 되면 어른 대접을 바랄 수도 있겠지만, 상사들 눈에는 그게 아닌 듯하다. 흰 머리가 보이거나 머리가 빠져 듬성듬성해 보이면 꼭 한마디씩 하고 지나간다. 누군들 깔끔한 모습을 보이고 싶지 않겠는가마는 수많은 사람을 만나 얘기하고, 설득하고, 지시받고, 깨지다 보면 자신을 돌볼 시간이 없다.

팀장은 자신을 돌보기보다는 팀원들을 돌보아야 하고, 상사의 심기를 살펴야 한다. 그러기에 팀장은 누구에게나 '을'이다. 팀원들에게는 엄하면서도 자상한 모습을 잃지 않아야 하고, 상사에게는 늘 긴장을 유지하면서도 무엇이든 빠짐없이 챙기는 빠릿빠릿한 모습을 보여야 한다. 하지만 누가 그렇게 완벽할 수 있겠는가? 그저 그러한 모습을 보일 수 있도록 최선을 다할 뿐이다.

팀장이 되면 많은 것을 스스로 선택할 수 있는 것처럼 보이지만, 사실은 선택권도 자율권도 거의 없다.

일은 끊임없이 떨어진다. 직속 상사만 일을 주는 게 아니다. 관련 부서에서 도와달라며 협조를 요청하는 일도 많고, 경영진이 직접 일을 맡기는 경우도 있다. 그렇게 떨어지는 일들을 피할 권리는 팀장에게 주어지지 않는다. 다만 해낼 뿐이다. 물론, 우선순위를 판단해서 처리한다. 그렇다고 일의 기한을 조정하기는 어렵다. 아니, 기한을 늦추어 주는 건 바라지도 않는다. 오후 늦게 불러서 급한 일이니 내일 아침까지 하라는 지시가 제일 무섭다.

상사의 지시를 팀원들에게 그대로 전달하기 어려운 경우도 생긴다. 상사는 회사를 위해 이런저런 일을 하자고 말하지만, 그것을 팀원들에게 그대로 전하면 회사 전체에 엉뚱한 소문이 퍼질 수 있다. 팀장은 그런 일도 미연에 방지할 수 있어야 한다.

회사 전체의 중장기 전략을 수립하는 업무를 진행 중일 때였다. 보통 공격적인 매출 목표를 수립하지만, 이번에는 보수적으로 보자는 지시가 떨어졌다. 무슨 뜻인지 느낌이 왔다. 시장 상황이 좋지 않으니 천천히 가자는 얘기였다. 하지만 이런 내용을 직원들에게 그대로 전달할 수는 없다. 직원들이 들으면 사업을 줄이고 회사 규모를 줄이게 되리라는 소문이 퍼질 게 분명했다.

사실, 보수적으로 보자는 의미는 다양하게 해석할 수 있다. 정체된 시장 상황을 따라가는 것일 수도 있고, 내부 인력의 역량 수준에 맞추어 갈 수도 있으며, 수익성이 확보되는 프로젝트만 선별해서 진행하자는 식으로 사업을 유지할 수도 있다. 첫 번째와 세 번째 방법은 기준이 모호할 뿐만 아니라 다른 오해를 낳을 여지가 많았다. 두 번째 방법으로 결정이 났다. 사업부별, 상품별 내부 보유 인력과 그들의 역량 수준에 맞게 사업을 추진한다고 하면 좋지 않은 소문이 퍼질 가능성이 줄어들 것이라 기대했다.

하지만 그마저도 검토하는 과정에서 많은 제약을 받는다. 내부 역량을 수치로 바꾸어 수행 가능한 규모를 도출할 수 있지만, 사업부와 인사팀의 입장이 부딪히는 경우가 많다. 결국, 몇 가지 대안을 두고 장단점을 검토하여 경영진에서 판단하도록 해야 한다.

이 과정에서도 팀장은 어려운 일을 해야 한다. 팀장이 전체를 객관적으로 비교 분석하여 결론을 내린 후 한 가지 방안을 주장하는 보고서를 쓸 수도 있지만, 보통은 경영진이 이미 어떤 의지를 갖고 있는 경우가 많다. 팀장은 그런 경영진의 의중을 파악할 수 있어야 한다. 그렇지 못하면 눈치 없는, 그래서 능력 없는 부하직원이 되고 만다.

팀원들을 대하는 것도 버거울 때가 많다.

한번은 우리 팀의 업무에 새로운 일이 추가된 적이 있었다. 하지만 그 일에 전문성을 가진 팀원이 없어 새로운 팀원을 데려와야만 했다. 인사팀을 통해 해당 업무 수행이 가능한 대상자 명단을 받고 역량과 인성 등을 파악하여 두 명을 선정했다. 하지만 그중 한 명은 현재 소속된 팀에서 핵심 역할을 하고 있어 도저히 보낼 수가 없단다. 인사

팀을 통해서 요청해도 요지부동이었다. 다른 한 명은 해외 법인에 있어서 한 달이 지나야 올 수 있다고 했다. 현장 경험도 많아서 큰 도움이 될 것이라는 얘기도 들었다. 하는 수 없이 기다리기로 했다.

한 달 후, S 과장을 데려올 수 있었다. 반갑게 인사하고 새 업무의 전체 계획부터 짜기로 했다. 비록 한 명뿐이었지만, S 과장이 업무 내용을 잘 알고 있었고 팀원 한 명을 더 붙여서 기존 업무와 잘 연결될 수 있도록 조치했다. 그렇게 새로운 업무가 문제없이 정착되리라 생각했다.

그런데 몇 달이 지난 어느 날, S 과장이 회사를 그만두고 유학을 가고 싶다는 의사를 밝혀 왔다. 정신이 아득했다. 지금도 인력이 부족한데, 그가 빠지면 팀 전체가 힘들어질 뿐 아니라 새로운 업무를 담당할 전문 인력이 단 하나도 없게 되는 꼴이다. 나는 몇 달만이라도 더 있어 달라고 부탁했다. 유학 일정을 물어보고 준비하는 데에 문제가 없도록 시간을 주겠다고도 했다. 그렇게 몇 번을 얘기하니, 그도 내 요구를 들어주겠다고 대답했다. 나는 그사이에 다른 팀원을 다시 구해야겠다고 생각했다.

하지만 S 과장은 어느 날 홀연히 사라져 버렸다. 아침에 출근해 보니 내 책상 위에 그가 놓고 간 퇴직원이 덩그러니 놓여 있었다. 메일로는 언제 날짜로 퇴직할 예정이고 그때까지는 휴가를 쓰겠다는 결재가 올라와 있었다. 뒤통수를 맞은 기분이었다. 정말 배신을 당한 기분이었다. 인사팀에 확인해 보니 이런 경우가 종종 있다고 했다.

팀장과 상의 없이 퇴직원을 제출하고 사라져도 법적으로는 문제가 없다는 얘기도 덧붙였다. 내가 너무 강압적으로 얘기하는 바람에 그가 어쩔 수 없이 남겠다고 했다가 마음을 바꾼 것이 아닌가 하는 자조적인 생각이 들었다.

모든 것이 내가 부족한 탓이다. 팀원이 잘못을 해도 팀장이 관리를 잘못한 것이고, 상사가 실수를 해도 팀장이 잘못 보좌한 탓이다. 그래서 때로는 나와는 상관없어 보이는 일로 깨지기도 한다. 평소에 관련 부서와 협의하는 체계를 만들어 놓지 않아서 서로 다른 쪽에서 하는 일을 확인해 가면서 일하지 않았다는 이유로도 질책을 듣는다. 변명하고 싶은 말들이 많지만 앞으로 개선하겠다고만 대답한다. 상사의 기분이 풀리면 나의 입장을 얘기하고 싶지만, 말이 목구멍까지 올라왔다가 다시 내려간다.

스스로에게 정직(integrity)

우리 사회에는 정직하면 손해를 본다고 생각하는 사람이 많다. 그냥 가벼운 거짓말을 해 버리면 피해갈 수 있는 상황에서, 괜히 정직하게 얘기했다가 더 설명하기 힘들어지는 경험을 누구나 겪었을 것이다. 그런 경험이 조금씩 쌓이면서, 때때로 거짓말하는 게 더 낫겠다고 생각하게 된다. 그리고 그러한 자신의 경험과 주위의 얘기가 합쳐져 잘못된 인식을 만들어 낸다.

더욱이 영화나 드라마를 보면 속고 속이는 세상 얘기로 가득하다. 그래서 학교를 졸업하고 회사생활을 처음 시작하는 신입사원들은 두려움이 크다. 특히, 세상은 약육강식의 원리가 지배한다는 말이 무섭고, 그런 세상 속에서 과연 스스로를 지킬 수 있을지 두렵다.

하지만 현실에서 거짓말이나 속임수로 어려운 상황을 모면하거나 자기 역량을 과시할 수 있는 건 한순간일 뿐이다. 진실하지 못하고 거짓말까지 한다는 소문이 사내에 퍼지면 그 사람의 인간관계는 끝이 난다. 영화나 드라마에서는 거짓말로 위기를 모면하는 상황이 계속될 수 있지만, 실제 조직 내에서는 금방 드러난다. 더구나 리더의 위치에 가까워질수록 자신의 말과 행동은 주변 사람들에게 더욱 투명하게 드러날 수밖에 없다.

보통 사람들이 생각하는 정직함이란 '거짓말을 하지 않는다는 것'이다. 이는 정직에 관한 매우 협소한 의미로 때로는 오해를 낳기도 한다. 거짓말만 하지 않으면 정직함의 충분조건을 갖는다고 생각하기 때문이다. 심리학에서는 정직함과 겸손함을 하나의 성향으로 간주한다. 즉, 정직함은 더 많은 의미를 담고 있다.

가식을 싫어하고 남보다 더 많이 차지하려는 탐욕이 적어서 무언가를 이루기 위해 타인을 이용하지 않는다. 개인의 이득보다는 다른 사람들과 더불어 살기 위해 지켜야 할 윤리를 중시하여 공정하고 준법적이다. 자신이 특별히 우월하다고도 생각하지 않는다. 따라서 약자라 하더라도 특별한 하대를 하지 않는다.[1]

여기서 자신이 특별히 우월하다고 생각하지 않는 마음이 무엇일까? 정직하려고 노력해 본 사람들은 안다. 정직하기가 얼마나 어려운지. 한 심리학자의 실험에 의하면, 처음 안면을 트는 상황에서 사람들은 자신의 능력과 이력 등에 대해 10분에 세 번 정도씩 거짓말을 한다고 한다.[2]

정직함의 어려움을 아는 사람이라면 자신이 다른 누구보다 우월하다는 생각을 하기가 쉽지 않다. 하루에 한 번 거짓말하든, 백 번 거짓말하든 정직하지 못한 것은 똑같다. 그래서 정직하기 위해 노력해 본 사람은 자신이 다른 사람들보다 나을 게 없다는 겸손함을 갖게 된다. 정직하고 겸손한 사람들은 하루하루 정직하게 살겠다는 스스로의 다짐에 부끄럼이 없도록 최선을 다할 뿐이다. 그리고 사람들은 정직하기 위해 애쓰는 이들을 알아보고 신뢰한다.

반면, 정직하지 못한 성격이 다른 성격 요인과 만나면 대단히 좋지 못한 성향이 만들어진다. 사람들과의 관계가 원만하면 아첨꾼일 가능성이 크며, 원만하지 않으면 이기적인 싸움닭이다. 외향적이면 자아도취에 빠진 사람이며, 내향적이면 거만한 고집쟁이일 가능성이 크다. 성실하면 자기밖에 모르는 음모에 가득 찬 야심가가 되며, 반대로 나태하면 그야말로 최악이다. 부정직한 사람은 그 외의 어떤 능력이나 성격과 결합되어도 결코 조직에 필요한 사람이 되지 못한다.[3]

▼ 정직함의 높고 낮음에 따른 행동 특성

높음	낮음
• 가식적인 것을 싫어하고 타인을 조종하지 않는다. • 공정하고 준법정신이 뛰어나다. • 부를 중요시하지 않고 청렴하다. • 우월의식이 없다.	• 목적을 위해 사람을 사귀고 지위가 높은 사람에게 아부한다. • 부와 명품, 사회적 지위를 추구한다. • 특권의식이 있다.

정직함은 문제 해결 과정에서 큰 도움이 될 수 있다. 대부분의 문제를 들여다보면 진짜 문제가 잘 드러나지 않는 경우가 많다. 눈앞에 보이는 문제보다 애초에 그 문제에 이르게 된 근본 원인을 알아내야 한다. 예를 들어, 누군가가 '벽이 더러우니 흰색으로 칠하자'고 문제를 제기했다. 이 경우 무조건 벽을 흰색으로 칠한다고 해서 문제가 해결되는 것이 아니다. 더러워지게 된 원인이 무엇인지, 왜 흰색으로 칠하고 싶은지, 아예 쉽게 더러워지지 않는 벽으로 만드는 게 나은지 다양한 접근 방법이 필요하다. 여러 관점을 놓고 정직하게 의견을 교환하고 나면 '벽을 더 더럽혀 더러움이 눈에 띄지 않게

만든다'는 생각지도 못한 해결책이 나올 수 있다.[4]

　그런데 정직함을 남용하거나 심각하게 왜곡하는 사람들이 있다. 그들은 문제를 드러내어 해결하는 중요한 수단으로 정직함을 사용하지 않고, 개인의 감정을 정직으로 포장하여 날 것 그대로 드러낸다. 자신과 다른 의견을 가진 타인을 공격하는 데 이용하기도 한다.[5]

　예전에 내가 알던 L 과장은 매우 솔직한 사람이었다. 그는 다른 사람들과 대화를 하거나 회의를 할 때마다 바른 소리만 했다. 매우 합리적이고 논리적으로 맞는 주장을 했지만, 정작 잘못을 바로잡고 개선해 나가려 하기보다 다른 사람들을 공격하는 꼴이었다. 당연한 말이지만 많은 동료가 그를 싫어할 수밖에 없었다. 그는 솔직하긴 했지만, 상대방의 감정에 둔감해서 자신의 생각을 가감 없이 드러냈다. 나는 이러한 모습이 정직이라고 생각하지 않는다.

　정직함은 먼저 자신의 생각과 마음에서 출발해야 한다. 남에게 요구하기보다 나 자신을 향해야 한다. 그리고 자신을 바라보았던 마음으로 다른 사람을 바라볼 수 있어야 한다. 내 마음속에 이기심과 이타심을 동시에 보았다면, 다른 사람의 마음속에서도 그것들을 볼 수 있어야 한다. L 과장이 평소에 그런 연습을 했더라면, 어떻게 말하고 행동해야 하는지 자연스럽게 알 수 있었을 것이다.

　반면, 진실을 밝히기 위해 항상 도전하며 엄격하게 정직을 추구하는 조직문화를 만들어 낸 리더도 있다. 미국 인텔INTEL의 COO최고운영책

^{임자}를 지낸 앤디 그로브 ^{Andy Grove}가 그랬다. 그는 요구가 많고 까다로운 상관으로 정평이 나 있었다. 사리에 밝고 아는 게 워낙 많아 부정확하거나 거짓이 섞였다고 판단될 때는 저돌적으로 도전하고 질문하기 때문에 배짱이 두둑한 부서장들도 그에게 전략기획서를 보고하거나 새로운 제안을 할 때면 다리가 후들거릴 정도였다고 한다.

하지만 그가 질문하고 도전하는 목적은 상대를 공격하려는 게 아니라 언제나 진실을 밝혀내는 것이었다. 그는 질문할 때 모든 사람을 똑같이 대했다. 상대방의 지위가 높고 낮음은 개의치 않았다. 지금 토의하고 있는 사실과 가정을 날카롭게 꿰뚫고 들어갈 뿐이었다. 물론 질문을 받는 사람에게는 무지막지한 심문처럼 느껴지겠지만 말이다. 만약 그의 질문에 대답하지 못할 경우에는 대충 얼버무리고 빠져나가려 하기보다 사실을 인정하는 편이 최선이었다. 그가 듣고 싶어 하는 말은, 고민할 필요도 없이 회사의 이익에 부합하는 솔직하고 진실한 대답이 정답이었다.

조직 내에 정직이 반드시 지켜야 할 규범으로 자리 잡고 있고 실제로 실행되고 있다면, 직원들은 다른 데 정신을 뺏길 필요 없이 자기 일에 집중할 수 있다. 예를 들어 '작업 결과가 미흡하면 상사는 솔직하게 말한다'라는 사실을 알고 있다면, 상사가 말할 때마다 '내가 일을 잘 못해서 그런 것인지, 아니면 오늘따라 그냥 심술이 난 건지' 숨겨진 이면을 해석하려 전전긍긍할 필요가 없다.[6]

나는 정직함^{integrity}을 바탕으로 사람을 대하는 것이 조직과 일에서 통합^{integration}을 만들어 내는 지혜라고 생각한다. 여기서 통합을 의미하는 영어 단어 'integration'은 정직함을 뜻하는 'integrity'와 어원이 같다. 둘 다 숫자 1, 2, 3과 같은 정수를 의미하는 'integer'에서 유래되었다. 정수는 군더더기가 없는 완전한 숫자를, integrity는 결점이 없는 완전한 상태를 뜻한다.

다른 사람들보다 더 정직하고자 하면 그만큼 힘들고 어려운 상황을 겪겠지만, 그 과정에서 더 성장할 수 있다고 믿는다. 시간이 제법 걸리겠지만, 언젠가는 순간의 상황을 모면하기보다 세상을 더 잘 이해하고 더 잘 대처해 나가는 자신을 발견할 수 있을 것이다.

무언가 알 수 없는 벽에 부딪혔다 생각되면 자신의 내면을 진실하게 바라보자. 정직하고 겸손하면 자신을 찾아낼 수 있고, 문제를 해결할 수 있으며, 상황을 헤쳐 나갈 지혜를 얻을 수 있다. 그렇게 얻은 지혜가 쌓이면 조용하지만 커다란 리더십으로 나타나기도 한다. 그러한 리더십은 갱단의 보스가 총과 칼로 윽박지르며 보여 주는 카리스마와는 차원이 다르다. 진실한 마음에서 우러나오는 진정성 있는 말과 행동에서 사람들은 더 큰 카리스마를 느끼고 따른다.

겸손하되 비합리에 맞선다

다음은 2005년 제26회 청룡영화제에서 상을 받은 한 배우의 수상 소감이다.

나에게도 이런 좋은 상이 오는군요. 항상 마음속으로 생각하고 겉으로 표현하지 못했는데 하나님께 제일 감사드립니다. 사람들에게 일개 배우 나부랭이라고 나를 소개합니다. 60여 명의 스태프가 밥상을 차려 놓으면 나는 그저 맛있게 먹기만 하면 되기 때문입니다. 나만 스포트라이트를 받아 죄송합니다. 트로피의 발가락 몇 개만 떼어가도 좋을 것 같습니다. 그리고 항상 옆에 있는 것만으로도 나를 설레게 하고, 현장에서 열심히 할 수 있게 해 준 전도연 씨에게 감사드립니다. (너랑 같이 연기하게 된 건 나에게 정말 기적 같은 일이었어.) 마지막으로 가족과 사랑하는 동생과 조카와 지금 지방에서 열심히 공연하고 있는 집사람에게 이 상을 바칩니다. 열심히 하겠습니다.[7]

이날 영화 〈너는 내 운명〉으로 남우주연상을 받은 배우 황정민이 사람들 앞에서 말한 소감이다. 그는 어눌하지만 진심 어린, 자신의 연기를 꼭 닮은 감동적인 소감으로 각종 인터넷 포털사이트 검색어 1위에 올랐다. 훌륭한 연기로 남우주연상을 받았지만, '자신은 그저 잘 차려진 밥상을 받아먹기만 했다'고 표현함으로써 그의 겸손과 배려의 마음을 진정성 있게 전달했다.

그리고 10년 후인 2015년, 그해는 정말 황정민의 해라고 해도 과언이 아니었다. 연초에는 〈국제시장〉, 여름에는 〈베테랑〉, 연말에는 〈히말라야〉가 관객몰이를 이어 갔고, 특히 〈국제시장〉과 〈베테랑〉은 천만을 넘기면서 역대 흥행 순위 2, 3위에 올랐다. 한국영화 전체 관객 수(1억 1천 293만 명)의 24%인 2천 745만 명이 황정민이 주연한 영화를 봤다. 한국영화 관객 4명 중 1명은 스크린에서 황정민의 연기를 봤다는 의미다.[8]

그가 10년 동안 어떻게 살았고, 어떤 노력을 했는지 나는 알지 못한다. 하지만 감동적인 소감에서 드러났던 그 겸손함을 계속 유지한 것이라면 주위 사람들이 그를 어떻게 대했을지 짐작할 만하다. 어쩌면 그는 자신의 말을 지키기 위해 더 노력했는지도 모른다. 영화를 찍을 때마다 스태프들을 배려했을 테고, 스태프들도 다른 누구보다 그가 더 잘되도록 도왔을 것이다.

회사 내 팀장과 팀원들 간의 관계에서도 겸손함은 큰 힘을 발휘한다. 상하를 분명하게 나누는 조직 내에서 윗사람이 아랫사람을 겸손하게 대하면 어떨까?

예를 들어, 부하직원이 자리로 다가오면 일반적으로 상사는 "무슨 일이야?"라고 묻는다. 지극히 당연한 말이기도 하다. 그런데 이렇게 묻지 않고 "그래, 내가 무엇을 도와줄까?"라고 묻는다면? 전자의 경우 상대방이 긴장감을 갖게 하고 다소 위압적으로 들리지만, 후자는 상대방을 존중하면서도 적극적으로 들어줄 자세가 되었다는 뜻이 포함된다. 결국 "무슨 일이야?"라고 묻는 상사에게는 최대한 비위를 맞추면서 일의 내용보다는 포장에 치우치게 된다. 하지만 "무엇을 도와줄까?"라고 묻는 상사에게는 일의 요점을 정확하게 설명하고 도움이 필요하면 주저 않고 요청할 수가 있다.

조직 내에서는 누구라도 칼자루를 쥔 사람 앞에서 고개를 숙이게 된다. 하지만 칼자루를 내려놓고 겸손하면, 부하직원들은 그런 상사를 존경하고 따르며 자연스럽게 고개를 숙인다.[9]

짐 콜린스는 그의 저서 『좋은 기업을 넘어… 위대한 기업으로』에서 최고의 성과를 낸 CEO들의 공통점을 말한다. 사업을 향한 강한 의지 professional will 와 개인적인 겸손함 personal humility 을 동시에 가진 그들의 특성에 주목하고, 이를 'Level 5 리더십'이라고 이름 붙였다. 겸손하면서도 의지가 굳고 변변찮아 보이면서도 두려움이 없는 모습이 이중적으로 느껴지면서도, 실제로 그러한 리더들이 장기간에 걸쳐 큰 성과를 내었음을 강조했다.

콜린스는 인터뷰 과정에서 CEO들의 겸손함에 충격을 받았다고 한다. 그들은 자신이 회사 발전에 얼마나 공헌했는지 말하기보다 운이 좋았거나 사내의 다른 훌륭한 사람들 덕분이라고 진심으

▼ **Level 5 리더십[10]**

Level 5 – 단계5의 경영자
개인적 겸양과 직업적 의지를 역설적으로 융합하여 지속적인 큰 성과를 일구어 낸다.

Level 4 – 유능한 리더
저항할 수 없는 분명한 비전에 대한 책임 의식을 촉구하고 그것을 정력적으로 추구하게 하며, 보다 높은 성취 기준을 자극한다.

Level 3 – 역량 있는 관리자
이미 결정된 목표를 효율적으로 추구할 수 있는 방향으로 사람과 자원을 조직한다.

Level 2 – 합심하는 팀원
집단의 목표 달성을 위해 개인의 능력들을 바치며, 구성된 집단에서 다른 사람들과 효율적으로 일한다.

Level 1 – 능력이 뛰어난 개인
재능과 지식, 기술, 좋은 작업 습관으로 생산적인 기여를 한다.

로 얘기한다. 일이 잘 풀리지 않을 때는 자신에게 책임을 돌리고 운이 나쁜 걸 탓하지 않는다. 특히, 전 미국 대통령 에이브러햄 링컨의 사례를 통해 Level 5 리더들의 특성을 다음과 같이 설명한다.

그는 위대한 나라를 만든다는 야망을 갖고 있었고 자신의 욕심이 걸림돌이 되게 하지 않았다. 그의 개인적 겸손함과 수줍은 성격, 서툰 매너를 나약함의 표현으로 잘못 본 사람들은 나중에 자신들이 크게 오해했음을 깨달았다.[11]

하지만 아무리 개인이 정직하고 겸손하고 합리적이더라도, 인간이 만든 조직은 대다수가 그렇지 않다. 라인홀드 니버 Reinhold Niebuhr 는 그의 저서 『도덕적 인간과 비도덕적 사회』에서 이렇게 말한다.

사람들은 자신의 이해관계뿐 아니라 다른 사람들의 이해관계도 고려하며, 때에 따라서는 다른 사람들의 이익을 더 존중할 수도 있다는 의미에서 도덕적이다. 사람들은 자신과 비슷한 사람들과 공감할 수 있는 능력을 갖고 있고, 이성적 능력으로 정의감을 키워 간다. 하지만 인간 사회와 사회집단들은 개인에 비해 이러한 역량을 획득하기가 훨씬 더 어렵다.

모든 인간 집단은 개인과 비교할 때 충동을 올바르게 억제할 수 있는 이성과 자기 극복의 능력, 그리고 다른 사람들의 욕구를 수용하는 능력이 훨씬 결여되어 있다. 게다가 집단을 구성하는 개개인이 개인 관계에서 보여 주는 이기주의보다 심한 이기주의가 모든 집단에서 나타난다.

또한 집단의 도덕이 이처럼 개인의 도덕에 비해 열등한 이유를 이렇게 설명한다.

집단은 합리적인 사회 세력을 형성하기 힘들고, 개인들의 이기적인 충동으로 이루어진 집단적 충동을 감출 수 없기 때문이다. 개인들의

> 이기적 충동은 개별적으로 나타날 때보다 하나의 공통된 충동으로
> 결합되어 나타날 때 더욱 생생하게 표출된다.[12]

조직의 이기주의나 비합리적인 관습은 오래된 것일수록 견고해서 여간해서는 깨뜨리기 쉽지 않다. 비합리적인 눈치 보기 야근도 마찬가지다. 과거에 어쩔 수 없이 행해지던 것이, 또는 일부 개인이 평가를 더 잘 받기 위해 시작한 것이 조직 전체에 퍼져 모두가 그렇게 할 수밖에 없는 잘못된 조직문화로 굳어져 버렸다. 일부 상사들은 자신의 이익을 위해 그러한 문화를 계속 방조한다.

비합리적인 관습을 깨뜨리기 위해서는 합리적인 논리뿐 아니라 겸손한 마음이 함께 해야 한다. 앞에서 배우 황정민의 이야기를 했는데, 만일 그가 영화 촬영현장에서 비합리적으로 보이는 부분을 발견하고, 그것을 바꾸자고 얘기하면 어떨까? 겸손하지 않고 스태프를 배려하지 않은 배우의 얘기보다는 그의 말에 귀를 기울일 것이며, 그의 얘기에 공감한다면 당연히 비합리적인 부분을 바꾸려고 노력할 것이다. 때로는 겸손함이 무기가 되어 빈틈없이 견고한 비합리적인 악습을 깨뜨릴 수 있지 않을까?

역지사지(易地思之)의 실천

조직이 개인의 합 이상의 역량을 발휘하려면 어떻게 해야 할까? 리더의 역량이 당연히 중요하지만, 각 개인이 가진 전문성을 공유하고 의견을 교환하는 과정 역시 매우 중요하다. 그리고 그 과정을 가장 잘 보여 주는 게 바로 토론이다. 간단한 사실에 대한 의견 교환부터 복잡하고 중요한 의사결정에 필요한 의견 나누기까지, 토론의 범위는 매우 넓다. 어쩌면 1:1 대화가 아닌 다수의 개인이 모여서 '목적이 있는 대화'를 나누는 모든 것이 토론일 수 있다.

회사 내 토론 중 상당 부분은 사람들이 모인 회의에서 이루어진다. 특정 목적에 따라 안건을 정하고 관련 임직원을 모아 토론하고 의사결정하는 것이 회의다. 많은 사람이 모이기에 효율적인 시간 운영이 필요하다. 그런데 언제나 회의를 하고 나면 '오늘 뭘 한 거지?', '그래서 어쩌라는 거야?', '난 왜 오라고 한 거지?' 같은 회의적인 생각이 들곤 한다.

회의 준비를 아무리 철저히 하더라도, 일단 회의가 시작되면 진행되는 방향을 완전하게 컨트롤하기는 어렵다. 의사결정이 필요한 핵심 사안에 집중해서 토론하지 못하기 때문이다. 처음에 회의 안건과 목표를 분명히 공지하더라도 회의 참석자들의 머릿속에는 자신들이 맡고 있는 일과 입장만 가득하다. 그래서 안건과 어긋나더라도 자신들이 하고 싶은 얘기를 늘어놓는다. 더구나 참석자들은 회의 안건의 주인이 아니다. 어떤 결정이 나더라도 크게 개의치 않으며, 대부분의 사람이 자신이나 자신이 속한 팀에 귀찮은 일이 생기지만 않으면 된다고 생각한다. 결국, 그 일을 맡은 부서, 수행해야 할 부서에서 결정할 수밖에 없다.

회의가 비효율적으로 운영되는 이유 중 하나는, 회의를 운영하는 팀이 회의 참석자의 입장에서 회의 시작 전부터 끝난 이후까지를 제대로 시뮬레이션하지 못한다는 데 있다. 예를 들어, 회의에 운영자 외에 7명이 참석한다고 하면, 그 7명의 관점에서 회의 전체 과정을 생각할 수 있어야 한다. 하지만 타인의 관점에서 생각한다는 것은 참 어려운 일이다.

아이와 삼촌이 같이 TV를 보고 있다. 아이는 만화영화를 보고 싶은데, 삼촌은 인기 드라마를 보고 있다. 아이는 이해가 되지 않는다. 만화영화가 더 재미있는데 왜 삼촌은 재미없는 드라마를 보는지. 아이의 관점에서는 그냥 보통 사람들이 나오는 드라마가 왜 재미있는지 이해되지 않는다. 만화영화에는 더 재미있고 웃긴 캐릭터들이 많다. 세상에서 볼 수 없는 인물과 사건들이 등장하고 멋진 방법으로 악당들을 물리친다.

삼촌은 왜 아이가 만화영화를 좋아하는지 잘 안다. 그래서 그날 보는 드라마가 재미없거나 인터넷에서 볼 수 있으면 아이가 만화영화를 볼 수 있게 채널을 돌려준다. 마음씨 좋은 삼촌이라면 그렇다는 얘기다.

회사에서 일을 하고 있는 우리는 많은 경우 위 이야기 속 아이처럼 생각한다. 만화영화가 재미있다는 사실만 생각하고, 드라마가 왜 인기 있는지는 별로 생각하지 않는다. 상대방의 관점을 이해하기보다는 잘못된 생각이라 여기고 나의 생각과 주장을 관철하려고만 한다. 상대방의 얘기를 잘 듣고 나의 생각과 무엇이 다른지, 어떤 부분에서 다른지 이해하려 들지 않는다. 이에 반해, 삼촌은 아이의 생각을 잘 이해하고 있으며 자신의 이익을 크게 해치지 않는 범위에서 아이의 의견을 받아준다.

두 회사가 협상을 하고 있다. 한 회사는 바나나를 이용한 음식을 만드는 회사이고, 다른 회사는 바나나에서 약의 원료를 추출하는 회사다. 바나나 수입업체는 매월 100톤의 바나나를 수입하고 있는데, 두 회사는 각각 80톤과 60톤의 바나나가 필요하다. 서로 원하는 양을 모두 가져가야 한다고 주장하지만, 수요가 총 140톤인데 반해 공급이 40톤이나 부족하다. 과연 협상은 어떻게 마무리되었을까?

가격을 높게 준 회사가 원하는 양을 모두 가져갔을 수도 있고, 80 : 60의 비율로 나누어서 가져갔다고 생각할 수도 있다. 하지만 결과적으로 두 회사는 원하는 바나나를 모두 가져갔고 협상 담당자들도 모두 만족했다. 어떻게 이런 일이 가능했을까?

두 회사의 협상 담당자는 협상 과정에서 자신들의 입장과 생각을 상세히 공유하며 서로 이해하기 위해 노력했다. 그 과정에서 서로가 원하는 것이 다름을 알게 되었다. 바나나를 이용하여 음식을 만드는 회사는 바나나 알맹이를 원했지만, 약의 원료를 추출하는 회사는 알맹이가 아니라 껍데기가 필요했다. 따라서 음식 회사가 80톤의 바나나를 구입하고, 그 바나나의 껍질을 약 원료 회사에 저렴한 가격에 넘기기로 합의했다. 두 회사 모두 필요한 바나나 구입에 성공했을 뿐만 아니라 비용도 크게 절감했다.

이렇게 서로 입장이 다르더라도, 상대방의 얘기를 잘 들어 보면 의외의 부분에서 해결책을 찾을 수 있을 때가 많다. 이렇게 되려면 자신의 입장을 솔직하게 상대방에게 전달해야 한다. 아무런 정보가 없는 상태에서는, 상대방의 마음을 이해하고 상대방의 입장에서 문제를 바라보는 역지사지의 태도를 가지기 어렵다. 역지사지가 가능하려면 자신의 입장을 정직하게 얘기할 수 있어야 한다. 앞의 사례에서처럼 두 회사가 원하는 것이 동일한 바나나가 아니라 각각 바나나 알맹이와 껍질이라는 사실을 알면 누구라도 쉽게 협상을 마무리할 수 있다.

모든 대화와 소통은 역지사지의 마음에서 시작된다. 토론과 협상도 마찬가지다. 특히, 토론은 회사 내에서 서로의 입장을 이해하여 문제를 발견하고, 또 해결하는 중요한 방법이다.

그래서 한 회사의 수준은 회의실에서 토론이 이루어지는 모습을 보면 알 수 있다. 참석자들이 자기 부서의 입장에서 솔직하게 의견을 피력하고, 다른 부서의 얘기를 들어주며, 합의점을 찾아가는 토론문화가 조성된 회사는 잘되는 회사다. 어떤 회사는 토론을 하겠다고 공지했지만, CEO 앞에서 적극적인 토론이 되지 못할까 두려워 회의 전에 발언자를 미리 지정하기도 한다. 토론이 제대로 이루어질 리 없다. 그냥 주어진 대로 말하고 서로 입장 차이만 확인하다가 끝나 버린다.

토론이 잘되는 회사, 토론이 잘되는 회의를 들여다보면 누군가가 조력자의 역할을 충실히 수행하고 있다. 자신의 의견을 드러내기보다 발언자들의 얘기를 듣고, 다른 사람들이 이해하기 쉽도록 바꾸어 표현하기도 하며, 너무 강한 표현은 완곡하게 전달하기도 한다. 동시에 회의 목적에 맞게 부지불식간에 회의를 리드해 간다. 30년 이상의 세대 차이를 이해하는 사람, 누구에게나 을로 살면서 조직 구성원 하나하나를 잘 이해하는 사람, 우리 팀장들이 그런 역할을 해야 한다.

행운을 부르는 노력

영화 얘기를 할 때면 누가 주연인지가 가장 궁금하다. 누가 주인공을 연기하느냐에 따라 영화의 분위기가 확 달라지기 때문이다. 하지만 주연만으로는 전체 이야기를 전개할 수 없다. 주연을 보조하는 조연이 있어야 한다. 주연이 영화 전체를 이끌어 가는 반면, 조연은 맡은 역할에 충실하면 된다. 너무 존재감이 없어서도 안 되지만, 그렇다고 너무 튀면 영화 전체의 흐름에 좋지 않은 영향을 줄 수도 있다.

그런데 주연 또는 주인공이라는 말이 항상 좋은 의미로만 사용되지는 않는다. 맥락에 따라 좋은 뜻으로 쓰이기도, 그렇지 않기도 하다. 영화나 생일잔치에서 '당신이 오늘의 주인공입니다'라는 말은 모든 사람이 관심을 쏟는 대상이라는 의미다. 하지만 불만을 표현할 때도 있다. '저 친구는 늘 주인공만 하려고 한단 말이야', '그 사람은 언제까지 자기가 주연이라고 생각하는 거야?'라고. 그 사람이 다른 사람들의 말을 잘 듣지 않고 자기 고집대로만 무언가를 하려고 한다는 뜻이다.[13]

주인공은 타인의 시선을 한 몸에 받는 만큼, 그에 따른 책임을 오롯이 져야 한다. 영화가 흥행에 성공하면 주인공이 잘했다고 칭찬하지만, 실패해도 주인공을 탓한다. 조연 배우를 탓하는 경우는 거의 없다. 그런데 조연이면서도 책임감을 가지고 최선을 다하는 사람들이 있다. 주어진 역할에 최선을 다할 뿐 아니라 문제가 생기면 적극적으로 해결하려고 한다. 그런 사람들은 모두가 좋아하고, 시간이 흐르면 언젠가는 그들이 주인공이 되고 리더가 된다. 그래서 지금 조연을 맡았다고 해서 실망할 필요는 없으며, 주인공을 맡았다고 해서 자신의 본분을 잊어서도 안 된다.

신을 굳게 믿는 한 신도가 있었다. 그는 신이 지키라는 계율을 모두 철저하게 지키고, 항상 역지사지의 마음으로 사람들을 대하며, 자신을 수양하는 데 있어 노력을 게을리하지 않았다. 다만, 신에게 자신이 원하는 것 하나를 항상 간구하며 기도했다.

"신이시여, 저는 당신이 원하는 것은 무엇이든 지키려고 노력했습니다. 다만, 원하는 것은 제게 복권 당첨의 행운을 주소서. 그 외에는 아무것도 바라지 않나이다. 복권에 당첨이 된다면 그 돈을 모두 가난하고 어려운 이웃을 위해 쓰겠습니다."

이런 노력이 가상했는지, 어느 날 신의 목소리가 들려왔다.

"알겠다. 내 너의 기도를 들어주겠다. 그런데… 복권을 사야 당첨시켜 줄 것 아니냐! 복권을 구입하지도 않고 당첨이 되게 해달라는 기도가 어디 있느냐!!!"

이런 아재 개그를 얘기한 이유는, 최소한의 노력도 하지 않은 채 좋은 결과가 나오길 기대하는 사람들이 많기 때문이다. 노력한 만큼의 결과를 원하는 것이 정직한 태도다. 그런 사람들은 노력한 이상의 결과를 크게 좋아하지도 않는다. 거꾸로 생각하면, 언젠가는 노력에도 불구하고 좋지 않은 결과를 얻을 수 있기 때문이다. 그들은 결과에 흔들리지 않고 묵묵히 자기만의 길을 간다.

알렉스 로비라 셀마 Alex Rovira Celma 등의 저서 『행운』을 보면, 다음과 같은 이야기가 나온다.[14]

흑기사와 백기사 두 사람이 행운의 네잎클로버를 찾아 큰 숲으로 떠났다. 일주일 후에 그 숲 어딘가에서 행운의 네잎클로버가 자라난다는 말을 마법사에게서 들었기 때문이다. 마법사의 말에 의하면, 그 네잎클로버를 손에 넣는 자는 절대적인 능력, 바로 시공간을 초월하는 무한한 운을 갖게 된다고 한다.

흑기사는 대지의 왕자와 물의 요정을 찾아가 숲 어디에서 네잎클로버가 자랄 수 있는지 물었다. 그들의 대답은 한결같았다. 그 숲 어디에도 네잎클로버가 자랄 수 있는 땅은 없으며, 클로버가 자랄 수 있을 만한 흙도, 흐르는 물도 없다고. 흑기사는 자신이 운이 없다고 생각했다.

백기사는 달랐다. 흑기사처럼 대지의 왕자와 물의 요정에게서 똑같은 답을 들었지만, 실망하지 않았다. 백기사는 어떻게 하면 클로버가 자랄 수 있는지 물었다. 그리고 그들의 말에 따라 좋은 흙을 숲으로 옮겨 덮고, 흙을 옮겨 놓은 땅으로 연못물이 흘러갈 수 있도록 물길을 만들었다.

또한 숲의 오래된 나무에게서 그 숲에는 죽은 나뭇가지가 너무 많아 햇빛이 들지 않으며, 돌멩이가 많으면 클로버가 잘 자랄 수 없다는 얘기도 들었다. 백기사는 텃밭 주변에 있는 나무들의 죽은 가지를 쳐내어 햇빛이 들게 하고 돌멩이도 골라냈다.

일주일 후, 마치 우연처럼 바람을 타고 네잎클로버 씨앗들이 숲으로 몰려와 쏟아져 내렸다. 숲의 다른 곳에서는 그 씨앗들이 제대로 싹을 틔우지 못했지만, 백기사가 흙과 물, 햇빛을 주고 돌멩이를 골라낸 곳에서는 싹이 나기 시작했다. 백기사가 바람의 신에게 감사의 말을 전하자, 바람의 신은 이렇게 말했다. "행운이란 기회와 준비의 만남이다. 기회는, 언제나 곁에 있음을 잊지 말아라."

주인공이 아니더라도 자신에게 주어진 환경에서 네잎클로버가 싹 틔울 수 있도록 노력하는 자세가 필요하다. 내가 회사의, 팀의 주인공이 되려 할 필요는 없다. 나는, 그냥 내 삶의 주인공이면 된다. 어떠한 상황에서도 팀원들과 제대로 소통하고, 토론하고, 답을 찾아내며, 그 과정에서 스스로에게 떳떳하면 된다. 그렇게 노력하며 기다리는 자에게 행운은 반드시 찾아온다.

8

새로운 시대에 맞는
리더십이 필요하다

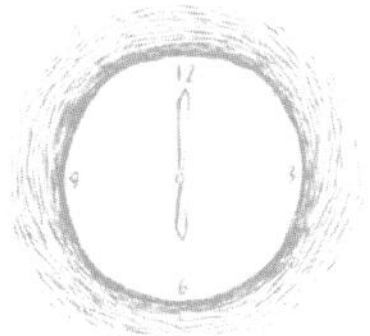

팀원의 성장을 돕는 리더십

어느 날, 입사 6개월에 접어든 신입사원과 면담을 하게 되었다.

"회사생활이 어때? 입사 전에 생각한 것과 차이가 큰 것 같아?"

"그렇게 크지는 않지만, 생각보다는 어려워요."

"어떤 부분이 어렵지?"

"회사 내에서 윗분들과 얘기하는 게 쉽지 않아요. 회사에 들어오기 전에는 나이 차이가 많이 나는 분과 얘기할 기회가 잘 없잖아요. 대부분 친구들과 같이 다니니까요. 그런데 회사에 들어오니 대부분이 저보다 직급이 높으셔서…."

"나도 그랬지. 입사했을 때 바로 위 선배가 고참 대리, 과장이셨으니까. 더구나 나도 너처럼 이공계 출신에, 처음부터 본사 기획실로 입사해서 적응하기가 참 어려웠어. 처음 몇 년은 정신 못 차리고 일했던 것 같아. 게다가 어려운 과장님을 만나서 하루하루가 참 힘들었지."

"근데, 어떻게 견뎌 내셨어요?"

"이제까지 내가 생각하던 방식, 일하던 방식을 버리고 새롭게 하려고 하니 모든 게 힘들었어. 하지만 3년만 버텨 보자고 결심했지. 적어도 그 정도는 해야 이 길이 내가 갈 길인지 아닌지 알 수 있을 것 같았고…."

처음에는 그 신입사원의 얘기를 들어주려고 했는데, 내가 어떻게 신입사원 시절의 어려움을 이겨 냈는지 궁금해하는 것 같아 내 경험을 들려주게 되었다.

"정말 힘들면서도, 새로운 것을 배우는 게 좋았지. 너무 막연하고 벽에 부딪히는 느낌도 있었지만 그럴 때마다 선배들이 힌트를 주고, 그 힌트를 가지고 다시 고민하고… 그러다 어느 순간 벽을 넘어섰다는 느낌이 드는 거야. 내가 조금씩 조금씩 성장하는 느낌이 들면서 스스로 깨어나게 되었다고 할까?

시간이 지나면서 막막하게만 느껴지던 벽을 하나둘씩 넘기 시작했어. 힘들고 어렵지만 내가 성장하고 있다는 확신이 들었지. 그렇게 내가 달라지고 있다는 사실이 너무 좋았어. 처음엔 3년 견디는 걸 목표로 삼았는데… 이제 20년이 지났네. 나도 내가 이렇게 오랫동안 회사에 다닐 수 있을지 몰랐어."

얘기를 끝내면서 그 신입사원이 과연 내 얘기를 제대로 이해했을까 궁금했다. 경험을 통해 자신이 배우고 성장하고 있음을 느껴야 한다고 거듭 말해 주었지만, 정작 힘들고 어려운 시기에는 그걸 깨닫기가 쉽지 않다. 어느 정도 시간이 흘러야 그동안 자신이 얼마나 많은 경험을 했고, 얼마나 성장했는지 알 수 있으니까.

팀이 함께 일을 수행했는데, 누군가는 이득을 얻고 누군가는 희생만 했다면 팀워크에 금이 가고 만다. 대부분의 일을 부하직원이 맡아 했는데 그들에게 수고했다는 말 한마디 없이, 마치 자기가 모든 성과를 낸 것처럼 말하는 팀장은 부하직원들이 가장 싫어하는 팀장의 한 유형이다. 그렇다고 팀원들은 일을 대충 하고, 팀장 혼자 팀원들이 채우지 못한 부분까지 끙끙거리며 해냈어도 잘한 게 아니다. 그저 자신의 이익을 얻기 위해 부하직원들을 이용했거나, 누구도 알아주는 사람 없이 막연히 혼자 희생한 것뿐이기 때문이다.

일을 했다면 회사에는 성과를 남겨야 하고, 팀원과 팀장의 마음속에는 함께 배우고 성장했다는 뿌듯함이 남아야 한다. 그래야 다른 일에도 적극적으로 참여할 수 있고 지속 가능한 팀, 지속 가능한 회사를 만들 수 있다. 그렇지 않으면 우리는 회사에 돈 벌어다 주는 기계, 집에 돈 벌어다 주는 기계가 되고 만다. 일을 하고 성과를 냈지만 자신에게 남은 것은 아무것도 없다면, 소외감으로 인해 팀워크는 무너지고 팀원들은 떠나고 만다.

스탠퍼드대학교의 캐롤 드웩 Carol Dweck 교수에 의하면, 사람들의 행동에는 두 가지 사고방식이 있다. 하나는 크게 생각하면서 성장을 추구하는 '성장growth'의 사고방식이고, 다른 하나는 스스로 인공적인 한계를 만들고 실패를 피하려고 하는 '고정fixed'된 사고방식이다.

성장 위주의 사고방식을 갖춘 학생들은 고정된 사고방식의 학생들보다 더 나은 학습 전략을 쓰고, 무력감을 덜 느끼며, 더 긍정적인 노력을 기울이는 모습을 보이고, 학습 성적이 더 좋았다. 또한 자기 삶에 한계를 정하지 않고 잠재력을 최대한 발휘할 가능성이 높다고 한다. 드웩 교수는 사고방식이 변할 수 있다고도 주장한다. 다른 습관처럼 올바른 사고방식이 자리 잡을 때까지 생각의 방향을 바꿀 수 있다는 말이다.[15]

개인과 팀에 줄 수 있는 가장 강력한 동기부여는 스스로 성장하고 있다고 느끼고 인정받는 것이다. 동기부여의 중요성을 얘기하는 인사전문가들은 많다. 하지만 짐 콜린스가 말한 것처럼, 애초에 적합한 사람을 버스에 태우면 동기부여를 할 필요가 없다. 정직하고 겸손하지만 비합리적인 것에 맞설 수 있으며, 다른 사람의 관점을 이해하고 주인공이 아니더라도 책임감을 갖고 최선을 다하는 사람을 버스에 태워야 한다. 이렇게 성장할 준비가 된 사람들에게는, 그가 또는 그녀가 잘 배우고 있고 조금씩 성장하고 있다는 것을 느끼도록 해 주면 그것이 가장 큰 칭찬이고 동기부여가 된다.

사실, 회사 내에서 팀장의 역할은 리더라기보다 중간관리자에 가깝다. 하지만 나는 팀장을 실무 리더라고 말하고 싶고, 리더로서 성장해야 한다고 믿는다. 그럼, 관리자와 리더의 차이는 뭘까?

리더십 전문가인 존 맥스웰 John Maxwell 은 이렇게 말한다.

> 많은 사람이 리더십 leadership 과 관리 management 가 동일하다고 잘못 이해하고 있다. 리더십과 관리는 큰 차이가 있다. 구성원들이 리더를 따라오도록 영향력을 발휘하는 것이 리더십이라면, 관리는 시스템과 프로세스를 유지하는 데 초점을 맞춘다. 따라서 어떤 사람이 단순히 관리만이 아닌 리더십을 발휘할 수 있는지 알아보는 가장 좋은 방법은 그 사람에게 새로운 방향으로 변화를 주도해 보도록 요구하는 것이다. 관리자는 방향을 유지할 수는 있지만 바꾸기는 어렵다. 사람들을 새로운 방향으로 움직이게 하기 위해서는 리더십이 필요하다.

어떤 사람들은 지위와 리더십을 혼동하기도 한다. 다른 사람을 평가할 지위를 가지면 자신이 리더가 되었다고 느낀다. 하지만 그 사람의 지위 때문에, 그 사람이 자신을 평가할 권한을 가지고 있기 때문에 팀원들이 따른다면 그 사람은 관리자일 뿐이다.[16]

▼ 리더와 관리자의 차이

	리더(leader)	관리자(manager)
대상	구성원들에게 영향력 발휘	사내 시스템, 프로세스 관리
특성	새로운 방향으로 변화 가능	현재의 운영방식 유지가 중요

난, 대한민국의 모든 팀장에게 관리자가 아닌 리더가 되라고 말하고 싶다. 리더는 실무자로서 팀의 방향을 정하고 실질적인 혁신을 추구할 수 있다. 경영진이 방향을 바꾸라고 아무리 소리쳐도 현장의 팀장들이 움직이지 않으면 아무것도 변하지 않는다. 방향키 하나만 바꾼다고 해서 변화가 일어나지는 않는다. 회사 내에서 각각의 역할을 맡은 팀들이 같은 방향으로 움직여야 회사 전체가 변한다.

야근의 문제도 마찬가지다. 팀장들이 나서야 한다. 일의 방향을 정확히 정하여 필요 없는 일을 줄이고, 팀원들이 수행 중인 일의 경중을 수시로 점검하여 각자의 부담을 조정하며, 핵심에 집중하여 성과를 내야 한다. 야근 없이도 성과를 낼 수 있다면 조직문화를 변화시킬 수 있다.

다음 세대를 위해

인간의 삶은 유한하다. 하지만 우리는 자손을 통해 우리의 삶의 방식을 이어 간다. 지난 시간을 거슬러 올라가면 인간이 어디에서 왔는지 알 수 있을까? 현대 생물학자들이 주장하는 진화론에 따르면 인간 이전에 유인원이 있었고, 그 이전에는 포유류, 파충류의 형태였으며, 수십 억 년 전에는 단순한 단백질의 형태였다고 한다. 우연히 만들어진 단백질 분자 중에 자신과 같은 분자를 복제할 수 있는 특별한 형태가 있었다. 이것이 자기복제 과정을 거치면서 자연선택의 원칙에 따라 오랜 시간 진화를 거듭하여 오늘날 인간이 나타난 것이다.

자기복제 과정은 완벽하지 않았고 여러 실수가 포함되었으며, 그러했기에 진화가 가능했다. 비슷한 예를 들면, 인쇄술이 발명되기 이전에는 책을 손으로 쓰고 그것을 다시 손으로 베껴서 사본을 만들어 점점 퍼져 나갔다. 그런데 책을 쓰거나 베끼는 과정에서 일부 오류가 생겨났다. 책의 사본이 만들어지고 그 사본에 의한 사본들이 만들어지면서 오류는 점점 많아졌다. 그 결과는 심각해져서 책의 내용이 처음 의도와는 다른 의미로 기록되기도 한다.

단백질의 자기복제 과정에서도 수십 억 년이 흐르면서 이 같은 실수가 발생했다. 하지만 이러한 실수는 생명체의 진화에 있어 필수다. 그 실수에 의해 애초의 단백질보다 환경에 더 잘 적응할 수 있는 단백질이 생겨났다. 단백질이 진화하여 생명체가 된 이후에는 실수가 포함된 생명체와 원래 생명체 가운데 주어진 환경에 더 잘 적응한 쪽이 살아남았고, 이러한 과정이 누적되면서 진화가 이루어졌다.[17]

그런데 리처드 도킨스 Richard Dawkins 는 저서 『이기적인 유전자』에서 자연선택의 단위가 종種이 아닌 유전자라는 충격적인 얘기를 전한다. 유전자는 자기복제가 가능한 단백질을, 자연선택은 가장 적합한 존재의 차별적인 생존을 의미한다. 그런데 여기서 말하는 '존재'란 인간 개개인이나 집단을 의미하지 않는다.

그의 주장에 따르면, 인간과 모든 생물은 유전자가 생존하기 위해 만들어진 기계일 뿐이다. 최초의 생존 기계는 단순한 보호막 정도였다. 하지만 더 효과적인 생존 기계를 가진 경쟁자들이 출현함에 따라 유전자가 살아남기 더 어렵게 되었고, 생존 기계는 보다 정교해졌다. 성공적인 유전자의 자질은 '냉혹한 이기주의'다. 우리가 알고 있는 인간과 동물들의 이타주의는, 유전자들이 생존하기 위해 특수한 상황에서만 나타나는 모습일 뿐이다.[18]

이러한 주장은 마치 천동설이 상식이던 시절에 지동설을 처음 듣는 것처럼 충격적이다. 인간이 사는 지구라는 행성이 물리적으로 우주의 중심이 아니듯, 진화의 과정도 인간이 아니라 유전자가 중심이다. 여기서 인간은 유전자가 살아남기 위한 매개체일 뿐이다. 우리는 분명 개개인이 스스로 생각하고 창조 활동을 하며 자손을 낳아 삶을 이어 가고 있는데, 생존의 주체가 인간이 아닌 유전자라니 참으로 허무하기 짝이 없다.

하지만 인간은 '문화'라는 삶의 양식을 통해 진화와는 다른 차원의 삶을 이어 가고 있다. 예를 들어, 인간의 언어는 아주 오랜 시간을 거쳐 그 언어를 사용하는 사람들의 삶을 더 잘 표현하고 이해할 수 있는 방향으로 변화해 왔고, 그 변화의 속도는 유전적 진화보다 빠르다. 언어뿐 아니라 옷과 음식, 의식과 관습, 예술과 건축, 공학과 기술 등이 유전적 진화를 능가하는 빠른 속도로 진화했다. 이것은 유전적 진화와는 관계가 없지만, 그 변화가 발전적임은 분명한 것 같다.

　도킨스 교수는 이러한 점을 발견하고 생명체에서 자기복제의 단위가 유전자^{gene}라면, 인간의 문화에서 나타나는 모방과 전달이라는 개념을 '밈^{meme}'이라 표현했다. 밈은 노래나 사상, 패션, 공예, 건축양식 등이 있을 수 있다. 유전자가 부모의 몸에서 자식의 몸으로 이어지는 것처럼, 밈도 모방의 과정을 거쳐 한 사람의 뇌에서 다른 사람의 뇌로 이어진다.[19]

▼ 유전자와 밈의 차이

	유전자(gene)	밈(meme)
의미	생명체의 자기복제 단위	문화, 사상의 복제
전달 방법	부모에서 자식의 몸으로 전달	말과 글로 동시대와 후세대에 전달
특징	세대가 지나면 전달 비율 축소	영향력에 따라 계속 지속

　예를 들어, 신^{神}에 대한 생각도 하나의 밈이다. 누가 신에 대해 처음 생각했는지 알 수 없지만, 이후 말과 글로 그 생각이 계속 살아남아 우리에게 전달되었다. 그 생각은 심오하고 어려운 존재론적 질문에 그럴듯한 대답을 제공할 수 있는 경쟁력이 있었다. 그리하여 그 생각은 수많은 세대를 지나면서 개인의 뇌에 쉽게 전파된다.

야근에 대한 우리의 생각도 마찬가지라고 본다. 야근이 인간의 생존을 위해 아주 오래전부터 있었던 것은 분명해 보이지만, 지금 현실에서처럼 반복적으로, 힘들게, 그리고 비합리적으로 야근을 해야만 했던 시대는 없었다. 개인이나 조직이 경쟁력을 키워 살아남으려 하지 않고, 보여 주기식 야근으로 시간을 허비하고 있다.

선진 사회와 달리 현재 우리에게는 여러 가지 구조 문제로 야근을 해야 한다는 생각이 하나의 밈으로 살아남아 있다. 이러한 문화는 우리 세대에서 끝내야 한다. 유전자는 생각과 의지를 갖고 있지 않지만, 인간은 스스로 생각할 수 있고 삶의 방식을 선택할 수 있기에 삶의 주인이 될 수 있다.

이제는 우리의 생각을 적극적으로 바꾸어 가야 한다. 앞세대에서 전달되었다고 해서 야근을 당연하게 받아들여서는 안 된다. 다음 세대인 우리의 아들딸들을 위해서라도 야근하지 않고도 지속 가능한 사회를 만들어야 한다. 합리적인 야근은 일하는 방법에 변화를 주어 일의 효율을 제고함으로써 줄일 수 있고, 비합리적인 야근은 비합리성을 명확하게 인식함으로써 근절시켜야만 한다.

인간은 죽기 전에 두 가지를 남길 수 있다. 바로 유전자와 밈이다. 우리는 유전자 기계로서 유전자를 다음 세대에 전달하도록 만들어졌다. 그러나 유전자는 삼대 정도가 지나면 잊힌다. 아이와 손자는 우리의 모습과 재능을 가지고 태어날 수 있지만, 세대가 지날수록 우리의 유전자가 전달되는 비율은 절반으로 줄어든다.

밈은 다르다. 우리가 훌륭한 문학작품을 쓰거나 기술을 발명하거나 좋은 사상을 창조한다면, 그것은 변치 않고 여러 세대에 전파될 수 있다. 소크라테스의 유전자는 지금 이 세상에 거의 남아 있지 않지만, 그의 사상은 우리 사회와 문화 속에 여전히 살아 있는 것과 같은 이치다.

생각하는 관점의 변화

코카콜라 Coca-Cola 와 펩시콜라 Pepsi-Cola 간의 '콜라 전쟁'에서 펩시를 승리로 이끌었던 존 스컬리 John Scully 는 마케팅의 귀재다. 코카콜라에 뒤지고 있던 당시 펩시는 코카콜라의 성공이 특유의 병 디자인에 있다고 생각하고, 코카콜라보다 더 세련되게 병을 디자인하기 위해 엄청난 자금을 디자인에 쏟아부었다. 하지만 결과는 만족스럽지 못했다.

이때 존 스컬리는 병보다는 사람들로 하여금 펩시콜라를 더 많이 마시도록 하는 게 문제의 본질임을 깨닫는다. 그는 소비자 조사를 통해, 소비자들이 콜라병의 크기나 양에 상관없이 일단 집으로 콜라를 사 가면 버리지 않고 다 마신다는 사실을 발견했다. 이 점에 착안하여 펩시콜라 병을 코카콜라보다 더 크게 만들고 매장에서 편리하게 들고 갈 수 있도록 다양한 크기의 패키지를 내놓았다. 결과는 대성공이었다.

위 사례와 같이 문제를 새롭게 정의하는 것은 생각의 관점, 즉 프레임 frame을 바꾸는 것이다. 존 스컬리는 문제 해결 과정에서 생각의 관점을 바꾸는 프레임의 위력을 누구보다 정확하게 꿰뚫어 보았다. 기존 방식으로만 계속 생각하면 그 한계에서 벗어나지 못하지만, 새로운 관점으로 생각하면 무한한 가능성을 찾아낼 수 있다.[20]

환경미화원인 한 아저씨가 있다. 그는 이른 새벽부터 악취와 먼지를 뒤집어쓴 채 쓰레기통을 치우고 거리를 청소하는 일을 평생 해왔다. 누가 보아도 쉽지 않은 일인 데다 사람들에게 존경받는 직업도 아니고 그렇다고 월급이 많지도 않다. 그런데 신기하게도 그의 표정은 늘 밝다. 하루는 그 점을 궁금하게 여기던 한 젊은이가 이유를 물었다. 힘들지 않으시냐고, 어떻게 항상 그렇게 행복한 표정을 지을 수 있느냐고. 젊은이의 질문을 들은 환경미화원의 답이 걸작이었다.

"나는 지금 지구의 한 모퉁이를 청소하고 있다네!"[21]

이 환경미화원에게 자신의 일은 그저 '쓰레기 치우기'나 '돈벌이'가 아닌 '지구를 깨끗하게 하는 일'이다. 눈앞의 관점에서만 보면 그냥 쓰레기 치우는 일이지만, 한 발짝 떨어져서 보면 달리 보인다. 지엽적인 선은 사라지고 굵은 선만 나타난다. 그 굵은 선이 우리가

◀ 지구를 청소하는 환경미화원

바라보아야 하는 새로운 생각의 관점이다. 이 환경미화원은 이렇게 새로운 관점에서 자신의 일을 바라보면서 일의 가치를 느낀다. 그래서 행복하다.

제2차 세계대전 중에 나치의 강제수용소에 끌려가 있으면서도 삶의 의미를 찾으려 했던 정신과 의사 빅터 프랭클Viktor Frankl은 그의 저서 『죽음의 수용소에서』를 통해 인간이 가진 자유 의지를 강조한다. 강제수용소에서는 열악한 환경과 비인격적 대우로 인해 사람들이 모든 삶의 욕구와 목표를 잃어버린다. 평범한 삶에서는 당연했던 모든 인간적인 목표가 철저히 박탈된다. 하지만 인간이 가진, 주어진 상황에서 자신의 태도와 방식을 선택하는 자유는 빼앗을 수 없다. 자신의 의지에 따라 원하는 태도를 취할 수 있다는 것은 바로 생존을 의미한다. 매일 매시간 내적인 결단을 내릴 수 있다. 그것은 자유

와 존엄을 버리고 외적 조건에 따라 수용소의 전형적인 죄수가 되느
냐 마느냐 하는 중요한 결단이다.

그리하여 삶의 의미가 명확한 사람들은 모든 역경을 이겨내지만,
그렇지 못한 사람들은 막연한 희망만을 가지게 된다. 그리고 그 희
망이 실현되지 않는다고 생각되면 더 이상 버티지 못하고 죽음을 맞
이한다.[22]

위 세 가지 사례는 생각의 관점을 바꾸면 새로운 방법이 보이고,
새로운 의미를 찾을 수 있으며, 가장 열악한 환경에서도 살아남을
수 있다고 이야기한다. 하지만 우리는 이제까지 해 오던 방식에서
벗어나기가 참 어렵다는 것을 잘 안다.

그래서 하루하루의 일에 묻혀 그냥 버티듯이 살아가고 있다. 지겨
운 일이 밥 먹듯 되풀이되는 일상을 버텨야 하는 사람들도 있고, 하
루하루 새로운 과제에 직면하며 엄청난 스트레스를 버텨야 하는 사
람들도 있다. 버틴다는 것은 매우 수동적인 태도다. 주어진 환경에
서 버티면 살아남을 수는 있겠지만, 살아가는 의미를 찾지 못한다면
능동적인 태도를 갖기 어렵다.

저명한 심리학자인 미하이 칙센트미하이 Mihaly Csikszentmihalyi 는 이렇게
말한다.

주어진 상황이 요구하는 수준 이상으로 관심을 기울이면 대수롭지

않은 단순한 일이 우리의 삶을 뒤바꾸는 중대한 발견으로 바뀐다.
우리의 태도를 바꾸면 지긋지긋하고 넌덜머리가 나던 일이 빨리하
고 싶어서 안달이 날 정도로 기다려지는 일로 변모할 수도 있다. 하
지만 그렇게 되려면 세 가지를 실천해야 한다.

첫째, 무슨 일이 일어나고 있고 그 원인이 무엇인지를 명확히 이해
하는 데 관심을 기울여야 한다. 둘째, 지금의 방식이 업무에 임하는
유일한 방법이라고 생각하는 수동적 자세에서 벗어나야 한다. 셋째,
대안을 모색하면서 더 좋은 방법이 나타날 때까지 실험을 게을리하
지 말아야 한다.

노력하지 않으면 지겨운 일은 계속 지겨운 일로 남기 마련이다. 어
느 한구석도 소홀히 하지 않는 성실함으로 일을 대하면서 이런 조
치는 과연 필요한가, 누구에게 도움이 되는가, 정말로 필요한 일이
라면 더 잘, 더 빨리, 더 효율적으로 할 수는 없는가, 어떤 조치를
취해야 내가 하는 일에 조금이라도 더 가치가 생길 수 있는가를 묻
고 또 물어야 한다.[23)]

끊임없이 야근이 계속되는 상황에서 우리는 위 세 가지 방법을 실
행할 수 있다. 먼저, 우리 팀에서 왜 야근이 계속되는지 알아야 한다.
일이 많아서인지, 눈치 보기 야근인지. 그리고 지금의 방식보다 더
좋은 방식이 있다는 확신을 갖고 그것을 찾기 위해 끊임없이 노력해
야 한다.

우리는 오랫동안 야근을 당연한 것으로 생각해 왔다. 그래서 점점 더 많은 사람이 야근을 하고 있고, 우리의 일터는 점점 더 삭막한 곳으로 바뀌고 있다. 이제는 변화가 필요하다. 이러한 변화를 위한 활동은 회사 전체의 혁신으로 이어지고, 우리나라 전체의 혁신으로 이어질 수도 있다.

약 20년 후의 미래를 생각해 보자. 그때가 되면 지금 신입사원들이 팀장이나 임원이 된다. 과연 그때도 지금 우리의 현실과 같은 비효율적 야근이 계속되고 있을까? 아닐 것이고, 아니어야만 한다.

AI와 공존하는 시대의 일

2016년 3월, 이세돌 9단과 구글 딥마인드 Google DeepMind 의 인공지능 바둑 프로그램 알파고 AlphaGo 와의 바둑 대결로 인공지능 Artificial Intelligence; AI 에 쏠린 관심이 크게 높아졌다. 그동안 바둑은 무한대에 가까운 경우의 수가 있어 인류가 기계보다 유리한 최후의 영역 중 하나로 여겨져 왔다. 하지만 이세돌이 알파고와의 대결에서 1:4로 패하면서 바둑마저 AI에 따라 잡혔음을 인정할 수밖에 없게 되었다.

그해 1월, 다보스포럼 Davos Forum 에서는 4차 산업혁명의 핵심으로 AI를 꼽은 바 있다. 알파고의 승전보로 이제 정보기술 IT 시장에서 무게 중심이 AI로 빠르게 넘어갈 것으로 보인다. AI 기술은 이미 자율주

행차, 무인항공기, 금융·의료·법률 서비스 등 각 분야에 응용되고 있다. 앞으로 AI가 창의·혁신 분야가 아닌 타직업에 종사하는 사람들의 역할과 일자리를 점점 빼앗을 것이라는 우울한 전망도 없지 않다.[24]

인공지능 슈퍼컴퓨터 '왓슨Watson' 기술을 보유한 미국 IBM은 2017년 초부터 한국어로 된 왓슨 서비스를 선보인다고 발표했다. 왓슨은 구글의 알파고처럼 스스로 학습하는 능력을 지닌 인공지능이다. 입력받은 수많은 데이터에서 공통점이나 규칙을 찾아, 스스로 분류해 학습하는 '딥러닝deep-learning' 기술을 바탕으로 한다. 알파고가 바둑 같은 게임을 잘하도록 설계된 것과 달리, 왓슨은 사람의 말과 글을 이해하는 능력에 초점을 맞추었다. 이를 바탕으로 인터넷상의 문서와 동영상 등 다양한 자료를 스스로 분석하며 지식을 쌓는다. 알파고가 이세돌 9단과의 대국에서 승리했듯, 왓슨은 지난 2011년 미국의 퀴즈프로그램 〈제퍼디Jeopardy〉에서 인간 챔피언을 꺾어 그 능력을 증명했다.[25]

국내에서는 인공지능 업체인 솔트룩스Saltlux가 자동 상담과 의료 진단 등이 가능한 AI 플랫폼 '아담ADAMs' 서비스를 2017년 3월 시작한다고 발표했다. 아담의 주요 고객은 보험사·전자회사 등 기업이며, 현재 기업용 AI 플랫폼으로 활발히 영업을 벌이는 IBM 왓슨과 치열한 경쟁을 벌이게 될 전망이다. 솔트룩스는 아담이 한국어·영어·일본어 등 3개 국어로 된 도서 60만 권 분량의 자료를 학습해 2

천만 가지 주제에 관한 질문에 답할 수 있다고 밝혔다. 현재는 한국어로만 질의응답할 수 있으며 영어 대화 기능은 내년에 추가될 예정이다. 아담은 2천여 개의 CPU중앙처리장치로 구성되어 있다. 자연언어처리, 기계학습, 시맨틱 검색(의미와 맥락 기반의 검색 기술) 등이 적용되어 사람의 말을 알아듣고, 질문에 답변하며, 지식을 습득해 축적할 수 있다.[26]

앞으로 우리의 삶과 일터에 AI가 등장하게 될 것은 분명하다. 하지만 특별한 상황이 아닌 한, AI는 우리 삶에서 대결 상대가 아니라 협력하는 파트너가 될 것이다.

예를 들어, 인간과 AI가 한 팀이 되어 일한다면 AI를 어떻게 활용해야 할까? 즉, AI에게 어떤 역할을 맡기고, 인간은 어떤 역할을 해야 할까? AI의 문제점 또는 단점은 무엇이고 어떻게 그것을 보완할 것인가? 이제 이 같은 고민이 필요한 시대다. 곧 인간과 인공지능이 함께 팀을 이루어 일을 해내야 하는 새로운 팀워크와 리더십이 필요한 시대가 올 것이다.

AI는 인간이 할 수 있는 많은 것을 해낼 수 있지만 아직 부족한 부분이 많다. 특히, AI는 '메타인지meta cognition' 능력이 없다. 메타인지는 쉽게 말해 할 수 있는 것과 할 수 없는 것, 알고 있는 것과 모르는 것에 대한 자각이다. 예를 들어, 사람들에게 "우리나라의 수도를 아나요?"라고 물으면, 대부분의 사람이 "안다"고 말한다. 그리고 "괴테

말라에서 일곱 번째로 큰 도시를 아나요?"라고 물으면, 모르는 경우 "모른다"고 바로 대답한다. 하지만 AI는 다르다. '모른다'는 대답을 '안다'는 대답처럼 빨리하지 못한다. 자신의 저장장치를 모두 검색해 본 이후에야 모른다고 대답할 수 있다.[27]

또한 AI는 상황 판단력이 인간보다 약하다. 이미 시행 가능 단계에 와 있는 자율주행 시스템의 개발로 자동차를 안전하게 운전할 수 있게 되었다. 인간은 운전을 하는 동안 감정에 휘둘리고 졸기도 하며 음주 운전으로 교통사고를 내기도 하지만, AI라면 이러한 사고를 방지할 수 있다. 하지만 인명사고 발생 가능성이 높은 상황에서의 판단력은 아직 미지수다. AI는 프로그래밍에 의해 사전에 만든 알고리즘에 따라 작동하는 것이기에 윤리적인 문제가 발생할 수 있다. 예를 들어, 인명사고가 발생할 가능성이 큰 상황에 직면했을 때 운전자를 보호할지, 아니면 도로 위의 보행자를 보호할지와 같은 판단의 문제다. 사람이라면 직관적인 판단으로 상황에 대처하겠지만, AI는 그 판단이 쉽지 않다. 무조건 운전자를 보호하는 알고리즘을 만들면 다수의 보행자를 다치게 할 수 있다. 그렇다고 운전자를 보호하지 않는 시스템을 만들면 누가 그 시스템을 믿고 차를 구입하겠는가?

이러한 AI의 한계를 극복하기 위해 인간과 AI의 협업은 갈수록 많아질 것이다. 아마도 10년쯤 후에는 팀 내에 AI가 팀원으로 참여할지도 모른다. 여러분이 AI를 팀원으로 둔 팀장이라면 어떻게 대응할 것인가?

6장에서 일과 일, 사람과 사람의 연결고리를 잘 챙겨야 결국 전체 일을 완성할 수 있다고 강조하면서 일과 일 사이의 인터페이스, 사람과 사람 간의 인터페이스를 언급했다. 이제는 그 인터페이스가 AI로까지 확대되는 것이다. 사용자로서 AI와의 연결이 아니라 협업하여 공동의 결과물을 내야 한다는 관점에서 AI와의 인터페이스를 생각하고 접근해야 한다.

어쩌면 AI와의 협업으로 우리의 야근이 크게 줄어들지 모른다. 일과시간에는 사람들이 해야 할 일을 하고, 퇴근 이후에는 AI가 일을 이어받아 출근 전까지 일을 진척시켜 줄 수 있다면 말이다. 예를 들어, 처음 경험하는 일을 추진할 때는 전체 과정을 살피는 시뮬레이션이 중요한데, AI가 그 일을 맡아서 해 줄 수 있다. 비슷한 프로젝트 관련 데이터가 충분하다면, AI는 다른 프로젝트를 분석하여 수행해야 할 프로젝트에 필요한 전문가와 소요시간, 주의해야 할 점 등을 우리에게 제공해 줄 수도 있다. 새로운 TF를 구성해야 한다면, 필요한 인력의 역량을 고려하여 팀원을 추천해 줄 수도 있다. 그렇게 되면 그 팀원을 데려오기 위해 소속 팀장과 실랑이를 할 필요가 없다. 소요시간도 예측 가능하여 리소스 운영이 쉬워진다. (일정이 지연될 경우 변명거리가 없어지는 점은 아쉬워질 것 같다.) 또한 보고서 초안을 작성해서 AI에게 맡기면, 논리 전개, 문장 오류, 데이터 확인 등을 완벽하게 처리해 줄 것이다.

AI에게 우리의 일자리를 빼앗길지도 모른다는 우려도 있다. AI가 빅데이터를 통해 세상의 모든 것을 알게 되고, 또 로봇과 결합한다면 매우 빠르게 인간 이상의 능력을 가질 수 있다. 과거의 기술 발전에 따른 인력 대체 효과가 특정 분야에 한정되었던 것과 달리 최근의 기술 진보는 고용 전반에 거대한 영향을 미칠 수 있다는 것이다.

반면, 로봇이나 인공지능이 고용을 파괴하는 곳에서 새로운 고용이 나타날 수 있다는 기대도 있다. 로봇이나 인공지능이 특정 인력을 대체할 때, 다른 한편에서는 로봇, 인공지능을 설계, 관리, 지원하는 사람들의 수요가 늘어날 수 있다. 예를 들어, 무인 비행기 드론Drone이 등장하면서 베테랑 조종사의 필요성이 감소했지만, 동시에 기존 비행기보다 더 많은 운용 인력이 필요하게 되었다. 과거 F-16 전투기의 운용에는 100명 미만의 요원이 필요했는데, 무인 정찰기 프레데터Predator 1대를 운용하려면 168명의 지원 인력들이 필요하다고 한다.[28]

이렇게 되면 인간의 일자리가 줄어든다기보다 하는 일의 성격이 점점 달라질 것으로 예상된다. AI에게 빼앗기는 일자리가 있겠지만, 새로운 일자리도 많아지는 것이다. 그렇다면 우리는 AI가 할 수 없는 창의적이고 더 가치 있는 일을 하면 된다. 그중에는 AI를 팀원으로 잘 활용할 수 있는 팀장의 자리가 분명 있을 것이다.

100세 시대 우리의 삶

한 대기업의 고위 임원은 주말이면 비슷한 연배이지만 자신보다 일찍 은퇴한 임원들과 함께 어울려 시간을 보낸다고 한다. 주말 오후에 두세 명을 당구장으로 불러 몇 시간 게임을 하고, 근처 식당에서 국밥을 먹으면 모두 합쳐도 5만 원 정도면 거뜬하단다. 남들보다 은퇴가 빨랐지만 그래도 대기업의 임원을 지냈으니 그 정도 금액은 돌아가면서 지불할 법도 한데, 현직에 있는 그 임원이 비용을 일체 부담한다고 했다.

이번엔 한 라디오 사연이다. 사연을 보낸 90세 노인은 60세에 은퇴를 하고, 별생각 없이 지금까지 시간을 보냈다고 한다. 그런데 30년이 지나고 보니, 그동안 아무것도 한 게 없어 후회가 든단다. 영어 공부를 해도 30년이면 마스터할 수 있었을 텐데 하고 크게 아쉬워했다. 은퇴를 앞둔 다른 분들은 시간을 허비하지 말라는 말도 덧붙였다.

두 이야기는 나에게 큰 충격을 주었다. 먼저, 돈을 아무리 많이 벌어도 그 굴레에서 벗어나기란 쉽지 않다는 점이다. 샐러리맨으로서 임원이 된다는 것은 대단한 명예고, 그에 상응한 급여나 퇴직금도 꽤 많다. 하지만 그들 역시 보통의 사람처럼 은퇴 후에는 가진 돈이 새어나갈까 전전긍긍한다. 더 이상 벌기는 어려우니 가진 것을 잘 지켜야 한다. 하지만 그저 지키는 삶이라니, 정말 안타깝다.

또한, 은퇴 후 삶에 대한 철저한 계획이 없으면 시간을 헛되이 보낼 수 있다는 사실이다. 대부분의 직장인은 퇴직 직전까지 최선을 다해 자기관리를 하며 일한다. 그런데 왜 퇴직 후에는 그렇게 하지 못하는 것일까? 새로운 직업을 찾기는 어려울 수 있다. 하지만 보다 생산적인 일, 자기 발전적인 일을 찾아 시간을 투자하면 좋을 텐데, 왜 아무렇게 시간을 보내는 것일까? 회사생활은 어디까지나 우리 삶의 일부다. 마치 그것이 전부인양 일하고, 은퇴 후에는 모든 게 끝난 것처럼 살아갈 수는 없다.

미리 은퇴를 준비한 백만기 씨의 삶은 다르다. 그는 나이 40에 삶의 허무함을 느꼈다. "언제까지 직장생활을 해야 할까? 아니, 언제까지 할 수 있을까?" 수많은 의문이 머릿속을 맴돌았다. 그렇게 한동안 깊은 고민을 하다가, 50세에 은퇴하기로 결심했다.

당시에는 은퇴 이후에 무엇을 해야 할지 구체적으로 생각해 놓은 게 없었다. 다만, 50세를 그만의 정년으로 정한 것뿐이었다. 그는 차차 은퇴 후 할 일을 생각하고, 재정 자립을 위해 불필요한 지출을 최대한 줄이며 저축을 했다. 시간이 흘러 50세가 되었지만, 은퇴를 실천하기가 생각만큼 쉽지 않았다. 아이들이 아직 대학에 다니고, 스스로 생각해 보아도 준비가 부족했다. 그렇게 3년이 더 지난 후에야 사표를 제출했다.

은퇴 후에는 라디오 DJ, 월간지 객원기자, 호스피스 봉사 활동 등을 이어 갔다. 그러던 중 우연히 보도를 통해 영국의 U3A University of the 3rd Age라는 시니어 대학의 존재를 알게 되었다. U3A는 자원봉사로 운영되는 은퇴 시니어들을 위한 배움의 장으로, 그 속에서 서로 가르치고 또 배운다. 현재 그는 분당에 한국판 U3A를 세우고 "아름다운 인생학교"를 운영하며 알찬 노후 생활을 보내고 있다.[29]

우리는 이제 100세에 가까운 기대수명을 갖게 되었다. 오래 산다는 것은 축복이지만 누군가에겐 재앙이 될 수도 있다. 정년을 모두 채우고 은퇴를 한다 해도 최소 30년 이상을 더 살아야 하기에 돈이 필요하고, 무엇을 할지도 중요하다. 하지만 은퇴 이후의 삶을 제대로 준비하는 사람은 많지 않다.

인도에서는 사람의 일생을 4단계로 나눈다고 한다. 태어나서 25세까지는 학습기學習期로 공부하는 시기다. 26세에서 50세까지는 가주기家住期로 결혼해서 가정을 이루고 자식을 키우며 사회적 의무를 행한다. 51세에서 75세까지는 임서기林棲期다. 집을 떠나 숲속에서 살아가는데, 자식도 키워 놓고 사회적 역할도 다했으니 이제부터 자신의 영혼을 구제하기 위한 삶을 산다. 76세부터는 유랑기流浪期로 접어든다. 여기저기 유랑하다가 길에서 죽는 시기로 모든 집착에서 벗어나는 무소유의 삶을 체험한다.

4단계 가운데 현대인에게 중요한 시기는 은퇴 직후인 '임서기'다.

인도에서는 집을 떠나 숲으로 가라고 한다. 인생을 어떻게 마감할지, 내가 세상에 태어난 의미는 무엇인지 등을 깨닫기 위해 수행해야 하는 단계로 경전 공부도 하고, 고행도 하고, 명상도 하고, 봉사도 한다. 그렇다면 우리는 무엇을 해야 할까?[30]

▼ 삶의 4단계

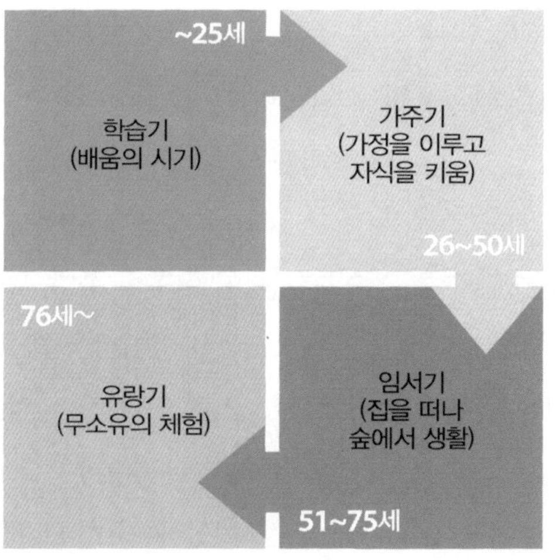

우리는 태어나서 직업을 갖기까지 길게는 약 25년 동안, 짧게는 대학 4년 동안 사회생활을 준비한다. 나이 50이 넘으면 임서기로 접어들게 되는데, 현실적으로 우리 사회에서 그다음 단계의 삶을 준비할 시간은 거의 없다. 보통 35~40세 전후에 실무 팀장의 역할을 맡게 되고 이후로는 정신없이 바쁜 생활을 보낸다. 실무 리더로서 팀원들을 관리해야 할 뿐 아니라 경영진이 주는 과제를 해결하기 위해 동분서주한다. 그렇게 해서 모두 임원이 되고 경영진이 되어 은퇴하기에 충분한 자금을 확보한다면 좋겠지만, 순조롭게 승진을 계속할 가능성은 아주 낮다. 행여 충분한 자금을 모아 은퇴한다 해도 앞에서 말한 것처럼 준비가 충분하지 못하여 무엇을 하며 여생을 보내야 할지 몰라 방황하게 된다.

우리에게는 세 번째 삶을 준비할 시간이 필요하다. 하루의 대부분을 회사에서 보내지 말고 퇴근 이후, 또는 주말에라도 은퇴 후에 할 수 있는 일을 찾아 나서야 한다. 은퇴 후 할 수 있는 일에는 몇 가지 조건이 따른다. 첫째, 나이가 들어서 체력이 약해져도 할 수 있어야 하고, 나이가 들수록 원숙해지는 일이면 더 좋다. 둘째, 큰돈은 아니더라도 꾸준히 생활비에 보탬이 될 수 있어야 한다. 회사생활에서 배운 것을 활용할 수 있는 일이면 더 좋다. 글 쓰는 일도 좋고, 나무나 가죽 공방도 좋다. 조금씩 준비해서 은퇴쯤에는 독립할 수 있는 수준이 된다면 여생을 알차게 보낼 수 있을 것이다.

세계경제가 한동안 회복되지 못할 것이라는 불안한 뉴스가 연일 계속되고 있다. 영국의 브렉시트^{Brexit}, 미국의 도널드 트럼프^{Donald Trump} 대선 승리 소식 등으로 세계경제를 바라보는 우려의 목소리가 높다. 우리 기업들도 구조조정 작업이 한창이다. 해운, 조선, 철강, 건설, 석유화학 업계가 가장 취약하다고 한다. 많은 사람이 준비가 부족한 채로 회사를 떠나고 있다. 업계 구조조정은 IMF 경제위기 이후로 지속되고 있고, 사람들은 불안하기만 하다.

난, 직원들이 세 번째 삶을 준비할 수 있도록 돕는 것이 진짜 구조조정이라 생각한다. 은퇴 후 삶을 준비할 수 있도록 돕고, 준비된 사람들부터 새로운 삶을 찾아가면 회사도 부담이 없다. 구조조정 비용 역시 그들이 은퇴 후 삶을 준비하고 새로운 직원들이 빨리 리더가 될 수 있도록 교육하는 데 쓰여야 한다.

야근으로 100세 시대 우리의 삶을 망가뜨릴 수는 없다. 생각과 일하는 방법을 바꾸면 얼마든지 야근을 줄이면서 성과를 높일 수 있다. 그렇게 얻은 저녁이 있는 삶을 통해 은퇴 이후에 어떻게 살아갈지 고민해야 한다.

지난 20년간 회사에 다니면서 전략기획과 경영진단 업무를 해 왔다. 나 또한 팀원인 시절이 있었고, 그때는 팀장들이 왜 때때로 어리석게 일하는지 이해할 수 없었다. 뻔히 눈에 보이는 것들이 그들에게는 보이지 않는 건가 생각했다.

시간이 지나고 보니 그게 아니었다. 팀장들이 얼마나 많은 일에 치여 있는지, 얼마나 큰 책임감을 느끼고 있는지, 얼마나 고민이 많은지 알지 못했다. 팀원들 하나하나를 관리한다는 게 얼마나 어려운 일인지도. 지금 생각해 보면 그 선배들이 정말 존경스럽게 느껴진다. 그들이 일하는 방식은 저마다 달랐지만, 조직을 잘 관리해서 어떻게든 성과를 내려 했던 노력만은 존경하지 않을 수 없다.

사실, 나는 최근 몇 년 동안 두 번의 번-아웃을 경험했다. 계속되는 야근과 휴일 근무로 모든 에너지가 소진되어 더 이상 일하기 어려운 상태에 빠졌다. 그런 상태에서 일을 계속할 수는 없었고, 성과를 내기는 더욱 어려웠다.

의학계에서는 번-아웃 증후군을 구체적인 병명으로 인정하지 않고 우울증으로 구분한다. 하지만 번-아웃을 겪는 사람들에게는 자신의 일에 대한 혐오의 감정과 자신의 일을 어떻게든 해내려는 의지가 공존한다. 이는 일에 대한 노력이나 흥미 자체가 없는 우울증과 분명히 구분된다.[1]

2016년 10월, 일본 최대 광고회사인 덴쓰電通의 신입사원이 엄청난 과로와 스트레스로 자살했다는 뉴스가 일본 사회에 큰 파문을 일으켰다.

명문 도쿄대를 졸업하고 덴쓰에 입사한 다카하시 마쓰리(당시 24세)씨는 2015년 12월 25일 도쿄에 있는 사택에서 뛰어내려 스스로 목숨을 끊었다. 인터넷 광고 업무를 담당하던 다카하시 씨는 목숨을 끊기 전 격무에 시달렸다. 조사 결과 10월 9일부터 11월 7일까지 약 105시간의 초과근무를 한 사실이 밝혀졌다. 그녀는 일로 인한 스트레스를 SNS에 반복해 토로했다. '또 토요일도, 일요일도 일하지 않을 수 없게끔 결정되었다. 정말 죽어버리고 싶다. 몸도 마음도 갈기갈기 찢어졌다', '이미 (오전) 4시다. 몸이 떨린다. 죽어야겠다. 더는 무리인 것 같다' 등의 글을 남겼다.[2]

일본에서도 야근문제가 심각하다는 것을 짐작할 수 있다. 최근 아베 정권은 일하는 방식의 개혁을 중요 정책목표로 내걸고 있으며 특히, 장시간 근로 관행의 타파를 위해 주요 관공서가 정시 퇴근 운동을 벌이고 있다.

그런데 이 뉴스가 나오기 한 달 전인 9월에 중년의 상사들을 대상으로 시행 중인 독특한 연수제도에 대한 기사가 보도되었다.

일본 내에서 IT 기업 등 비교적 근무시간 조정이 자유로운 업체들을 중심으로 상사가 부하직원의 자녀를 돌보도록 하는 연수제도가 확산되고 있다. 육아 경험이 거의 없는 중년 남성 간부들에게 육아와 회사 일을 병행하느라 스트레스를 받는 젊은 직원들의 고충을 이해하도록 하는 게 이 연수의 취지다. 총 나흘의 육아 연수 기간 중 첫 이틀은 전문 베이비시터가 동행하고, 나머지 이틀은 도움 없이 혼자서 아이를 돌보는 식이다.

이런 독특한 연수제도가 등장한 건 저출산, 고령화로 일을 할 수 있는 인구가 크게 줄어들었기 때문이다. 예전보다 쉽게 회사를 떠나는 직원들이 늘지, 회사들이 인력 손실을 줄이기 위해 어린 자녀를 둔 직원들에게 각별히 공을 들이는 것이다.[3]

조금 우습게 느껴지기도 하지만 우리보다 먼저 저출산, 고령화 시대를 맞고 있는 일본은 이렇게라도 문제를 해결하기 위해 노력하고 있다. 우리는 어떤가? 지금처럼 야근에 지친 청년들이 아이를 낳으려고 할까? 우리도 생산가능 인구가 급격히 줄어들 것이고 일본보다 더 심각한 문제에 직면하게 될지도 모를 일이다.

　우리 직장인들은 누구나 저녁이 있는 삶을 꿈꾼다. 젊은 층일수록 높은 수준의 급여보다 퇴근 후 자신만을 위한 여유 시간을 더 원한다. 그들이 원하는 회사생활은 이런 게 아닐까?

　일의 방향이 명확해서 일과시간을 조금이라도 허투루 쓰지 않고 집중해서 맡은 일을 처리한다. 일의 순서가 엉키는 일이 없고, 다른 팀원들과도 손발이 딱딱 맞아 떨어진다. 오늘 목표한 일을 마치고 나니 퇴근 시간이 5분 남았다. 일을 마무리하고 내일 할 일을 간단히 정리해 둔 뒤 사무실을 나선다.

　누군가 이와 같은 직장생활을 하고 있다면, 그 뒤에는 경험 많고 노련한 팀장의 엄청난 노력이 숨겨져 있음을 잊지 말아야 한다. 본인의 노력도 중요하겠지만, 팀장이 팀원들 각자에게 일을 명확히 주고 팀원들 간의 연결고리 일을 잘 챙기며 주어진 시간을 철저히 관리해야 가능하다.

　당신이 팀장이라면 다시 한번 생각해 보기 바란다. 팀 내에 비효율적인 야근이 없는지, 야근을 줄이면서 성과를 더 높이는 방법이 없는지. 팀원들과 터놓고 얘기할 수 있으면 더 좋다. 솔직하고 정직한 대화를 통해 서로를 이해하고 불필요한 일들을 줄여 간다면 조금은 더 행복한 일터를 만들어 갈 수 있을 것이다.

주(註)

우리는 왜 야근을 하는가?

1) 맥킨지 · 대한상공회의소, 〈한국 기업의 조직건강도와 기업문화 진단 보고서〉, 2016, 6~7쪽.

2) 맥킨지 · 대한상공회의소, 〈한국 기업의 조직건강도와 기업문화 진단 보고서〉, 2016, 9쪽.

3) 염태정, "직장인 90%, 나쁜 상사 탓에 퇴직 생각해봤다", 중앙일보, 2015년 10월 11일자.

4) 염태정, "직장인 90%, 나쁜 상사 탓에 퇴직 생각해봤다", 중앙일보, 2015년 10월 11일자.

5) 스콧 켈러 · 콜린 프라이스, 서영조 옮김, 『차이를 만드는 조직』, 전략시티, 2014, 165~166쪽.

6) 맥킨지 · 대한상공회의소, 〈한국 기업의 조직건강도와 기업문화 진단 보고서〉, 2016, 10쪽.

7) 대니얼 카너먼, 이진원 옮김, 『생각에 관한 생각』, 김영사, 2012, 33~40쪽, 123~124쪽 참고.

8) 맥킨지 · 대한상공회의소, 〈한국 기업의 조직건강도와 기업문화 진단 보고서〉, 2016, 6쪽.

9) 한국은행 보도자료, "2016년 4/4분기 및 연간 국내총생산(속보)", 2017년 1월 25일자.

10) 맥킨지 · 대한상공회의소, 〈한국 기업의 조직건강도와 기업문화 진단 보고서〉, 2016, 7쪽, 10쪽.

11) 변진석, "韓 노동시간 OECD 2위… 독일보다 4.2달, 미국보다 1.8달 더 일해", KBS뉴스, 2016년 8월 15일자.

12) 변진석, "韓 노동시간 OECD 2위… 독일보다 4.2달, 미국보다 1.8달 더 일해", KBS뉴스, 2016년 8월 15일자.

13) 남재현, "잠 못 자는 대한민국", MBC뉴스, 2016년 1월 21일자.

14) 한국갤럽 Gallup Reprot, "오늘 몇 시에 일어나셨습니까?", 2014년 1월 18일자. / 김효정, "'부시런한 비효율'에서 벗어나자, 잠 못 자게 하는 대한민국", 프리미엄조선, 2014년 8월 10일자.

15) 남재현, "잠 못 자는 대한민국", MBC뉴스, 2016년 1월 21일자.

16) 헬렌 S 정, 『나는 왜 일하는가』, 인라잇먼트, 2014, 242~243쪽.

17) 요아힘 바우어, 전진만 옮김, 『왜 우리는 행복을 일에서 찾고 일을 하며 병들어갈까』, 책세상, 2015, 42~43쪽.

18) 게리 켈러 · 제이 파파산, 구세희 옮김, 『원씽(The One Thing)』, 비즈니스북스, 2015, 58~59쪽.

19) 요아힘 바우어, 전진만 옮김, 『왜 우리는 행복을 일에서 찾고 일을 하며 병들어갈까』, 책세상, 2015, 98~107쪽 참고.

어떻게 야근을 줄이고 성과를 높이는가?

1) 인력개발원, 〈초일류 혁신리더 연구〉, 2015, 3~8쪽.

2) 나무위키, "추적 사냥" 참고.

3) 김지혜, "야근에 대한 한국인과 프랑스인의 견해차", 매일경제, 2015년 12월 23일자.

4) W. Chan Kim · Renee Mauborgne, "Blue Ocean Strategy", Harvard Business School Press, 2005, 29쪽.

5) W. Chan Kim · Renee Mauborgne, "Blue Ocean Strategy", Harvard Business School Press, 2005,

147~150쪽.

6) W. Chan Kim · Renee Mauborgne, "Blue Ocean Strategy", Harvard Business School Press, 2005, 169쪽.

7) 말콤 글래드웰, 임옥희 옮김, 『티핑 포인트』, 21세기북스, 2009, 22쪽.

8) 유한빛, "회사 밖에서 답 찾지 마라… 핵심 제품 개선하고 충성 고객 공략하는 '상자 안 혁신'이 더 효과적", 조선 Weekly Biz, 2016년 3월 26일자.

9) 게리 켈러 · 제이 파파산, 구세희 옮김, 『원씽(The One Thing)』, 비즈니스북스, 2015, 19쪽.

10) 맥킨지 · 대한상공회의소, 〈한국 기업의 조직건강도와 기업문화 진단 보고서〉, 2016, 9쪽.

11) 짐 콜린스, 이무열 옮김, 『좋은 기업을 넘어… 위대한 기업으로』, 김영사, 2003, 73~74쪽.

12) 짐 콜린스, 이무열 옮김, 『좋은 기업을 넘어… 위대한 기업으로』, 김영사, 2003, 87쪽, 96쪽.

13) 짐 콜린스, 이무열 옮김, 『좋은 기업을 넘어… 위대한 기업으로』, 김영사, 2003, 91~92쪽.

14) 짐 콜린스, 이무열 옮김, 『좋은 기업을 넘어… 위대한 기업으로』, 김영사, 2003, 80~81쪽.

15) 데이비드 커시 · 메릴린 베이츠, 김정택 등 옮김, 『나의 모습 나의 얼굴』, 한국심리검사연구소, 1999, 9~28쪽.

16) 인력개발원, 〈행복한 현장을 디자인하라〉, 2013, 346쪽.

17) 이기범 · 마이클 애쉬튼, 『H 팩터의 심리학』, 문예출판사, 2013, 19~37쪽.

18) 이기범 · 마이클 애쉬튼, 『H 팩터의 심리학』, 문예출판사, 2013, 40쪽.

19) 대한상공회의소 보도자료, "대한상의-맥킨지 韓기업문화 종합진단", 2016년 3월 17일자.

20) 박태현, 『처음 리더가 된 당신에게』, 중앙북스, 2014, 87쪽.

21) 피터 드러커, 이재규 옮김, 『프로페셔널의 조건』, 청림출판, 2001, 187~214쪽.

22) 게리 켈러 · 제이 파파산, 구세희 옮김, 『원씽(The One Thing)』, 비즈니스북스, 2015, 64~65쪽.

23) 게리 켈러 · 제이 파파산, 구세희 옮김, 『원씽(The One Thing)』, 비즈니스북스, 2015, 65쪽 참고.

24) 김경일, 『이끌지 말고 따르게 하라』, 진성북스, 2016, 22~23쪽.

25) 김경일, 『이끌지 말고 따르게 하라』, 진성북스, 2016, 20~25쪽 참고.

26) 헬렌 S 정, 『나는 왜 일하는가』, 인라잇먼트, 2014, 33~35쪽.

27) 고바야시 가오루, 남상진 옮김, 『피터 드러커, 미래를 읽는 힘』, 청림출판, 2011, 162쪽.

28) 대한상공회의소 보도자료, "대한상의-맥킨지 韓기업문화 종합진단", 2016년 3월 17일자.

29) 박성우, "나쁜 상사는 회사위기 주범… 당신은 어떻습니까", 중앙SUNDAY, 2015년 10월 11일자.

30) 박성우, "나쁜 상사는 회사위기 주범… 당신은 어떻습니까", 중앙SUNDAY, 2015년 10월 11일자.

31) 데이비드 커시 · 메릴린 베이츠, 김정택 등 옮김, 『나의 모습 나의 얼굴』, 한국심리검사연구소, 1999, 19쪽.

32) 피터 드러커, 이재규 옮김, 『프로페셔널의 조건』, 청림출판, 2001, 179~180쪽.

33) 인력개발원, 〈SAMSUNG LEADERSHIP 3.0〉, 2015, 210~212쪽.

34) 김경일, 『지혜의 심리학』, 진성북스, 2015, 219~220쪽.

35) 김경일, 『이끌지 말고 따르게 하라』, 진성북스, 2016, 26~29쪽.

36) 김경일, 『지혜의 심리학』, 진성북스, 2015, 119~200쪽.

37) 김경일, 『이끌지 말고 따르게 하라』, 진성북스, 2016, 163쪽.

38) 이방실, "[DBR 칼럼] 듀폰은 어떻게 세계최고의 안전일터가 되었나", 동아일보, 2014년 5월 8일자.

39) Joel E. Ross, 『Total Quality Management』, St.LuciePress, 1999.

40) 유정식, 『문제해결사』, 지형, 2011, 66~86쪽.

41) 피터 드러커, 이재규 옮김, 『프로페셔널의 조건』, 청림출판, 2001, 246쪽.

42) 최제호, 『통계의 미학』, 동아시아, 2016, 122~123쪽.

43) 피터 드러커, 이재규 옮김, 『프로페셔널의 조건』, 청림출판, 2001, 246~247쪽.

44) 대니얼 카너먼, 이진원 옮김, 『생각에 관한 생각』, 김영사, 2012, 68~71쪽.

45) 대니얼 카너먼, 이진원 옮김, 『생각에 관한 생각』, 김영사, 2012, 103~105쪽.

46) 토마스 차모로-프레무지크, 런던대학교 비즈니스심리학 교수, "브레인스토밍이 시간 낭비인 이유", 허핑턴포스트, 2015년 5월 31일자.

47) 위키피디아, "애빌린 패러독스(The Abilene Paradox)" 참고.

48) 인력개발원, 〈의사결정(Samsung Leadership Pipeline 11)〉, 2013, 90쪽.

49) 박태현, 『처음 리더가 된 당신에게』, 중앙북스, 2014, 24~25쪽 참고.

50) 신제구, "직원들의 성취동기를 불러일으키는 법", 서울경제, 2016년 4월 6일자.

51) 인력개발원, 〈행복한 현장을 디자인하라〉, 2015, 12~13쪽.

52) 더글러스 앨런 · 드와이트 앨런, 김은영 옮김, 『2+2 매직 리더십』, 넥서스BIZ, 2006, 56~59쪽, 102~103쪽.

53) 맥킨지 · 대한상공회의소, 〈한국 기업의 조직건강도와 기업문화 진단 보고서〉, 2016, 10쪽.

54) 금원섭, "의사결정 빠른 기업, 매출 5%P 더 올라", 조선 Weekly Biz, 2011년 7월 1일자.

55) 김윤나영, "가습기 살균제 피해자가 절규할 때 어디 있었나?", 프레시안, 2016년 4월 29일자.

56) "SBS '그것이 알고 싶다' 가습기 살균제 사망 사건", 동아일보, 2015년 11월 29일자.

57) 요아힘 바우어, 전진만 옮김, 『왜 우리는 행복을 일에서 찾고 일을 하며 병들어갈까』, 책세상, 2015, 210~211쪽 참고.

결국, 무엇을 위한 리더십인가?

1) 이기범 · 마이클 애쉬튼, 『H 팩터의 심리학』, 문예출판사, 2013, 48~49쪽.

2) 로버트 펠드먼, 이재경 옮김, 『우리는 10분에 세 번 거짓말한다』, 예담, 2010, 24~28쪽.

3) 김경일, 『이끌지 말고 따르게 하라』, 진성북스, 2016, 68쪽.

4) 사토 오오키, 정영희 옮김, 『넨도의 문제해결연구소』, 한스미디어, 2016, 113쪽.

5) 래리 존슨 · 밥 필립스, 『정직한 경영, 존경받는 기업』, 한스미디어, 2006, 121쪽.

6) 래리 존슨 · 밥 필립스, 『정직한 경영, 존경받는 기업』, 한스미디어, 2005, 38~40쪽.

7) 김도훈, "청룡영화상 남우주연상 황정민, 솔직한 수상소감으로 화제", 씨네21, 2005년 12월 8일자.

8) "황정민, '국제시장'에서 '검사외전'까지 4연석타석 홈런", 한겨레, 2016년 2월 22일자.

9) 이숙영, 『이숙영의 맛있는 대화법』, 스마트비즈니스, 2007, 175~179쪽.

10) 짐 콜린스, 이무열 옮김, 『좋은 기업을 넘어… 위대한 기업으로』, 김영사, 2003 43쪽.

11) 짐 콜린스, 이무열 옮김, 『좋은 기업을 넘어… 위대한 기업으로』, 김영사, 2003, 39~46쪽.

12) 라인홀드 니버, 이한우 옮김, 『도덕적 인간과 비도덕적 사회』, 문예출판사, 2004, 7~8쪽.

13) 김경일, 『이끌지 말고 따르게 하라』, 진성북스, 2016, 60~65쪽.

14) 알렉스 로비라 셀마 · 페르난도 데 베스 밍고트, 김수진 옮김, 『행운』, 에이지21, 2004, 26~27쪽.

15) 게리 켈러 · 제이 파파산, 구세희 옮김, 『원씽(The One Thing)』, 비즈니스북스, 2015, 123~124쪽.

16) 존 맥스웰, 홍성화 옮김, 『존 맥스웰 리더십 불변의 법칙』, 비즈니스북스, 2014, 50~52쪽.

17) 리처드 도킨스, 이용철 옮김, 『이기적인 유전자』, 동아출판사, 1993, 37~38쪽.

18) 리처드 도킨스, 이용철 옮김, 『이기적인 유전자』, 동아출판사, 1993, 15~29쪽, 38~42쪽.

19) 리처드 도킨스, 이용철 옮김, 『이기적인 유전자』, 동아출판사, 1993, 275~280쪽.

20) 최인철, 『프레임』, 21세기북스, 2012, 38~39쪽.

21) 최인철, 『프레임』, 21세기북스, 2012, 22~23쪽.

22) 빅터 프랭클, 정태시 옮김, 『죽음의 수용소에서』, 제일출판사, 1990, 117~122쪽.

23) 미하이 칙센트미하이, 이희재 옮김, 『몰입의 즐거움』, 해냄, 2003, 139~140쪽.

24) "이세돌 꺾은 알파고 충격, 인공지능 혁명 시작됐다", 동아일보 사설, 2016년 3월 10일자.

25) 정철환, "인공지능 '왓슨' 한국어 공부 중… 내년 한국 시장 진출", 조선일보, 2016년 5월 10일자.

26) KBS World Radio, "국산 인공지능 플랫폼 아담", 2016년 11월 24일자.

27) 김경일, 『이끌지 말고 따르게 하라』, 진성북스, 2016, 22쪽.

28) LG경제연구원 보고서 전문, "로봇 · 인공지능의 발전이 중산층을 위협한다", 로봇신문, 2014년 7월 14일자.

29) 백만기, 『언제까지 일만 할 것인가?』, 이담북스, 2013, 15~19쪽.

30) 조용헌, "임서기(林棲期)의 삶", 조선일보, 2016년 2월 29일자.

맺음말

1) 요아힘 바우어, 전진만 옮김, 『왜 우리는 행복을 일에서 찾고 일을 하며 병들어갈까』, 책세상, 2015, 99~100쪽.

2) 이세원, "'월 105시간 초과근무' 日광고회사 덴쓰 신입사원 자살 파문", 연합뉴스, 2016년 10월 15일자.

3) 최인준, "퇴근 후 부하직원 아이 돌봐라", 조선일보, 2016년 9월 29일자.

야근, 팀장이 답하다

초판발행 2017년 2월 28일
초판 3쇄 2019년 1월 11일

지은이 이진수
펴낸이 채종준
기 획 조가연
편 집 백혜림
디자인 이효은
마케팅 송대호

펴낸곳 한국학술정보(주)
주소 경기도 파주시 회동길 230 (문발동)
전화 031-908-3181(대표)
팩스 031-908-3189
홈페이지 http://ebook.kstudy.com
E-mail 출판사업부 publish@kstudy.com
등록 제일산-115호 2000.6.19

ISBN 978-89-268-7684-8 13320